Martin Niemann

Mit dem Rennrad durch die fantastischen Landschaften Europas

Der Autor

Martin Niemann wurde 1959 in Osnabrück geboren und ist selbständig als Generalagent für eine Versicherungsgesellschaft tätig. Neben seiner Leidenschaft für den Rennradsport schlägt sein Herz auch für den Jazz. Er spielt Keyboards und komponiert chillige Jazzmusik für seine Band.
Mit diesem Buch feiert Martin Niemann sein Debüt als Autor.
Er lebt mit seiner Familie in Wallenhorst bei Osnabrück.

Martin Niemann

Mit dem Rennrad durch die fantastischen Landschaften Europas

Bibliografische Information der Deutschen Nationalbibliothek:
Die Deutsche Nationalbibliothek verzeichnet diese Publikation in der Deutschen Nationalbibliografie; detaillierte bibliografische Daten sind im Internet über http://dnb.dnb.de abrufbar.

Illustration: Martin Niemann

Herstellung und Verlag: BoD Books on Demand, Norderstedt

ISBN: 9783746019031

Inhalt

Für
Manfred Kleimeyer
zum Dank
und zur Erinnerung
an unsere unvergesslichen
und einzigartigen Touren
und für alle Leser,
die sich auf
unsere Abenteuerreisen
begeben wollen.

Radtour von Budapest nach Istanbul 2005

Wir haben den 28. August 2005 und meinen Freund Manfred und mich zieht es mal wieder hin zu spektakulären Fahrradtouren und so haben wir uns dieses Jahr vorgenommen, die Fortsetzung von Kaliningrad nach Budapest anzugehen und nach Istanbul zu radeln. Die Fahrt vor fünf Jahren von Kaliningrad nach Budapest wurde bereits mit viel Kopfschütteln kommentiert und so manch einer belächelte unser Vorhaben.

Nun bei unserem 2. Abschnitt sollte es von Budapest, also Ungarn über Serbien nach Rumänien, Bulgarien bis in die Türkei nach Istanbul gehen. 5 Länder in 2 Wochen und einer Distanz von ca. 2000 Kilometern. Da kamen dann Fragen auf wie „Habt ihr sie noch alle?" oder „Wie kann man sich das nur freiwillig antun?" oder „Wisst ihr wirklich, was ihr da tut?" Diese Fahrt war eigentlich schon für den 17. September 2003 geplant. Genau an diesem Tag starb mein Vater, sodass aus der Tour nichts wurde. Die Identität des Datums beschäftigte mich lange und es kamen Gedanken auf, ob es sich hier wirklich nur um einen Zufall handelte.

Nun, fast genau zwei Jahre danach, wollen wir unsere Ost-Route bis an den südlichsten Punkt Istanbul fortsetzen. Erst einen Tag vor Abfahrt kam die innere Unruhe auf, auf die ich schon tagelang gewartet hatte. Bei Manni schien dieses schon früher der Fall gewesen zu sein, denn als ich ihn am Tag vor unserer Abfahrt besuchte, bekam ich von verschiedenen Seiten den Hinweis, dass Manni völlig durch den Wind wäre und wie "Falschgeld" durch die Gegend läuft. Er hatte sein Fahrrad fein säuberlich im Garten aufgestellt, tip-top gereinigt und schraubte an seiner, wie ich sagen muss, bemerkenswerten Gepäckträgerkonstruktion herum. Wir stimmten noch einmal genau ab, wer welches Werkzeug mitnehmen sollte, damit auf keinen Fall bestimmte Teile doppelt eingepackt werden. Auch unser übriges Gepäck wurde abgeglichen, um ein wenig Gewicht einsparen zu können.

1. Tag – 28. August 2005
Am frühen Morgen um ca. 6.oo Uhr holte ich Manni mit dem Auto ab und wir machten uns auf den Weg nach Düsseldorf, wo unser Flugzeug nach Budapest um 11.30 Uhr starten sollte. Sonntagmorgen und gähnende Leere auf den Autobahnen. So hatten wir eine angenehme Fahrt und fanden auch etwas abgelegen einen Dauerparkplatz. Von dort aus radelten wir zum Flughafen bei schönem Wetter und einer

jungfräulichen Morgenstimmung. Es sollte alles wieder so perfekt klappen wie bei unserer letzten Tour von Kaliningrad aus. Wir schraubten unsere Pedale ab, stellten die Lenker quer, ließen ein wenig Luft aus den Reifen und gaben unser Gepäck auf. Dann gingen wir Kaffee trinken und schauten uns die Starts und Landungen auf der Rollbahn an. Zum ersten Mal wurde die anstehende Tagesetappe besprochen und das Ziel festgelegt. Wir schwärmten uns gegenseitig vor, wie gut wir vorbereitet seien, wie effizient gepackt worden ist und dass zwei 59iger eigentlich durch nichts zu erschüttern sind. In dem Zusammenhang erzählte Manni mir, dass er noch tags zuvor sich jede Menge Backsteine in seine Packtaschen gestopft hatte um dann mit dem gesamten Gewicht noch einmal die Hausstrecke abzufahren. Ich habe mich schlapp gelacht, als er mir diese Geschichte erzählte. Aber nichts sollte dem Zufall überlassen sein. Und so waren wir denn auch guten Mutes, dass nichts schieflaufen könnte.

Die erste Pleite kam schon relativ schnell, denn bei der Sicherheitskontrolle wurde mein Pfefferspray reklamiert, das ich abgeben musste und unser Waffenarsenal war somit halbiert worden. Ich war deshalb ziemlich genervt und sah mich all den Kriminellen gegenüber, die auf unserer Route nur auf uns lauern sollten, ziemlich entwaffnet gegenüberstehen. Meine

Ausgangssituation war ohnehin sehr bescheiden. Seit Wochen hatte ich massive Rückenbeschwerden, sodass Manni sogar mein Handgepäck tragen musste. Im Bereich des rechten Kniegelenks hatte ich eine Sehnenzerrung. Die letzten 5 Tage war ich täglich beim Zahnarzt, um eine entzündete Zahnfleischtasche spülen zu lassen, was jedes Mal eine ziemliche Tortur war und meine linke Gesichtshälfte machte mächtig Theater, sodass ich kurz vor unserer Fahrt noch den Neurologen aufsuchen musste. Wie man sieht, beste Bedingungen um ein solches Abenteuer bestehen zu können. Als nächstes erhielten wir die Mitteilung im Flugzeug, dass in Budapest Regen auf uns wartet mit Temperaturen von 16° C. Aber es sollte noch besser kommen, denn als wir unsere Fahrräder in Budapest zurückbekamen, freuten wir uns über das Kunstverständnis des Flughafenpersonals, das eine wunder-schöne acht in das Hinterrad von Mannis Fahrrad gezimmert hatte. Eine sehr unfreundliche, feiste Dame war zunächst nicht in der Lage uns zu sagen, wo wir die Räder bekommen könnten. Ich war wahrscheinlich so genervt, dass sie vielleicht die künstlerische Arbeit in Auftrag gegeben hat.

Während diese Frau an Unfreundlichkeit nicht zu überbieten war, bekamen wir an einem anderen Schalter für Touristenservice eine erstklassige und nette Auskunft, was genau zu tun ist und wo das Fahrrad repariert werden könnte.

Wir machten Mannis Fahrrad so gut es ging fahrtüchtig und fuhren mit gemäßigtem Tempo nach Budapest hinein. Abgase, Gestank und Lärm begleiteten uns. Die Straßen waren eine einzige Katastrophe. Wie gesagt, alles lief fast so perfekt wie bei unserer ersten Fahrt, aber eben nur fast. Zum Glück hatte sich der Regen und die Temperatur von 16 ° C nicht bewahrheitet.

In Budapest fanden wir ein gutes Zwei-Zimmer-Appartement und nahmen uns fest vor, den Abend schön ausklingen zu lassen. Wir gingen in eines der besten Straßenrestaurants direkt an der Donau und aßen Fisch, denn aus den vergangenen Radtouren hatten wir einiges gelernt, nämlich, dass man um Fleisch einen großen Bogen machen sollte bei hoher körperlicher Belastung, denn sonst kann es passieren, dass man bis spät in die Nacht hinein wach liegt, weil der Puls zu hoch ist. Ungarische Folklore verwöhnte unsere Ohren. Doch spätestens als die Musiker von Tisch zu Tisch gingen und schließlich auch bei uns ankamen, wurde es mir doch zu viel. Direkt neben meinem linken Tinnitus-Ohr wollte der Violinist sein Solo zum Besten geben. Ich erklärte ihm, dass das nicht ginge, da ich links Probleme hätte. Daraufhin schlug er vor, die Seite zu wechseln, was ich ihm aber ebenfalls ausreden konnte und so gingen sie dann endlich einen Tisch weiter. Auf dem Rückweg tranken wir noch an einem sehr schönen Stadtplatz ein Bier und genossen die entspannte Stimmung, die sich langsam breitmachte. Eine letzte Panne an diesem Tag musste ich feststellen, als ich meine Sachen abends packte und sah, dass jeder zweite Brausebeutel (mit Vitaminen und Mineralien) geplatzt war und die Hälfte in meiner Packtasche lag wo es nun mächtig klebte. Es war eben ein durch und durch erfolgreicher Tag.

2.Tag – 29. August 2005

Der Tag begann wie der vorherige endete. Geweckt wurden wir von dem tosenden Lärm eines Müllwagens direkt unter unserem Fenster und auf den Hotelservice mussten wir eine viertel Stunde warten, um unsere Schlüssel los zu werden. Das war ein kleines Büro, das sich zur Aufgabe machte, Appartements und Zimmer in der Innenstadt zu vermieten.

Wir fuhren nun los, und suchten eine Werkstatt für Mannis Fahrrad. Die meisten Werkstätten hatten noch gar nicht auf und andere waren nicht in der Lage, Rennräder zu reparieren. Schließlich half uns ein netter Ungar, der deutsch sprach, und gab uns den entscheidenden Tipp. Während der Reparaturzeit, die ca. 3 Stunden dauerte, bekam Manni ein Ersatzrad, sodass wir ein bisschen durch die Stadt radeln konnten und wir schauten uns bei der Gelegenheit das Parlamentsgebäude von außen an. Es war nunmehr zwei Uhr, bevor wir aus Budapest losfahren konnten, nachdem mir beim Aufpumpen meines Vorderrades das Ventil weggeplatzt war und ich einen neuen Schlauch einziehen lassen musste. Es dauerte über eine Stunde, um aus der Stadt heraus zu kommen, bei chaotischem Verkehr und einem kaum messbaren Sauerstoffanteil in der Luft. Die Straßen waren in einem erbärmlichen Zustand, da jede Menge LKW wegen einer nahegelegen Großindustriellenanlage unterwegs waren. Am Fahrbahnrand war der Asphalt teilweise so hoch gedrückt durch das Gewicht der LKW, dass ein Höhenunterschied zur Fahrbahn von über einem halben Meter die Folge war. Die LKW donnerten an uns vorbei, nebelten uns in ihre Düfte ein und jedes Mal machten wir innerlich ein Kreuzzeichen, dass wir auch diesen Wagen wieder überlebt hatten.

Durch die schlechte Straßenbeschaffenheit fing Mannis Sonderkonstruktion am Gepäckträger an zu rutschen, womit ich ehrlich gesagt auch irgendwann gerechnet hatte. Dadurch geriet seine Trägerstange an die Kette und ich vernahm hinter ihm ein ständiges Klack, Klack, Klack. Manni griff nach hinten, zog mit einem kräftigen Ruck den Gepäckträger nach oben, wodurch ein kurzes „Fiep" ertönte, dass durch den

Hinterreifen verursacht wurde. Dieses ständige klack, klack, klack mit dem endenden Fiep war mir schließlich so vertraut, dass man fast die Uhr danach stellen konnte, wann es wieder losgeht.

Nach 120 km hatten wir unser Ziel Kaloxa erreicht. Trotz der langsamen Fahrt in der Stadt hatten wir eine Durchschnittsgeschwindigkeit von 27,5 km/h halten können. Wir hatten ein Super-Hotel mit historischer Vergangenheit direkt am Kirchplatz neben einem alten Schloss bezogen und waren schließlich die einzigen Gäste im Innenhof, wo wir natürlich wieder Fisch und reichlich Kohlenhydrate zu uns nahmen. Schon an diesem Abend fing Manni an, Karten zu schreiben. Ich hasse Karten schreiben und ich glaube Manni eigentlich auch, aber er nimmt die Prozedur jedes Mal wieder auf sich. Als ich einmal einen Blick riskierte, was er da schrieb, las ich von einer wunderschönen Tagesetappe, die uns direkt neben der Donau vorbeiradeln ließ und uns einen grandiosen Ausblick auf die Gegend ermöglichte. Manni war ganz offensichtlich an dem Punkt angekommen, die Realität zu verdrängen, denn mit seinem neuen Hinterrad war seine Stimmung wiederhergerichtet. Ich lachte so herzhaft, dass mir die Tränen kamen, als ich diesen Text las. Was man sich doch alles so einfallen lässt, um sich die Situation schön zu reden.

Zu meinen gesundheitlichen Gebrechen kamen noch Probleme an der linken Wade an diesem Abend dazu. Ich massierte den ganzen Abend daran herum und es schien zu helfen.

3.Tag – 30. August 2005
Ein wunderschönes Frühstück in unserem Innenhof bei Sonnenschein und blauem Himmel. Von nun an sollte alles besser werden. Als wir gefragt wurden, was wir denn frühstücken möchten, machten wir den Vorschlag, uns von allem etwas zu bringen, was sich als keine schlechte Idee herausstellte, denn wir bekamen ein abwechslungsreiches Frühstück. Viele Leute hier sprachen Deutsch, was uns überraschte. Ein deutsch sprechender Gast machte uns darauf aufmerksam, dass nicht weit entfernt ein ehemaliges KZ-Lager zu besichtigen sei, das wir uns doch unbedingt mal ansehen sollten. Das war ja wohl der Wink mit dem Zaunpfahl und wir grübelten darüber nach, wie es wohl um die Freundlichkeit der Leute in der nächsten Zeit bestellt sein würde und ob uns unsere geschichtliche Vergangenheit wohl häufiger einholen sollte.
Vor der Abfahrt machten wir unsere obligatorischen Fotos und begaben uns auf unsere zweite Etappe. Der Verkehr spielte keine erhebliche Rolle mehr an diesem Tag und wir durchfuhren eine typische ungarische Landschaft

mit Feldern und Brachen. Eine viertel Stunde lang hatten wir sogar das Glück, hinter einem Trecker herfahren zu können, der eine für uns angenehme Geschwindigkeit von 35 km/h vorausfuhr. Leider wurden die Straßenverhältnisse immer schlechter und immer häufiger machten sich Verwesungsgerüche an der Straße breit. Das hing offensichtlich damit zusammen, dass hier in abgelegener Gegend sehr schnell gefahren wird, wobei so manches Tier daran glauben muss. Später stellten wir fest, dass es sich dabei im Wesentlichen auch um herumstreunende Hunde handelte. Auf den letzten 15 km vor der ungarisch-serbischen Grenze waren wir ziemlich allein auf uns gestellt, denn es gab weit und breit keine Häuser mehr und alle 20 Minuten kam höchstens mal ein Auto vorbei. In der Mittagssonne wurde es ziemlich heiß, was aber bei einem guten Fahrtwind kein Problem für uns war. Irgendwann tauchte in weiter Ferne die Grenze auf. Obwohl hier nun wirklich der Hund begraben war, im wahrsten Sinne des Wortes, und kaum eine Menschenseele vorbeikam, standen dort sage und schreibe 5 Beamte an der Grenze und an einem später folgenden zweiten Kontrollpunkt noch einmal 2 Personen. Wir wurden doch sehr freundlich begrüßt und auch hier wieder mit deutschen Worten, was uns abermals überraschte. Als die Beamten unsere

IPA-Trikots sahen, war sofort der Damm gebrochen, denn die IPA kannten auch sie. Nach einem netten Smalltalk fragte Manni schließlich, ob wir auf besondere Gefahren in Serbien achten müssten, worauf wir mit Blick auf unsere Räder zur Antwort bekamen, dass wir auf regelmäßige Speed Control-Einrichtungen achten sollten. Wir bekamen unsere Stempel und konnten zügig weiter. Auch die 10 / 15 km hinter der Grenze waren so verlassen, wie die Strecke davor. Hier wollte man im wahrsten Sinne des Wortes nicht tot über dem Zaun hängen.

Im nächsten Ort versorgten wir uns nun mit Dinaren an einem Geldautomaten und bekamen abermals in deutscher Sprache nützliche Auskünfte. Unsere Skepsis gegenüber den Serben war nicht unerheblich, aufgrund unseres Engagement dort im vergangenen Krieg, aber gerade hier stellten wir fest, dass wir sehr häufig unterwegs gegrüßt wurden, von alten, wie auch jungen Leuten, die uns zuwinkten und irgendetwas riefen, was wir nicht verstanden. Ich gehe mal davon aus, dass das nett gemeinte Parolen waren. Kurz nachdem wir Geld geholt hatten, kam ein PKW-Fahrer hinter uns her und hupte was das Zeug hielt. Ich dachte schon, jetzt kommen die Bösewichter auf uns zu, die uns wieder loswerden wollen. Irgendwann hielt ich an und sah den Fahrer mit skeptischer Miene an. Er ließ das Fenster herunter und reichte mir meinen Fotoapparat, den ich ganz offensichtlich nicht richtig verstaut und verloren hatte. Von nun an waren wir uns einig, das sind alles nette Leute hier und dass sich so mancher Deutsche davon eine Scheibe abschneiden könnte.

Wir fuhren weiter nach Novisad und freuten uns immer wieder über die netten Begrüßungen unterwegs. Bei einer kleinen Pause fing Manni an, an seinem Gepäckträger herumzuschrauben. Die ständigen Handbewegungen, die das „Fiep" erzeugten, wurden ihm wohl doch nun lästig und dem wollte er Abhilfe leisten. Als wir schließlich weiterfuhren, kam schon nach kurzer Zeit das ach mir so vertraute klack, klack, klack Fiep wieder an meine Ohren und ich empfand dadurch wieder eine innere Ruhe, die mir sagte, nun stimmt wieder alles. Je näher wir nach Novisad kamen, desto häufiger roch es am Straßenrand nach Verwesung. Hier mussten wohl jede Menge Vorstadthunde den Kopf hingehalten haben. Der Geruch ließ schließlich gar nicht mehr nach. Hier mussten regelrechte Massengräber neben der Fahrbahn sein. Es wurde schon dunkel, als wir nach Novisad reinfuhren und ein Hotel suchten. Der Ort war groß, laut und hektisch und auch hier gab es das bekannte Abgasproblem, wie in all den Städten. Auf der Suche nach einem geeigneten Hotel bekamen wir einen guten Tipp, wieder mal von einem Mann, der deutsch sprach und uns auf die alte Burganlage verwies, die auch ein Hotel unterhielt. Mit schnellen Tritten überfuhren wir die Donaubrücke zur historischen Altstadt und mussten schließlich ca. 10 Minuten unsere Fahrräder einen steilen, holprigen Weg hinaufschieben, bis wir schließlich die Burg und somit unser Hotel erreichten. Der Weg hatte sich aber gelohnt, denn im Burgrestaurant, das viele Tische im Innenhof bereithielt, hatten wir eine grandiose Aussicht über die gesamte Stadt und den Donauverlauf. Bei ungarisch-serbischer Folklore speisten wir fürstlich und wurden von einem etwas konfusen, aber deutschsprechenden Kellner bedient. Selbst die Speisekarte war in Deutsch verfasst, was ja nun in dieser Gegend wirklich nicht zu erwarten war. Ich hatte einen unglaublichen Hunger und tagsüber auch nicht genug gegessen. Die letzte Stunde vor der Ankunft war ich kurz vorm Unterzuckern und stopfte mich deshalb mit jeder Menge Bounty voll. So hält man sich dann noch ein wenig über Wasser. Auf unserer Suche nach Kohlehydrate bestellten wir unter anderem gebackene Kartoffeln und erhielten dafür eine ordentliche Portion Pommes frites. Das war nun gar nicht die Ernährung, die wir eigentlich gebrauchen konnten. Schon bald kam die Müdigkeit, die uns aufs Bett zog. Unser Hotel muss ein ehemaliges Luxushotel für Staatsbedienstete und Wohlhabende gewesen sein, denn die Hotelausstattung erinnerte an goldene Zeiten. Ganz offensichtlich waren wir jedoch mal wieder die einzigen Gäste im Haus und wenn man genauer hinsah, konnte man die Spuren des Verfalls feststellen, was uns darauf schließen ließ, dass es sich wohl um ein staatliches Hotel handelte. Mit aufwändigen Holz- und Stuckarbeiten verkleidet, gehörte dieses Etablissement sicherlich in eine 5-Sterne-Kategorie mit Renovierungsbedarf.

4.Tag – 31. August 2005

Wir hatten beide wie die Steine geschlafen und uns gut von den Strapazen des Vortages erholt. Immerhin hatten wir eine Distanz von 205 km zurückgelegt, bei einer Durch-schnittsgeschwindigkeit von 28 km/h, was eben nicht spurlos an einem vorübergeht. Nach einem guten Frühstück; es gab Omelett mit Schinken und Speck für die einzigen Gäste des Hauses natürlich, nahmen wir die gesamte Festung in Augenschein und genossen ein herrliches Panorama in alle Richtungen. Die im Krieg zerstörten Brücken waren nur teilweise wiederaufgebaut und so behalf man sich noch mit einer Ponton-Schwimmbrücke, um dem Verkehr über die Donau Herr zu werden. Erst Monate später sollte etwas weiter die Europabrücke eröffnet werden, was sogar in der Tagesschau gebracht wurde. Schließlich machten wir uns nach unserem obligatorischen Foto vor dem Hotel auf den Weg.

Wir radelten ein Stück parallel zur Donau in ein Gewerbegelände, wo Sand abtransportiert wurde. Viel zu spät merkten wir, dass wir nicht die richtige Straße nach Kovin befuhren, sondern die Hauptstraße genommen hatten, auf der jede Menge LKW durchdonnerten. Diese Strecke von Novisad nach Belgrad, das auf unserer Zwischenstation lag, werde ich so schnell nicht vergessen.

Die Straße war in einem grauenvollen Zustand und hatte etliche Steigungen, die teilweise kein Ende nehmen wollten. Und jedes Mal, wenn ein LKW überholt hatte, machte man innerlich drei Kreuzzeichen dafür, dass man es überlebt hatte. Von der Landschaft konnte man nichts aufnehmen, da wir viel zu sehr mit uns und dem Verkehr beschäftigt waren. Auf der Suche nach attraktiven Nebenstrecken wurden wir in die Walachei geschickt, bis die Straße irgendwann aufhörte oder vielleicht in eine Autobahn aufging und wir alles zurückfahren mussten. In einem kleinen ländlichen Ort fragte ich einen alten Mann nach dem Weg, der sofort vier, fünf andere Personen herbeirief und im Nu quasselten alle durcheinander, während der alte Mann mich die ganze Zeit am Arm festhielt und mit den anderen diskutierte. Er stank dermaßen nach Schweinestall und hatte sich, so wie ich das einschätzte, sicher die letzten 20 Jahre nicht die Zähne geputzt, dass ich nur noch versuchte, das Gespräch schnell zu Ende zu bringen, um mich aus seiner Umklammerung wieder befreien zu können. Trotz der vielen Personen, erhielten wir wieder eine Auskunft für eine Straße, die irgendwo im Feld endete, obwohl unsere Frage schon sehr präzise war und es hier so viele Straßen auch wirklich nicht gab.

Wir machten ab nun die Erfahrung, dass wir, falls die Karte uns nicht ausreichte, mindestens drei bis vier Mal verschiedene Leute nach dem Weg fragen mussten, damit wir aus den gesamten Ergebnissen schließlich erahnen konnten, wie wir weiter zu fahren haben. Jede Auskunft war irgendwie anders als die andere, aber sie kam von Herzen. Dieser Streckenabschnitt zerrte wirklich an unseren Nerven und spätestens hier kam zum ersten Mal die Frage auf, die eigentlich immer irgendwann bei einer solchen Tour sich stellt, was machen wir hier eigentlich und wie kann man so dämlich sein, hier Fahrrad zu fahren. Und dann geschah das Unmögliche. Ein Radfahrer wie wir, namens Zoran, der bei dem serbischen Militär Pilot für MIG's war, gesellte sich zu uns und begleitete uns bis Belgrad auf parallel gelegenen Schleichwegen, die wir niemals allein gefunden hätten. So konnten wir dem Wahnsinnsverkehr zumindest noch ein bisschen entkommen und kamen schließlich direkt an der Uferpromenade der Donau heraus. Bei den Abgasen, die wir auf diesem Abschnitt geschluckt hatten, waren Manni und ich uns sicher, dass wir eines Tages frühzeitig an Krebs sterben würden.

An der Uferpromenade suchten wir ein Bootshaus mit Restaurant auf, wo wir Zoran auf ein Getränk einladen wollten um uns für seine Begleitung zu bedanken, aber er ließ es sich nicht nehmen, uns einzuladen. Sind eben doch viele nette Leute hier in Serbien. Er gehörte wirklich zu den Wahnsinnigen, die täglich 35 km hin und 35 km zurück zum Dienst mit dem Fahrrad fuhren und täglich den Alptraum im Verkehr erleben durften.

Belgrad war mit Autos regelrecht verstopft und wir versuchten wieder den Rest an Sauerstoff aus der Luft herauszufiltern. Das, was wir von Belgrad gesehen haben, war nicht besonders ansprechend. Mit ein wenig Glück fanden wir eine kleine Parkanlage in der wir Pause machten und ordentlich gegessen haben. Im Geschiebe und Gedränge an den Ampelanlagen musste mir irgendjemand eine Trinkflasche geklaut haben. Wann und wo weiß ich nicht, aber da waren es nur noch zwei. Wir saßen auf der Parkbank und sahen uns ein wenig um. Auffallend war, dass unglaublich viele Leute unterwegs waren, teilweise hektisch, andere wiederum mit viel Zeit und dass die Meisten sehr gut gekleidet waren.

Natürlich entging uns beiden auch nicht eine Vielzahl sehr attraktiver Frauen, was uns ein bisschen an die Fahrt durch Kaliningrad erinnerte. Auch dort mussten wir damals aufpassen während der Fahrt die Spur immer zu halten. Ständig ging der Kopf während der Fahrt nach links oder nach rechts weg, da unsere Augen ein neues Ziel erfasst hatten. Wie sagt Manfred immer: „Wer da nicht mehr hinguckt, ist irgendwie nicht gesund." Im muss ihm recht geben. Das sehe ich genauso.

Wir verließen die Stadt, wie wir sie auch vorgefunden hatten, nämlich mit viel lautem Verkehr und einem Sauerstoffanteil der kaum noch messbar war. Ein Atmungsgerät wäre sicherlich von Nutzen gewesen. Auch beim Verlassen der Stadt verfranzten wir uns erneut und waren froh, als wir etwas ländliche Bereiche wieder vorfanden und der Verkehr spürbar nachließ. Zu erwähnen ist noch die spektakuläre Überfahrt über die Donau, um auf die nördliche Seite zu gelangen, denn die Brücke war vierspurig ausgebaut und ähnelte einer Autobahn, aber ohne Randstreifen. Wir machten Tempo was das Zeug hielt, um möglichst schnell diesen Gefahrenort verlassen zu können.

Am späteren Nachmittag machten wir eine Rast an einer Tankstelle. Eigentlich wollten wir nur Getränke einkaufen, doch dann wurden wir von einem Mann auf Deutsch angesprochen, dem offensichtlich die Tankstelle und das daneben befindliche Café gehörten. Er überredete uns förmlich, noch ein bisschen zu bleiben und uns einen Kaffee ausgeben zu dürfen. Ich war eigentlich dagegen, da die Zeit uns doch langsam drängte. Wir haben uns dann aber doch breitschlagen lassen, was uns später noch teuer zu stehen kommen sollte, doch es war auch eine sehr nette Unterhaltung. Der Mann erklärte uns, dass in der Gegend bis zu 80% Deutschstämmige wohnen. So erhielten wir noch interessante Einblicke in das dortige Umfeld und dem geschichtlichen Hintergrund. Als wir weiterfuhren, konnte man auch feststellen, dass die Häuser und auch die Vorgärten gepflegter waren, als das, was wir vorher schon teilweise zu sehen bekommen hatten. Da steckte dann irgendwo noch die deutsche Gründlichkeit in den Leuten. Qualität vererbt sich eben doch.

Die Dunkelheit rückte näher und unser Ziel schien doch noch weiter zu sein als ursprünglich angenommen. Wir machten deutlich mehr Tempo und fuhren streckenweise mit 33 bis 34 km/h Durchschnittsgeschwindigkeit. Autos fuhren hier so gut wie gar keine mehr. Irgendwann fanden wir uns in der Quizsendung „Wünsch dir was!" wieder, denn die Straße endete und ging nur nach links oder rechts ab. Keine Hinweisschilder und wir wussten nicht, in welche Richtung wir fahren sollten. Irgendwie doch nicht die deutsche Gründlichkeit, die wir kennen. Wir hätten schnick, schnack, schnuck spielen können, entschieden uns aber ohne diesen spielerischen Einsatz, dafür nach rechts abbiegen, da in einiger Entfernung Lichter zu sehen waren. Auch unser siebenter Sinn sagte uns, dass unser Ziel wohl rechts liegen müsse. Langsam begannen sich Häuser links und rechts aufzubauen und wir warteten auf das Eingangsschild von Kovin. Wir fuhren und fuhren. Die Häuser säumten die Straße aber es gab wieder kein einziges Schild. Irgendwann entschlossen wir uns, jemanden zu fragen, wo wir denn genau sind. Ein Mann deutete an, dass wir umdrehen müssten. Somit mussten wir uns eingestehen, dass es mit unserem siebenten Sinn doch wohl nicht so toll war. Nach einer Viertelstunde kamen wir wieder an unserer „Wünsch-dir-was-Ecke" vorbei und konnten beruhigt geradeaus fahren, denn andere Möglichkeiten gab es ja nun nicht mehr.

Es wurde dunkler und dunkler und wir montierten schließlich unsere Lampen. Manni mit seinem Mini-Scheinwerfer fuhr voraus und ich mit meiner blinkenden Heckleuchte hinterher. Die Minileuchte verschaffte Manni nicht gerade den Durchblick, denn plötzlich knallte er durch ein tiefes Schlagloch. Es machte laut zisch und der Hinterreifen war platt. Inmitten tausender Mücken wechselten wir so schnell wie möglich den Schlauch. Dabei tänzelte ich wie ein Wodu-Beschwörer auf den Beinen herum und schüttelte permanent meine Arme, um die Mücken loszuwerden. Gut, dass mich außer Manni keiner gesehen hat. Das Rad war repariert und wir fuhren weiter. Nach 200 m ballerte Manni erneut durch ein Schlagloch und diesmal war es das Vorderrad, das platt war. Das nunmehr bekannte Zischen ging voraus und wir wussten, was zu tun war. Nun tänzelten wir Beide wie zuvor auf der Straße herum und versuchten, nebenbei das Rad zu flicken. Da Routine aufkam, waren wir schnell fertig. Doch leider war Mannis Lampe heruntergefallen und in mehrere Teile zerbrochen. Irgendwann gelang es mir, das Licht wieder zum Erleuchten zu bringen. Nun ging es im Schneckentempo weiter, um ja keine Panne mehr zu erleben

Nur 1000 Meter weiter, war unser Ziel Kovin, wo wir relativ schnell eine Pension mit Restaurant fanden, die von einem fließend deutschsprechenden Chef betrieben wurde, der nur ein Thema kannte: Politik, Politik und nochmals Politik. Bei seinen Ausführungen kam keiner gut weg, mit Ausnahme der Serben. Er war sicherlich einer der Kriegstreiber, davon war ich überzeugt. Wir bekamen ein prima Essen, viele gute Tipps für unsere nächste Etappe und gaben drei Männern am Nebentisch ein Bier aus. Irgendwann freuten wir uns auf unser Zimmer und lachten uns noch im Bett über die komische Situation mit den zwei kurz aufeinanderfolgenden Pannen und dem Krieg mit den Mücken kaputt.

5.Tag – 1. September 2005
Unsere heutige Tagesetappe begann um 8.30 Uhr und führte bis Donji Milanovac. Heute wurden wir für die grässlichen Abschnitte des Vortages entschädigt und fuhren durch eine kaum befahrene, wunderschöne Landschaft mit relativ guten Straßen. Da nichts los war, genossen wir die Umgebung, machten während der Fahrt von uns gegenseitig spektakuläre Aufnahmen und genossen einfach diesen wunderschönen Abschnitt. Unser Weg führte uns nach Palanca, wo im Stundentakt eine Fähre über die Donau fahren sollte, so zumindest die Auskunft unseres Herbergsvaters vom Vorabend, der diese Gegend angeblich wie seine Westentasche kennt. Als wir ankamen stellten wir fest, dass die nächste Fähre erst in zwei Stunden gehen würde und hier im Dreistundentakt gefahren wird und das nicht erst seit gestern. Wir machten es uns also auf einer, von Wein überrankten Terrasse, des wohl einzigen Restaurants, direkt an der Donau gemütlich, tranken eine Cola und genossen die Idylle und die unglaubliche Ruhe an diesem Ort.

Hier blieb die Zeit irgendwie stehen und man wird nachdenklich.

Die ganze Zeit über rätselten wir, ob es auf der anderen Seite der Donau eine Straße direkt unten am Wasser entlang gäbe oder ob wir ggf. den Berg herauf mussten, um in ca. 200 m Höhe entlang zu fahren. Das hätte nämlich ein ständiges Auf und Ab zu Folge gehabt und unter Berücksichtigung unseres Zeitverlustes durch die Warterei hätten wir unser Tagesziel sicher nicht mehr vor Einbruch der Dunkelheit erreichen können. Irgendwann kam die Fähre und sie hätte auch pünktlich abfahren können, doch der Fährmann war mit seinem Mittagessen noch nicht so weit und unterhielt sich in aller Seelenruhe mit einigen Freunden am Tisch. 20 Minuten nach der offiziellen Abfahrtszeit bewegte er langsam seinen Hintern und so fuhren wir mit einer halbstündigen Verspätung endlich los. Die Fähre bestand aus einem Schwimmponton, dass von einem an der Seite angedockten Motorboot angetrieben wurde. Auf der Überfahrt beobachtete ich einen Anhänger auf der Fähre. Er war vielleicht 2 qm groß. Auf ihm befanden sich ca. 15 halbwüchsige Schweine, die eng gedrückt und teilweise übereinander dort zusammengepfercht waren. Sie hechelten in der Mittagshitze nach Luft und hatten wirklich zu kämpfen. In dem Moment dachte ich darüber nach, was für ein Glück man doch gehabt hat, nicht als Schwein auf die Welt gekommen zu sein.

Als wir auf der anderen Seite anlegten war klar, dass wir den Berg steil herauf mussten mit einer Steigerung von sicher 12 bis 13 % und das in der prallen Mittagssonne und ohne Wind. Ohne den Kreislauf ein wenig in Schwung bringen zu können, mussten wir direkt an diese Steigung und quälten uns den Berg hinauf. Oben angekommen, genossen wir eine unglaublich schöne Sicht ins Hinterland und es sah so aus, als ob die Straße wieder zur Donau herunterführt, was sie auch schließlich tat. Auf einem kleinen Deich, über den eine Straße führte, radelten wir nun genau neben der Donau her, so wie Manni es immer in seinen Karten schrieb und sahen viele interessante Wasservögel und eine traumhafte Landschaft, die an die schönsten Stellen des Rheins erinnerte, allerdings hier in ganz anderen Dimensionen und deshalb überhaupt nicht vergleichbar. Die Donau war hier stellenweise über einen Kilometer breit und floss in einer Stille daher, wie wir es in Deutschland nicht mehr kennen. Manni fotografierte, was das Zeug hielt und konnte sich gar nicht mehr satt sehen. Alle paar hundert Meter hielt er an und machte wieder ein Foto, wobei sich die Bilder sehr ähneln durften, was ihm aber egal war. Wir kamen deshalb natürlich kaum voran, doch diesen Abschnitt, an dem das

„Eiserne Tor" begann, musste man einfach genießen und in sich aufsaugen. Unterwegs hielten wir noch an einem Maisfeld und schoben uns so vier bis fünf Kolben dahinter. Das war unser Mittagessen.

Irgendwann machten wir eine Rast und fotografierten uns gegenseitig mit einem Totenschädel eines Schweinskopfes, den wir neben uns auf die Bank gelegt hatten. Ich hatte ihn zuvor am Ufer der Donau gefunden und so machten wir uns einen Spaß daraus. Manni machte dann immer seinen Standardspruch: „Wenn ich das zu Hause im Club erzähle, glaubt mir das keiner." Schließlich holte uns unser nahezu tägliches Schicksal ein, denn nun ging es wieder um eine Wettfahrt gegen die Zeit. Wir hatten noch 60 Kilometer zu fahren und hatten dafür keine 2 Stunden mehr Zeit. Nun waren wieder 59er Qualitäten gefragt. Mit einem guten Tritt fraßen wir die Kilometer nur so weg. Gespickt wurden diese 60 Kilometer mit einer elendig langen Bergwertung, aber einer darauffolgenden rasanten Abfahrt mit Spitzengeschwindigkeiten von über 60 km/h. Während der Fahrt hatte Manni immer wieder Fotos gemacht, und als er wieder mit mir auf einer Höhe war sagte er mir: „Ich glaube, ich habe schlechte Nachrichten." Es stellte sich heraus, dass er während der Fahrt wohl einen falschen Knopf gedrückt hatte und alle Fotos im

Bruchteil einer Sekunde gelöscht waren; und das Manni. All die schönen Fotos, die er so emsig gemacht hatte, waren dahin. Seine Laune sank ab diesem Moment beträchtlich, doch es nützte nichts, wir mussten weiter.

Trotz der Geschwindigkeit bei der Abfahrt genoss ich die Aussicht, die sich mir während der gesamten Abfahrt bot und versuchte mir in diesem Moment klarzumachen, wo ich hier eigentlich bin und was ich gerade tu. So eine Radtour ist eben nicht irgendein Urlaub, sondern ein richtiges Abenteuer. Getrübt wurde dieser schöne Abschnitt leider von einer, direkt an der Donau befindlichen Müllkippe, die bis in das Wasser hineinreichte und in Brand gesetzt worden war und die weithin das Flussgebiet mit ihrem beißenden Qualm einnebelte. Es war nicht das erste Mal, dass wir feststellen durften, wie oft die Donau auch als Müllkippe genutzt wird, denn an vielen Stellen sammelten sich jede Menge Abfälle an und bildeten regelrecht schwimmende Müllinseln. Wir durchfuhren mehrere Tunnels und je länger wir unterwegs waren, desto mehr verhärteten sich bei mir die Waden und die Oberschenkel. Mein Allerwertester tat mittlerweile mächtig weh und auch die Handgelenke schmerzten. Kurz vor Einbruch der Dunkelheit schafften wir es dann doch noch unser Tages-Etappenziel Donji Milanovac zu erreichen. Unsere Etappe hatte zwar nur 147 km, aber irgendwie waren wir an diesem Abend völlig erledigt.

Wir bezogen eine Unterkunft, die an Einfachheit nicht zu überbieten war, denn unser Zimmer war ein großer Raum mit 5 oder 6 alten Betten, etwas schimmeligen, mürben Wänden und Vorhänge gab es auch nicht. Wir hatten aber an diesem Abend die Gelegenheit direkt am Donauufer neben ein paar Anglern unseren Esstisch organisieren zu können und genossen in vollen Zügen die abendliche Stimmung an diesem wundervollen Fluss. Es gab selbst gekochte Fischsuppe und Fisch aus eigenem Fang mit Salat, was sonst. Fleisch war für uns bekanntlich kein Thema. Das Essen war exzellent und nebenbei beobachteten wir in der Dunkelheit das Treiben der Angler. Zwischen durch kam mal ein kleines Kätzchen vorbei und stibitzte sich einen der gefangenen Fische. Wir waren wieder die einzigen Gäste, was den Abend zu etwas Besonderem machte in dieser traumhaften Idylle. Ich fühlte mich nicht wie ein Tourist, sondern eher wie ein Vagabund, der durch die Lande streift und nur eine kurze Rast einlegt.

6. Tag – 2 September 2005

Am nächsten Tag bekamen wir ein riesengroßes Eier-Omelette mit Schinken und es ging an diesem Tag weiter nach Drubeta-Turu-Severin.

Der Hintern tat an diesem Morgen immer noch weh und Manni fotografierte sich erneut 'nen Wolf um wenigstens noch ein paar Eindrücke vom eisernen Tor einfangen zu können, obwohl ich ja nun auch fotografierte. Irgendwann erreichten wir eine Stelle, an der auf der gegenüberliegenden rumänischen Seite ein riesengroßer Kopf in den Felsen hineingearbeitet worden war. Trotz der Entfernung war dieses Monument aufgrund seiner enormen Größe deutlich zu erkennen. Unterhalb davon befand sich eine Art kleines Schloss mit Zwiebeltürmchen und es handelte sich hier wohl um die engste Stelle der Donau bei ihrem Durchbruch durch die Karpaten, weshalb dieser gesamte Abschnitt das „Eiserne Tor" genannt wird. Es ging immer wieder rauf und runter was viel Kraft kostete, aber immer wieder für tolle Aussichten sorgte. Obwohl hier relativ wenig Verkehr war, wurde die Straße regelmäßig mit Kreuzen und manchmal darunter befindlichen Bildern gesäumt, wie wir es auch schon aus Polen und der Slowakei her kannten. Meistens handelte es sich um sehr junge Leute. Einmal fanden wir Bilder von 4 jungen Männern an einem Ort, die sich hier vor noch gar nicht so langer Zeit endgültig verabschiedet hatten. Das dabei Alkohol im Spiel gewesen war ist wohl mehr als wahrscheinlich.

Wir kamen zum Staudamm des dort befindlichen Wasserkraftwerks, über den wir mit dem Fahrrad auf die rumänische Seite hinüberfahren konnten. Direkt vorher machten wir eine Pause und kauften uns Gebäck. Manni spuckte das Zeug gleich nach dem ersten Bissen wieder aus und meinte, es sei unglaublich fettig und nicht herunter zu kriegen. Ich sah das ganz anders und hatte guten Appetit. Erst später sollte sich herausstellen, dass der „spuckende Kleimeyer" einen Magen-Darminfekt hatte. Als wir die rumänische Grenze passieren wollten, war da ein junger Beamter der wohl noch Karriere machen wollte. Er musterte uns wie ich es noch aus DDR-Zeiten her kannte und besaß dann doch tatsächlich die Frechheit uns durchsuchen zu wollen. Was bitte schön sollten wir hier in unseren kleinen Packtaschen wohl wichtiges schmuggeln wollen. Wir waren uns beide sicher, dass wir ihm als aller erstes unsere stinkende, dreckige und voll geschwitzte Wäsche in die Hand drücken würden. Hierzu kam es dann leider doch nicht, da seine Vorgesetzte, eine Frau mit etwas mehr Gehirn als dem Seinigen, abwinkte und uns fahren ließ.

Wir fuhren also hinein ins' rumänische Land und waren irgendwie an einem Punkt angekommen, an dem die Luft raus war. Die Knochen taten weh, Mannis Magen rumorte und der Verkehr von Turnu-Severin tat ein Übriges. Während

Manni an einem Geldautomaten die Scheine holte, bearbeitete mich die ganze Zeit ein Mann, der sich pausenlos bekreuzigte und andeutete, dass er der ärmste, aber frommste Mensch auf Erden sei. Zwischendurch nahm er meine Hand und küsste sie und bekreuzigte sich wieder und wieder. Ich wartete bis Manni schließlich wiederkam und deutete an, dass er dem Plagegeist einen Schein von unserem frischen Geld geben soll, damit er endlich Ruhe gibt. Das hatte der Mann ganz offensichtlich verstanden und machte sich sofort an Manni ran. Er bekreuzigte sich wieder ohne Ende, schnappte sich irgendwann Mannis Arm und küsste ihn. Dieser riss seinen Arm sofort zurück als ob ihn eine Wespe gestochen hätte und machte einen Satz zur Seite um auf Distanz zu gehen. Schnell kramte er einen Schein hervor drückte ihn dem Mann, der ca. 35 Jahre alt war, in die Hand, worauf er sich dann verabschiedete mit 2-3 Dutzend Kreuzzeichen.

Wir hatten kein gutes Gefühl, was den Streckenabschnitt von hier nach Craiova anging. Mit ziemlich schlechten Straßenverhältnissen war zu rechnen und mit schlechten Magenverhältnissen beim „Spuckenden Kleimeyer" ebenfalls, und wir beschlossen uns den örtlichen Bahnhof einmal genauer anzusehen. Überall streunten Hunde herum und in kürzester Zeit wurden wir am Bahnhof von mehreren Leuten umringt, die uns alle angafften als seien wir von einem anderen Planeten. Alle wollten in irgendeiner Form behilflich sein, hielten aber auch gleichzeitig dafür die Hand auf. Irgendwie hatten wir ein komisches Gefühl im Bauch und ich behielt die Fahrräder im Auge als seien dort Millionen versteckt. Hier mussten wir erst mal weg und verzogen uns zum Bahnsteig. Während ich dort auf unsere Räder achtete und in der Mittagshitze brütete besorgte Manni uns die Fahrkarten. Nach über einer Stunde trudelte unser Zug ein und nachdem alle eingestiegen waren, rückten wir mit unseren Rädern nach. Der Zug war brechend voll und wir hatten Last unsere Räder unterzubringen. Unser Platz sollte nun für die nächsten 3 Stunden direkt neben der Toilette sein aus der es dermaßen stank, dass es selbst einen altgedienten Kanalarbeiter umgehauen hätte. Nach und nach eroberten wir einen Stehplatz in der Nähe eines Fensters, wo man es aushalten konnte. Der gesamte Zug war in einem katastrophalen Zustand wie ich es noch nie erlebt hatte.

Von nun an starrten wir die ganze Zeit aus dem Fenster um den Straßenverlauf unserer Strecke zu studieren, die parallel zum Gleis verlief. Die Straße muss völlig kaputt gewesen sein, denn man war gerade damit beschäftigt sie komplett zu erneuern und die letzten Arbeiten waren fast erledigt. In der Nähe unseres Gleises verlief also eine Straße im allerbesten Zustand und wir fuhren Zug. Je länger diese Situation anhielt, desto mehr ärgerten wir uns. Letztlich mussten wir feststellen, dass eine fast fertiggestellte Superstraße bis Craiova verlief mit aalglattem Asphalt und frischer Luft.

Wir waren ziemlich genervt, konnten es aber nicht ändern, denn wir saßen in diesem Elendszug.

Beim Schaffner besorgten wir einen Fahrplan über Bukarest nach Galati und hatten zum Ende der Fahrt einen fast leeren Zug. In Craiova angekommen machten wir uns so schnell wie möglich am Bahnhof dünne, denn dort ist im Dunkeln sicher nicht gut munkeln. Mit Mannis Pfefferspray in der Hand machten wir uns auf den Weg zu einem Hotel, das ganz in der Nähe des Bahnhofs lag und ausgesprochen komfortabel war. Am Abend machten wir noch eine kleine Runde, aßen einheimisches Fastfood an der Straße, wobei Spuckmenne sich zurückhielt weil sein Magen immer noch im Stress war. Unsere Fahrräder waren in einem Schuppen untergestellt und um 4:30 Uhr sollte unser Zug abfahren.

7. Tag – 3. September 2005

Als wir am Morgen noch im Dunkeln das Hotel verließen, waren die Fahrräder in einem PKW untergebracht und dort offensichtlich unsanft hineingeschoben worden, da zusammengeschlossen, denn mir fiel gleich mein Vorderrad entgegen. Noch vor der Abfahrt des Zuges kam eine recht emanzipierte Schaffnerin die sich darüber ärgerte, dass sie ihren Hintern an unseren Rädern vorbei schieben musste. Sie verlangte, dass wir die Räder direkt vor einen Durchgang zweier Waggons stellen sollten. Das machte natürlich gar keinen Sinn worauf sie vorschlug sie hochkant in die dort befindliche Toilette zu stellen. Nun platzte mir der Kragen und ich protestierte lautstark, machte ihr klar, dass sie ja wohl von einem anderen Stern sei und schob wütend mein Fahrrad zurück, aber diesmal direkt in ein leeres Abteil. Manni folgte mir, machte es genauso und damit war die Angelegenheit erledigt und nunmehr zwei Abteile von uns belagert.

Es ging über Bukarest nach Galati, und in relativ guten Zügen bis hin zur modernen Nord-Westbahn hatten wir eine angenehme Fahrt. Die Landschaft bestand hier in der Walachei zum überwiegenden Teil aus Feldern, die bis zum Horizont reichten, da es praktisch keine Bäume gab und das Profil der Gegend sehr flach war. Manni konnte sich so noch ein wenig erholen, denn wir kamen erst um 13:00 Uhr in Galati an. Viel lieber wären wir diese Strecke geradelt, denn hier konnte man richtig Kilometer fressen, doch wir wollten auf jeden Fall nicht durch Bukarest fahren müssen.

Um 14:00 Uhr ging unsere Fähre über die Donau und bei der Überfahrt beobachtete ich das lustige und musikalische Treiben einer Hochzeitsgesellschaft auf dem Boot. Es war das Treiben der Männer, denn von der Braut war nicht sehr viel zu sehen. Andere Länder andere Sitten.

Als wir endlich los radelten hatten wir ziemlich starken Seitenwind auf 8 Uhr. Da Manni noch käsig war fuhr ich vor. Außer dem Wind gab es jede Menge Steigungen und nach 40 km Frontarbeit meldete sich erstmalig wieder meine Sehne. Ich hatte es bei den schwierigen Bedingungen wohl etwas mit dem Tempo übertrieben. Unterwegs kamen wir an einer Tiriac Allianz Agentur vorbei und dort musste ich unbedingt ein Foto schießen, zumal ich auch mein gesponsertes Allianz-Trikot auf dem Leib hatte. Bei einem alten Ehepaar, das an der Straße Melonen verkaufte hielten wir an und gönnten uns eine. Wir unterhielten uns sehr nett mit den Leuten und beschenkten schließlich noch ein paar hinzu gekommene Kinder mit Bonbons, Luftballons und Kugelschreibern von der Allianz.

Es wurde mal wieder dunkel bevor wir unser Ziel erreicht hatten und wir machten Tempo, wobei Manni langsam aber sicher wieder richtig gut in

Tritt kam und mich vorn ablösen konnte, denn ich war mal wieder kurz vorm Unterzuckern und musste mir erst mal einige Schokoriegel dahinter schieben. Die Straße war sehr schlecht und wir stellten fest, dass unsere Tagesetappe viel zu lang geplant war, denn wir sind ja erst um 14:30 Uhr losgefahren und mussten 127 km nach Murighiol abspulen und das bei eingeschränkter Leistungsfähigkeit und anstrengender Route. Irgendwann war es richtig dunkel und wir machten mal wieder Licht an, Manni den Scheinwerfer und ich die Lichtorgel hinten. Trotzdem fuhren wir praktisch blind. Wir sagten uns, dass wir nun keinen Stress mehr machen und locker ausradeln wollten.

Von wegen, plötzlich ertönte wildes Hunde-gebell und da waren sie. Drei kräftige Schäferhunde verließen ihre Schafherde um auf uns Jagd zu machen. Ich rief nur: Manni gib Gas, die machen uns sonst fertig!!!!!!!!! Wir legten einen Sprint trotz der Dunkelheit hin, dass Eric Zabel das Nachsehen gehabt hätte. Nur knapp entkommen wähnten wir uns in Sicherheit und erholten uns von dem Schock. Da ging es auch schon wieder los. Erneut kamen ca. 3 Hunde laut bellend von der anderen Seite angerannt und das Spiel ging von vorne los. Manni verpasste seinem dichtesten Verfolger eine Ladung Pfefferspray während der Fahrt, gab Gas und war gerettet. Ich hingegen fuhr ja noch hinter ihm und war bekanntlich waffenlos. Deshalb suchte ich mein Heil erneut im Sprint und kurbelte was das Zeug hielt in der Hoffnung, dass der Köter neben mir sein Ziel nicht ausmachen konnte, denn er schielte schon verdächtig auf meine linke Wade. Ich glaube so schnell war ich noch nie und konnte es kaum glauben wie viel Kraft man noch so spät am Abend entwickeln kann, wenn man nur die Wahl hat in die Pedale zu treten oder zerfleischt zu wer-den.

Wir waren völlig fertig und hatten immer noch 10 km vor uns, bei völliger Dunkelheit. Kurz vor dem vermeintlichen Ziel mündete die Straße in einen Schotterweg und wir mussten schieben. Wieder kam aus der Dunkelheit etwas auf uns zu, und Manni hatte das Pfefferspray schon im Anschlag. Es war ein Mann auf einem Pferdefuhrwerk, den wir Gott sei Dank nach dem Hotel fragen konnten, denn hier war sonst niemand mehr draußen. Wir mussten umdrehen und fanden ganz in der Nähe unser Hotel, wobei dorthin jede Menge Schlaglöcher in der Dunkelheit auf uns warteten. Wir hatten ja unsere Erfahrungen gesammelt und fuhren im Schneckentempo. Es war 21:15 Uhr als wir ankamen, und ich war noch nie so froh vier Wände um mich herum zu haben und genoss es förmlich die Zimmertür hinter mir zu verschließen. Ein gutes Essen, es gab natürlich Fisch und drei Halbe bauten uns wieder auf, und wir mussten uns alle Erlebnisse erst mal vom Leib reden. „Das glaubt uns im Club garantiert niemand", sagten wir beide. Wir schliefen wie die Steine.

8. Tag – 4. September 2005

Der Tag begann mit Trikot waschen und einer OP an meiner Sitzfläche. Dort hatte sich eine eitrige Stippe gebildet, die ich mit einer Nadel öffnen musste. Nicht ganz leicht an so einer Stelle, wie ich zugeben muss. Nach dem Frühstück suchten wir nach einem Boot für eine Fahrt ins Donaudelta. Das teuerste Angebot lag bei 80 Euro, das günstigste bei 15 Euro. Wir fuhren für 15.- und hatten genau das richtige Boot für eine solche Fahrt. Sie dauerte 3 Stunden und führte uns durch eine traumhafte Wasserlandschaft, die wieder in mir den Naturliebhaber aufkommen ließ und ich fotografierte alle man drauf los. Wir fuhren durch teilweise sehr schmale Wasserstraßen und waren in einer anderen Welt. Pelikane sahen wir leider nicht, aber es hatte sich wirklich gelohnt.

Nach der Fahrt gingen wir an einem Grill etwas essen und machten später noch einen Spaziergang, was unseren Beinen mal ganz guttat. Am Abend nach dem Essen machten wir uns erst einmal klar, wieviel hier 80 Euro wert sind, denn ein Normalverdiener in Rumänien verdient im Monat zwischen 100 und 150 Euro.

In touristischen Gegenden wird man mal wieder sofort abgezockt und verlangt westliche Preise. Wir tranken noch ein paar Bierchen und philosophierten noch ausführlich über das Leben insbesondere. Ein interessantes Gespräch, wie ich fand. Unsere Frauen hätten stellenweise aber sicher die Augen verdreht.

9. Tag – 5. September 2005
Unsere heutige Etappe führte von Marighiol nach Costinesti über 182 km, für die wir 7 Stunden und 45 Minuten brauchten. Nun hatte ich Magen-Darmprobleme und nicht zu knapp. Zu allem Überfluss servierte man uns zum Frühstück auch noch einen Käse, der original nach Kotze roch. Etwas vornehmer ausgedrückt, wie Erbrochenes. Der Tag war für mich gelaufen. Manni musste an diesem Morgen erst noch die vordere Decke wechseln, weil sich an der Seite eine kleine Blase ausstülpte, wahrscheinlich ein Relikt aus Schlaglochzeiten im Mückenwirbel. Mit vereinten Kräften zogen wir eine Neue auf, die wir Gott sei Dank mitgenommen hatten. Hier hätten wir weit und breit keine Ersatzteile bekommen können.
Wir fuhren los und kamen durch viele kleine Bauernschaften, in denen drei Mal so viele Fuhrwerke wie Autos unterwegs waren. Eine Gegend wo die Welt noch in Ordnung ist und das Wort Stress wahrscheinlich noch nie

ausgesprochen wurde. Die Straßen waren katastrophal und heute war ich derjenige, der sich ziehen lassen musste, denn ich war total schlapp und die kleinste Steigung verlangte mir alles ab und davon gab es hier leider genug. Ab Babadag begann eine gute Landstraße und wir machten schnelle Fahrt, wobei ich mich eng in Mannis Windschatten halten musste. Am frühen Nachmittag aßen wir in einem Straßenrestaurant und ich hatte richtig Appetit auf Fleisch und zog mir ´ne ganze Batterie Cevapcici hinein. Dieses Mal war das trotz Mannis Warnungen genau die richtige Entscheidung, denn auf unserer anschließenden Weiterfahrt kam ich wieder super in Tritt und die Krankheit war fast wie weggeblasen. Wir machten ordentlich Kilometer und da war es, das Schwarze Meer. Von hier ab kam es einem vor als ob eine völlig neue Tour anstünde und wir genossen die Tatsache, es bis hier hin geschafft zu haben.

In Constanta, zu Deutsch Konstanza machten wir an der Uferpromenade halt und bestaunten das örtliche Casino im Rokokostil. Das Meer ist hier wirklich schwarz, da es überwiegend Süßwasser enthält und hat ganz offensichtlich daher seinen Namen. Auf einer Schnellstraße ging es weiter auf unserem letzten Abschnitt nach Costenesti und wir kamen dieses Mal auch tatsächlich kurz vor der Dunkelheit an. Wir fanden schnell ein Hotel und Manni klärte alles ab. Als er aus dem

Hotel kam erklärte er mir, dass unser Hotelier verlangte, dass die Räder draußen bleiben müssten, was bekanntlich überhaupt nicht nach meinem Geschmack war, denn mein Fahrrad ist mir auf so einer Tour heilig und irgendwie wie meine Frau. Die muss schließlich auch nicht auf der Straße schlafen. Ich war so richtig in meinem Fahrwasser, weil so ein Hotel jede Menge Räume zur Verfügung hat und knöpfte mir den Mann erst mal richtig vor mit dem Hinweis, dass es noch eine ganze Menge anderer Hotels gibt, die uns sicher gerne aufnehmen würden. Schon bekamen wir einen Raum zur Verfügung, der auch abgeschlossen wurde, so wie wir das nun mal gerne haben.

Nach dem Essen, es gab Fisch, was sonst, lustwandelten wir an der Strandpromenade und gingen auch mal barfuß ins Meer. Das Wasser war angenehm warm und wir beschlossen am nächsten Morgen vor dem Frühstück schwimmen zu gehen. Costinesti war ein Badeort der fast ausschließlich von jungen Leuten besucht wird, denn alle Restaurants und Bars machten mächtig auf Stimmung mit lauter Musik und dort hielten sich jede Menge Jugendliche auf.

10. Tag – 6. September 2005

Am frühen Morgen ging es an den Strand, wo wir unser Vollbad nahmen. Das Wasser war angenehm warm, hatte aber fast keinen Salzgehalt und ähnelte eher dem Wasser eines Teiches, denn es war auch gelblich getrübt, so dass man nicht tiefer als einen Meter sehen konnte. Wir spaddelten ein wenig herum und lockerten unsere Muskeln. Der Strand war nicht besonders gepflegt, denn es lag einiges an Müll herum. So etwas stört mich schon.

Nach dem Frühstück ging es Richtung bulgarischer Grenze, mit einem zeitweise mäßigen Seitenwind was das Windschattenfahren problematisch machte. Ich war deshalb auch ein wenig genervt und auch sonst nicht besonders gut drauf. Als wir an die Grenze kamen wurden wir von dem ersten Grenzbeamten freundlich und bevorzugt abgefertigt, während der Zweite, ca. 100 Meter weiter, uns erst einmal 25 Minuten schmoren ließ. Schließlich ging es weiter und wir kauften unterwegs Weintrauben an der Straße, so wie sie überall angeboten wurden neben vielen anderen Obstsorten. Von einem Baum pflückte ich bei einer Pause 3 Walnüsse, die ich für meine Kinder mitgenommen habe, denn sie sehen aus wie grüne Zitronen, was ich vorher selber gar nicht gewusst habe. Öffnet man die grüne Umhüllung hat man anschließend genauso grüne Finger und bekommt sie, wie sich später herausstellte, nicht mehr sauber. Erst 1 Woche später war die Farbe wieder weg.

Irgendwann beschlossen wir von der Hauptstraße abzubiegen und die Küstenstraße weiter zu fahren. Es ging lange bergab bis wir an der Küste ankamen. Es kam was kommen musste, denn die Küstenstraße ging gleich wieder steil berghoch mit 11,4%, was mit Gepäck schon ein Wort zum Sonntag ist. In brütender Mittagshitze quälten wir uns die Steigung hinauf und stellten später fest, dass es die ganze Küstenstraße, bis kurz vor Varna, unserem Ziel, so weitergehen sollte. Zwar hatten wir immer wieder grandiose Aussichten, mussten dafür aber richtig keulen was mir ziemlich viel abverlangte, denn mein Magen-Darmproblem hatte sich noch nicht vollständig erledigt.

20 km vor unserem Ziel machten wir auf einem herrlichen Aussichtspunkt Rast und Manni deckte den Tisch. Er breitete irgend-ein verschwitztes Kopftuch auf seinem Gepäckträger aus legte alles was wir zu essen hatten dekorativ darauf, worauf ich noch einige meiner essbaren Utensilien hinzufügte. Es hatte etwas von der Esskultur eines Globetrotters, und wir fingen an dem Ganzen noch den letzten Schliff zu geben, um es schließlich wieder und wieder zu fotografieren. So hat man zwischendurch seine kleinen Späßchen.

Um 18:30 Uhr erreichten wir Varna, in Bulgarien Bapha genannt mit einer Durchschnittsgeschwindigkeit von immerhin doch 25 km/h. 143 Kilometer mit grünen Fingern und einem lädierten Darm, aber sich leicht bessernden Mäse. Wir gönnten uns dort das Splended Hotel mit 4 Sternen, bekamen aber ein Zimmer in der sehr gehobenen 5 Sterne-Kategorie. Wir genossen diesen Komfort und ließen ein bisschen die Seele baumeln. Genau gegenüber war eine beeindruckende orthodoxe Kirche die wir später bestaunten und danach in einem Straßenrestaurant gegenüber essen gingen. Auch hier wurden wir noch von deutschsprechendem Personal, wie schon zuvor im Hotel, bedient.

An diesem Abend beschlossen wir am nächsten Tag mit einem Linienreisebus nach Istanbul zu fahren. Natürlich hätten wir diesen letzten Abschnitt mit unseren 59iger Qualitäten locker abfahren können, doch es hätte uns in die Berge geführt, was einerseits sehr reizvoll gewesen wäre, andererseits zu viel Zeit gekostet hätte, und uns schließlich zu einem Verzicht auf die Erkundung von Istanbul gezwungen hätte, denn unser Flieger war nun mal fest gebucht.

11.Tag – 7. September 2005
Nachdem wir in unserem Luxushotel super gut geschlafen hatten und ebenfalls ein 5 Sterne Frühstück verdrückt hatten machten wir noch einen Gang durch die Fußgängerzone, die so ziemlich alles zu bieten hatte. Auf der Straße

wird man dort überall von Leuten angesprochen, die Geld auf dem Schwarzmarkt tauschen und auch wirklich gute Kurse anbieten, die bis zu 20% über denen der Banken liegen. Wir haben uns natürlich nicht erweichen lassen und sind standhaft geblieben.

Plötzlich kam etwas auf uns zu gekrochen, was ich nur aus Spielfilmen, die vom Mittelalter handelten, kannte. Ein behinderter Mann kroch auf allen Vieren durch die Fußgängerzone neben all den teuren Luxusgeschäften und inmitten einer doch relativ wohlhabenden Gesellschaft. Er hatte völlig verkrüppelte Arme und Beine und hatte um die Glieder, mit denen er auf dem Boden herumrutschte, Tücher und Plastiktüten gebunden. Vor sich her schob er einen selbst gebauten Topf mit einer Pappe darüber, in der ein Schlitz war. Hier konnte man Geld hineintun, was aber keiner machte und es wurde einfach nur weggesehen. Er schob den Topf mit einer Hand ca. 50 cm vor und kroch dann hinterher. Ich empfand es im höchsten Maße entwürdigend inmitten der fein gekleideten Gesellschaft so etwas geschehen zu lassen, konnte es allerdings auch nicht ändern und tat zumindest eine Spende in seinen Topf hinein. Seinen Kopf konnte er nicht anheben um zu mir hinauf zu sehen und nickte deshalb nur, während er irgendetwas murmelte. Unsere Busfahrt ging um 11:30 Uhr los und endete 22:30 Uhr. Wir hatten vor der Fahrt einiges an Proviant und Getränken eingekauft. Der Bus war klimatisiert und komfortabel und hatte einen hohen Stauraum, sodass wir die Räder senkrecht hinstellen konnten. Ich bestand darauf, dass sie ganz vorn untergebracht wurden, damit sie bei einem Bremsmanöver nicht hin und her fliegen konnten. Die Fahrt führte uns durch ein von Gott verlassenes Bergland, das uns teilweise tolle Aussichten bot. Ein beklemmendes Gefühl war es schon, hier im Bus zu sitzen und die Landschaft an sich vorbeiziehen zu sehen, während die Räder nicht unter unserem Hintern rollten, sondern eingemottet worden waren. Nun denn, wir vertraten angesichts unseres "fortgeschrittenen Alters" die Meinung, dass wir niemandem und auch uns selber nichts beweisen müssten. Trotzdem juckte es uns, hier einfach nur im Bus zu sitzen und uns, von einem vor uns sitzenden Türken, der die meiste Zeit in allen Positionen schlief erzählen zu lassen, was für tolle Kerle doch Franz Beckenbauer, Gerd Müller, Christoph Daum und Adolf Hitler waren. Bei den erstgenannten konnte ich ihm ja noch beipflichten, bei Hitler, bei dem er auch noch den Daumen hochhielt, zuckte es bei mir jedoch zwischen Leber und Milz und ich konnte es mir nicht verkneifen ihm zu sagen, dass Hitler ja wohl in der Aufzählung nichts zu suchen hatte und ein "riesen Idiot" gewesen sei. Idiot, verstehen nämlich alle Türken. Das Gespräch war danach für ihn beendet und er nahm eine neue Position zum Ratzen ein.

Wir kamen nun durch immer mehr Wälder, was in Rumänien und dem Norden Bulgariens ja nicht der Fall gewesen war. An der türkischen Grenze angekommen, mussten wir uns erst einmal 45 Minuten gedulden und einige der Reisenden wurden durchsucht. Aufgrund der Höhe hier in den Bergen war es recht frisch. Der weitere Straßenverlauf war vom Belag her sehr schlecht und die Straße sehr schmal und wir waren ab hier nun doch ganz froh, nicht mit den Rädern gefahren zu sein. Vor Istanbul auf der Autobahn hielt uns noch ein langer Stau auf und schließlich riss auch noch der Keilriemen, worauf uns erst einmal angedeutet wurde, dass Mercedes-Benz ja auch wohl nicht das Wahre sei. Selber Autos bauen können sie in der Türkei aber auch nicht, soviel steht fest. Stattdessen sehe ich zu, wie die älteste Reisende, eine steinalte, aber rüstige Frau, aus unserem Bus steigt und gleich eine leere Plastikflasche auf den Grünstreifen warf um anschließend in der Botanik ihr Geschäft zu erledigen. Nun also wussten Manni und ich, wer all diesen Müll in die Gegend einbringt.

Es war Zappen duster als wir Istanbul er-reichten und fuhren auf einen Busbahnhof, der seines Gleichen suchte. Er hatte das Ausmaß eines mittleren Flughafens und war an Hektik nicht zu überbieten. Überall liefen irgendwelche Männer herum, die etwas in die Gegend riefen und unglaublich geschäftig taten. Viele sprachen uns an und witterten das schnelle Geld mit uns beiden Touris. Ein Taxi, das unsere Räder hätte sicher transportieren können, war weit und breit nicht zu sehen. Ein Fahrer bot seine Dienste an für 30 Euro und wollte unsere Räder beide in seinen total eingedrückten Kofferraum stopfen. Aus Befürchtung unsere Räder würden anschließend so aussehen wie sein Auto, lehnten wir jedoch dankbar ab und suchten weiter. Ich beobachtete ständig die abfahrenden privaten Autos, da ab und zu auch kleine Lieferwagen darunter waren. Irgendwann hatte ich das große Los gezogen, und einen Türken mit seiner Familie dazu gebracht, uns mitzunehmen. Er hatte einen Lieferwagen und fuhr uns direkt für 10 Euro, ohne das Geld verlangt zu haben, direkt bis vor die blaue Moschee. Glück muss man eben haben.

Das Hotel, das Manni eigentlich haben wollte fanden wir an diesem Abend nicht mehr, hatten aber eine gute Alternative ganz in der Nähe für rund 55 Euro. Die Räder wurden völlig unkonventionell im Restaurant abgestellt und verschlossen, da laut unserem Wirt sowieso alle Gäste draußen sitzen.

12. Tag – 8. September 2005

Heute ging es daran Istanbul zu entdecken. Hagia Sophia, Blaue Moschee und Galata-Tower sind nur einige Ziele, doch sie zu beschreiben ist fast unmöglich. Man muss einfach dagewesen sein um sich ein Bild machen zu können. Hier arbeiteten wir unsere Geschichtskenntnisse auf und kamen von einem Höhepunkt zum anderen. Vom Galata-Tower kann man den gesamten Bosporus überschauen und die vielen Schiffe weit draußen auf dem Marmara-Meer beobachten, die geduldig auf ihre Passage durch die Meerenge warten. Der Topkapi-Palast der Sultane war seinen Eintritt wert denn wir bekamen einen guten Eindruck über vergangene Zeiten und das damalige Leben.

Istanbul ist eine pulsierende Metropole mit einer Mischung aus Hektik, leidenschaftlichem Handel und "savoir vivre". Als die Dämmerung kam saßen wir draußen auf einer der Brücken über das goldene Horn und tranken türkischen Tee in einem Café. Langsam gingen überall die Lichter an und es waren vor allem die Moscheen, die hell erleuchtet die Blicke auf sich zogen. Es war eine faszinierende Atmosphäre, die ich noch nie gekannt habe und auf Anhieb zu lieben begann. Abends am Hafen aßen wir frisch gefangenen und sofort gegrillten Fisch mit Brötchen auf kleinen Plastikhockern für gerade mal einen Euro. Um uns herum jede Menge Straßenhändler die den Leuten etwas zuriefen und Musiker, die türkische Folklore spielten. Überall waren unglaublich viele und vor allem auch junge Menschen. Ein buntes Treiben das mich in eine regelrechte Faszination versetzte, die fast euphorisch war. Hier unter so einfachen Umständen am Ufer zu sitzen und inmitten dieses Treibens meinen Fisch zu futtern, war ein tolles Lebensgefühl, an das ich mich heute noch sehr genau erinnern kann. Hinzu kam das Bewusstsein, mit dem Rad hier her gelangt zu sein und rund 1500 Kilometer abgespult zu haben und ca. 500 km mit Bahn und Bus. Solche Momente gibt es nicht so viele im Leben. Später deckten wir uns noch mit frischen Pistazien ein und schlenderten in dieser halb orientalischen Stadt mit ihrer lebenshungrigen Atmosphäre durch die Straßen. Was für ein Tag und was für ein Reiseziel!

Am späten Abend saßen wir noch in einer draußen gelegenen Bar zwischen Hagia Sophia und Blauer Moschee, bei orientalischer Musik und genossen den Anblick, der sich uns auf die beleuchtete Moschee bot. Wir schlürften unseren türkischen Tee und mussten erst einmal alles sacken lassen.

13. Tag - 9. September 2005
Heute ging es zunächst auf den großen Basar. Ein Markt, der weitestgehend aus überdachten

Gängen besteht und so riesig ist, dass man sich in dem Labyrinth mit Sicherheit bei den ersten Besuchen verläuft. Alles sieht irgendwie gleich aus und doch verkauft jeder etwas anderes als sein Nachbar. Hier findet man einfach alles und wenn man sich nicht so gut auskennt muss man eben ein wenig Glück haben und jemanden treffen, der sich hier optimal orientieren kann, fließend deutsch spricht und Zeit für einen hat. Wir hatten Glück und trafen ihn, Suad aus Köln. Er führte uns überall herum, gab uns Tipps für den Einkauf und erklärte uns nahezu jedes Gewürz, die türkischen Süßigkeiten, von denen ich eine Menge einkaufte und vermittelte mich schließlich noch zu einem Lederbekleidungshändler, der mich davon überzeugte, das ich auf jeden Fall eine Lederjacke brauchte und nur er die Richtige hat. Alle anderen Händler verkaufen natürlich nur minderwertige Qualität, ließ er mich wissen. Er lud uns zum Tee ein, so wie das üblich ist bevor man anfängt zu handeln.

Irgendwann hatte ich mich für eine Jacke entschieden, bei der zwar noch die Ärmel gekürzt werden mussten und nun ging es los. 225.- Euro sollte sie kosten was mir natürlich zu teuer war, denn ich wusste aus Erfahrung, dass man den erstgenannten Preis auf die Hälfte drücken kann. So handelten und handelten wir, tranken wieder Tee und handelten weiter. Ich wollte ihn auch was verdienen lassen und schoss mich auf 130.- Euro ein, wovon ich schließlich nicht mehr abwich. Irgendwann versuchte er mich aufs Glatteis zu führen und schlug per Handschlag ein, nachdem ich wieder mal 130.- Euro gesagt hatte. In dem Moment sagte er: „Alles klar 145.- Euro", gab die Jacke im selben Moment einem Angestellten mit dem Hinweis die Ärmel zu kürzen, worauf dieser schon halb aus der Tür war um alles zu veranlassen. „Prima", rief ich   und machte ihm klar, dass mein Preis von 130.- Euro nun rechtlich Gültigkeit hat, da er ja eingeschlagen habe und erst nach dem Handschlag 145.- Euro gesagt hatte. Er lachte und sah nun endgültig ein, dass er einen harten Verhandlungspartner vor sich hatte, der ebenfalls das Handeln verstand. Die 130.- Euro gingen also in Ordnung und die Ärmel konnten gekürzt werden. Es war trotz des Gefeilschten ein sehr nettes und auch lustiges Erlebnis und ich freute mich über meine neue Jacke, die mich in Deutschland sicher 300.- Euro gekostet hätte.

Wir streiften weiter mit Suad durch den Basar, kauften alle drei für unsere Töchter kleine, bunte Armbänder, die sich später zu Hause als voller Erfolg entpuppten und staunten immer wieder über die Größe dieses Basarlabyrinths. Ich fragte mich immer wieder, wer das bloß alles kauft, denn jeder Laden war bis zum Anschlag mit allem möglichen Gedöns gefüllt. Schließlich luden wir Suad noch zu einem Tee und einem kleinen Imbiss ein. Er war wirklich der Glücksgriff für uns an diesem Tag.

Am Nachmittag besichtigten wir eine riesige unterirdische Zisterne mit über 200 Säulen, die Decke schon seit mehr als 1500 Jahren trugen. Mitten unter dieser lauten und hektischen Stadt stößt man hier auf eine vergangene Welt der Ruhe. In der Zisterne wurde leise Musik gespielt und alle Säulen waren durch ein diffuses Licht angestrahlt. Im Wasser schwammen jede Menge Fische und über Holzstege konnte man jeden Punkt in der Zisterne erreichen.

Nun beschlossen wir, noch ein Hamam zu besuchen und gingen zum Hotel um uns noch Sachen zu holen. An der Straße saß ein etwa 7-8 Jahre altes Mädchen, das seinen linken Fuß verloren hatte und ohne Prothese dasaß und bettelte. Sie war ein ausgesprochen hübsches Mädchen mit lockigen langen Haaren, aber mit einem sehr traurigen Blick. Ihr gesamter Körper war ungepflegt und sehr dreckig. Ich hätte sie am liebsten vom Fleck weg adoptiert und mit nach Hause genommen, aber das ist leider nicht so einfach bzw. unmöglich wie ich vermutete. Ich gab ihr etwas Geld und ließ sie zurück. Als ich ging, drehte ich mich noch zwei, drei Mal um und bemerkte, dass sie mir immer noch hinterher sah. Ich hatte trotz meiner Spende kein gutes Gefühl im Bauch.

Im Hamam erwarteten wir eine, laut Reiseführer, stundenlange Prozedur, die sich aus Massagen, waschen und kneten zusammensetzen sollte. Meine Massage war zwar heftig aber äußerst kurz. Ein grober Flegel brachte mich in die richtige Position und legte einen Bilderbuchstart der Quälerei hin. Er packte dermaßen zu, dass man zeitweise die Zähne zusammenbiss und dann wiederum renkte er mir die Schultern und den Rücken zu Recht als sei da so ziemlich alles im Eimer. Dann gab es einen riesen Berg Schaum mit dem er mich abwusch und übergoss mich zum Schluss mit einem großen Kübel Wasser. Von Entspannung und Erholung keine Spur. Nach ca. 3–4 Minuten drehte er sich um und die "stundenlange Prozedur" war auch schon zu ende.

Für immerhin rund 20.- Euro war mir das nun doch ein bisschen zu wenig und ich verlangte diesen Knochenbrechern noch etwas Einsatz ab, worauf ein anderer Grobian zu mir kam und es mir noch einmal richtig besorgte. Er war schließlich auch schon nach 6-7 Minuten fertig, aber es reichte nun auch. Manni und ich lagen noch eine längere Zeit auf dem runden Marmorsockel, auf dem man sich richtig durchheizen lassen konnte und starrten unter die Decke, einer runden Kuppel, die hier schon seit über 1000 Jahren das Geschehen überdachte. Zwischendurch gingen wir in eine seitlich gelegene Nische in der wir uns gegenseitig mit kaltem Wasser bespritzten und schwitzten dann wieder weiter. Nach 2 Stunden war dann auch schließlich die Luft raus. Auf einer Liege in unserem Miniumkleideraum konnten wir noch ein wenig relaxen. Abends saßen wir wieder in unserer Bar an der Blauen Moschee und hörten Musik bei türkischem Tee. Das war immer ein schöner Tagesabschluss.

14. Tag – 10. September 2005
Unser letzter Tag war nun schon angebrochen und unser Abenteuer neigte sich dem Ende zu. Manni machte an diesem Tag eine Schiffsfahrt durch den Bosporus und ich besuchte noch einmal kurz den Basar. Die Sylemanie Moschee gehörte noch zu meinem Pflichtprogramm und sie war aufgrund ihrer Größe auch sehr beeindruckend. Von dort aus ging ich quer zum Hafen hinunter durch Straßen, die ein Tourist normaler Weise nicht sieht. Hier wohnten die Leute gerade mal dreihundert Meter von den Touristenattraktionen in ärmlichsten Häusern, die einem Slumviertel ähnelten. Die Kinder waren schmutzig und liefen in völlig kaputten Sachen herum. Zu spielen hatten sie nichts und so saßen sie oft nur so am Straßenrand herum und wunderten sich über meinen Besuch. Das

war ganz offensichtlich das andere Istanbul mit den ca. 8 Millionen inoffiziellen Bewohnern der Stadt von insgesamt über 20 Millionen Einwohnern. Istanbul ist damit die größte Stadt Europas.

Mit einem Taxi fuhr ich zum Dolmabahce Palast für 3,50 Euro, einem Palast mit über 20.000 qm Wohnfläche, der an Luxus nicht zu überbieten ist. Obwohl der Palast erst Mitte des vorletzten Jahrhunderts gebaut wurde hatte der Sultan hier an nichts gespart. Kostbarkeiten aus allen Ländern für einen Palast, deren Zimmer er sicher teilweise nie gesehen hat. Die Krönung ist der große Prunksaal mit einem Kronleuchter aus England in der Mitte, der sage und schreibe 4,5 Tonnen schwer war und mehrere hundert Lichter trug. Diese Verschwendung im Angesicht der Armut die es hier immer schon gab war für mich unfassbar. Der gute Mann leistet sich einen Harem von mehr als 200 Frauen, was ich wiederum mit einer gewissen Faszination zur Kenntnis nahm. Nach der Revolution hatte man den letzten Sultan ins` Exil geschickt, worauf Atatürk die Geschicke des Landes in die Hand nahm und die Türkei zu einem demokratischen Staat umwandelte mit einer gewissen Öffnung zum Westen hin. Er starb später an einer Leberzirrhose in dem Palast.

Ein Taxifahrer wollte mich zurückfahren, verlangte aber 5.- Euro. Zu teuer der Mann, dachte ich und ging ein Stück zu Fuß. Als ich an einer Bushaltestelle vorbeikam hielt gerade ein Bus und ich sprang hinein. Mit Bargeld konnte ich hier nichts machen und so ließ mich der Fahrer umsonst mitfahren. 5.- Euro gespart!

Am Hafen schob ich mir erst einmal einen richtigen Döner dahinter für gerade mal 0,40 Euro. Essen an der Straße ist hier unglaublich günstig. Ich traf Manni wieder in unserer Bar an der Blauen Moschee, von wo aus wir zu unserem Hotel gingen. Dort wollten wir an unserem letzten Abend essen. Das Essen war auch gut, aber unser Mann nahm Preise wie ein 5 Sterne Betrieb und wir zahlten für ein relativ durchschnittliches Essen eine stattliche Summe. Die Leute sind hier einfach geschäftstüchtig, das muss man schon sagen.

Ein letztes Mal saßen wir in unserer Bar mit Blick auf das schönste Gebäude Istanbuls, wie ich finde und verabschiedeten uns innerlich von unserem Reiseziel einer fassettenreichen Stadt, die in Europa etwas ganz Außergewöhnliches ist und einen tiefen Eindruck bei mir hinterlässt. Um 23:30 Uhr fuhren wir mit den Rädern an der Küste entlang zum Flughafen. Die Fahrt im Dunkeln war relativ unproblematisch, da der Verkehr um diese Zeit deutlich nachließ. Am Flughafen trafen wir eine Frau in unserem Alter, die 3 Monate mit einem Mountainbike unterwegs gewesen war und von Helsinki nach

Istanbul geradelt ist. Es gibt eben auch mutige Frauen! Mit dem Flieger ging es um 2:30 Uhr nach Düsseldorf und von da aus mit dem Auto nach Hause. Manni und ich kauften bei Uschi frische Brötchen ein, klatschten noch ein letztes Mal ab, wie es nach jeder Etappe üblich war und freuten uns auf unsere Familien.

Unsere diesjährige Tour war auf jeden Fall spektakulär und mal wieder mit Nichts zu vergleichen, wie das nun mal bei jeder unserer Touren so ist. Nun haben wir die Ost-Route von Kaliningrad bis nach Istanbul abgefahren und ich bin schon sehr gespannt, wo es uns wohl beim nächsten Mal hinziehen wird. Zum alten Eisen gehören wir jedenfalls noch lange nicht und so lange das der Fall ist, werden wir wohl noch so manche Strecke abfahren und unsere Grenzen ausloten. Das ist Leben pur!!

Noch einen dicken Gruß an meinen Busen-kumpel, der für diese Fahrten ein idealer Partner ist, was angesichts seines besonderen Jahrgangs aber auch nicht wirklich überrascht!

Tour Pyrenäen im September 2006 von Bilbao nach Barcelona

Nun ist es schon obligatorisch, dass wir jedes Jahr eine Tour ins Visier nehmen. Ursache dafür ist die Erkenntnis, dass wir nun mal nicht jünger werden und deshalb die „Schlagzahl" erhöhen müssen, wenn wir alles abfahren wollen was uns noch interessiert.

Wir werden beide 47 in diesem Jahr und man merkt, dass man mehr tun muss um die gleiche Fitness zu erhalten.

Wie schon im Jahr zuvor, als es von Buda-pest nach Istanbul ging, krachte es auch in diesem Jahr bei mir mal wieder ordentlich im „Gebälk". Wie man sieht, das Alter lässt grüßen. Im Urlaub auf Fuerteventura hatte ich viel gesurft und mir dadurch manche Verspannung geholt, die ich so recht nicht mehr loswerden sollte. In der linken Hand das Karpaltunnelsyndrom, die linke Schulter machte insbesondere beim Schwimmen Theater, die linke Hüfte fühlte sich an, als müsste sie in Kürze ausgetauscht werden und auch die berühmte Sehne am linken Knie ließ grüßen, wie schon im Jahr zuvor. Offenbar bin ich ein linkslastiger Typ!

Die Woche jeweils vor und nach dem Urlaub war in der Firma derart hektisch, dass für ein Training leider keine Zeit mehr blieb. Die 2 Wochen Urlaub waren natürlich auch ein Totalausfall, sodass mir letztendlich nur noch ein „Paniktraining", wie ich es nannte, blieb, um überhaupt eine Chance zu haben, noch annähernd auf Mannis Leistungsniveau zu kommen.

Alle 3 Tage nach Telgte mit Vollgas ca. 90 Km und dazwischen die bewährten Hausstrecken mit Sondereinlage, Lienener Berg rauf und runter und zum Funkturm auf den Teutoburger Wald.

Nach 3 Wochen war ich soweit, dass ich den Lienener Berg auf dem 4. Kranz fahren konnte und meine Panik wich einer unsicheren Hoffnung, aber wirklich nur einer Hoffnung, denn Manni hatte mir einen Bericht zugespielt, in dem zwei Radfahrer von ihrer Pyrenäentour berichteten. Darin hieß es, dass man mehrere tausend Trainingskilometer in den Beinen haben sollte, bevor man sich an ein solches Unternehmen wagt. Ich hatte nicht einmal tausend in der ganzen Saison. Des Weiteren war der Verfasser der Meinung, dass man den Begriff „steil" für diese Tour neu definieren müsse. Er bezeichnete bestimmte Steigungen tatsächlich als „Himmelfahrtskommando asphaltiert vom Teufel". Als ich das gelesen hatte saß der Schock tief..........

Wie auch immer, der Tag unserer Abreise kam und es musste irgendwie reichen. Ich überlegte lange Zeit ob ich mein neues Treck Rad nehmen sollte, da es leichter und die Übersetzung günstiger für die Berge war. Ich hätte dann mein Gepäck auf dem Rücken tragen müssen und wäre dann wohl an den Steigungen noch mehr ins Schwitzen gekommen. Schutzbleche hatte ich dafür auch keine und so nahm ich meine „Alte Kuh" brachte sie zu Radl Bluschke und ließ unter anderem ein kleineres Kettenblatt montieren, für die vom „Teufel asphaltierten Abschnitte" auf unserer Tour.

In diesem Jahr nahm ich auch einen Karton mit, um mein Rad für den Flug einzupacken. Der Anblick von Mannis Hinterrad nach unserer Landung in Budapest saß noch tief. Manni vertrat die Ansicht, dass man nur noch brutaler mit den Rädern umginge, wenn sie eingepackt würden. Als er dann allerdings davon erfuhr, dass ich einen Karton hatte, flitzte er sofort zu Bluschke um sich auch einen zu holen. Man lernt eben doch dazu.

Bei der Wahl des Gepäcks war ich pingeliger als je zuvor, so dachte ich und versuchte das Gewicht so niedrig zu halten wie eben möglich. Schließlich waren es dann doch wieder die berühmten 8 Kg.

Am 19.09. morgens 8:30 Uhr fuhr mein Airportzubringer vor. Heike brachte uns zum Flughafen und die Räder mussten beide ins Auto. Für die dritte Person blieb natürlich kein Platz mehr zum Sitzen und so war ich der Dumme, der sich hinten auf einer Fläche von ca. 40 cm2 als „Blinder Passagier" verkriechen musste, ohne Sitz und ohne Gurt und das im Beisein eines Polizeibeamten. Bei sich selber machen die Ordnungshüter dann offensichtlich doch einmal eine Ausnahme.

Am Flughafen angekommen packten wir die Räder ein. Manni hatte das gute Klebeband von Aldi mitgenommen und schwur auf dessen Haltbarkeit. Reißfest ist es schon, aber Kleben? Na ja.

Unser Flug ging über Mallorca nach Bilbao ins Baskenland und wir hatten gehörige Skepsis, ob unsere Sachen auch in die richtige Maschine umgeladen würden. Ohne Rad keine Tour!

Fast pünktlich kamen wir an und warteten geduldig am Gepäckband auf unsere Sachen. Alle Leute schnappten sich ihre Koffer, zwei fremde Räder waren auch dabei, nur wir blieben auf der Strecke. Endlich, ganz zum Schluss kamen wenigstens unsere Taschen. Alle Leute waren bereits verschwunden und wir fragten uns, wo unsere Räder abgeblieben waren. Es kam, was kommen musste. Mannis Vorderrad kam einzig und verlassen über das Laufband zu uns hinein. Schlimmste Befürchtungen machten sich breit, doch etwas später kam das Fahrrad hinter her und der Karton am Ende auch. Aufatmen.

Plötzlich ging eine Seitentür auf und mein Rad wurde geliefert, im Karton. Da das gute Aldiband aber nicht so gut war wie versprochen, war der Karton auch schon halb auf. Bis auf Kleinigkeiten waren die Räder aber o.k. und wir machten uns startklar. Da Manni beim Pumpen das Ventil abbrach, musste gleich der Erste von 4 Reserveschläuchen herhalten. Mit unserem Vorrat von drei Weiteren wähnten wir uns aber in Sicherheit bei der relativ kurzen Strecke von ca. 850 km.

Als wir losfuhren hatten wir ziemliche Probleme mit der Orientierung. Keine Schilder, keine Km-Angaben und keine Sprache, mit der man irgendetwas hätte anfangen können. Die Basken kochen in Allem eben ihr eigenes „Süppchen".

Das Wetter war fantastisch und die Strecke wurde immer schöner. Wir hatten dabei 2 Steigungen, wovon die Erste mit dem Gepäck hinten drauf erst mal gewöhnungsbedürftig war. Die Zweite lag uns schon besser und wir kamen langsam in Tritt. Danach schwärmten wir uns gegenseitig vor, dass die Pyrenäen man kommen sollten. Sich Mut machen gehört eben auch dazu.

Am Abend, nach ca. 60 km, kamen wir in einem netten, kleinen Urlaubsort namens Lekeitio an, der direkt an der Atlantikküste lag. Alte Leute saßen vor den Häusern und unterhielten sich, die Kinder spielten auf den Plätzen, alles war tip-top sauber und die Welt schien hier in Ordnung zu sein.

Ein Hotel zu bekommen war nicht ganz einfach, da alle ausgebucht waren. Schließlich bekamen wir den Hinweis auf ein Hotel in der Seitenstraße. Alt, aber ein Zimmer war noch zu bekommen. Der Hotelier war ein alter „Baskennazi" und war ziemlich am Ende. Mit rot unterlaufenen Augen machte er uns klar, dass er uns vor halb neun kein Frühstück in Aussicht stellen könnte. 8 Uhr hätte uns schon gefallen.
In einem Restaurant hatten wir Fisch gegessen, was sonst, schlenderten anschließend noch einmal über die Strandpromenade und hauten uns bald aufs Ohr in unserem Zimmer aus der Zeit der dreißiger Jahre.

Frühstück um halb neun und keiner ging hin. Nur zwei einsame Radwanderer betraten den Raum.
In früheren Zeiten war das hier auf jeden Fall ein gut situiertes Etablissement mit hochwertiger Einrichtung. Unser „Baskennazi" hatte aber seine Gesinnung wohl doch zu sehr mit dem

Geschäftlichen vermischt und die Gäste blieben nun aus.

Bis auf den Käse, der wie eine Speckschwarte glänzte, war das Frühstück ganz o.k. und während er uns bediente erzählte er uns immer wieder was alles baskisch sei und das hier auch baskisch und nicht spanisch gesprochen würde. Er selber sprach uns aber so gut es ging auf Deutsch an, da er früher mal in Deutschland gewesen war. Wahrscheinlich zur Zeit des dritten Reiches......

Es ging los und wir fuhren auf einer astreinen, hochgelegenen Küstenstraße entlang. Es ging auf und ab und Verkehr gab es praktisch nicht. Immer wieder gaben die Bäume zwischendurch einen grandiosen Ausblick auf den Atlantik frei und ich fotografierte mir einen Wolf. 25 Grad bei leichtem Wind und stahlblauem Himmel. So hatte ich mir das in meinen kühnsten Träumen nicht vorgestellt.

Gegen Mittag war es damit vorbei. In St. Sebastian mussten wir durch die „Hauptschlagader" des Ortes, wo der Verkehr aufgrund von Baustellen kollabierte. Wir mitten drin und wagten kaum noch zu atmen. So unterschiedlich kann es an einem Tag zugehen.

Auf der Suche nach einer besseren Route gelangten wir auf eine Straße, die ins Grüne führte und uns wieder aufatmen ließ. Uns war dabei schon bewusst, dass es teilweise berghoch gehen würde. Zu spät wurde uns aber klar, dass es sich um einen regelrechten Pass handelte mit ca. 500 Höhenmetern, denn wir waren die Steigung (8-11%) von Anfang an schnell angegangen, zu schnell, bestärkt von unseren guten Erfahrungen des Vortages. Nur mit der Länge hatten wir so nicht gerechnet.

Irgendwann schnellte mein Puls auf über 170 hoch und ich hatte einen Kopf, der kurz vorm Siedepunkt war. Ich brach ab und musste erst mal meinen Puls unter Kontrolle bekommen und meine Birne im Schatten abkühlen. Manni war auch matto, aber nicht so heiß gelaufen wie ich.

Nach einer 5 Minuten Pause ging es weiter, jedoch mit langsamerem Tempo und so kamen wir dann auch wieder in einen guten Tritt.

Das Wasser wurde langsam knapp und das würde in den nächsten 15 Minuten unseren Tod bedeuten. Ohne Wasser bei der Belastung geht nichts mehr. 2-3 km vorm Gipfel kam gerade noch rechtzeitig die ersehnte Oase in Sicht und wir waren gerettet. Unter Anderem gönnten wir uns ein Eis zur Abkühlung und dann ging es weiter bei einer Aussicht auf den Atlantik aus rund 500 Metern Höhe. Was für ein Anblick!!

Es ging wieder bergab und wir konnten aufgrund der Länge der Abfahrt nicht glauben, dass wir das vorher alles hinaufgefahren waren. So sollte es uns in den nächsten Tagen noch öfter gehen.

Im Tal angekommen ging es Richtung französischer Grenze und die zu erreichen sollte nicht so ganz einfach für uns werden.
Auf einem schräg verlaufenden Seitenstreifen setzte Manni mit dem linken Pedal auf und machte eine gekonnte Schwalbe. Ich hörte noch seinen Panik Ruf hinter mir und da krachte es auch schon. Hart im Nehmen stand Eisenmanni wieder auf, betrachtete die stark blutende Wunde am Knie als sei dort nichts und schwang sich sofort wieder aufs Rad. Typisch 59ziger Jahrgang!

Als wir der Grenze noch näher kamen platzte mit einem lauten Zischen mein Hinterreifen und Flickenpause war angesagt. Der zweite Ersatzschlauch musste her. 50% unseres Schläuchearsenals waren nun bereits erschöpft.

Wir gelangten erneut auf eine hochgelegene Küstenstraße, die direkt nach Biarritz führte und viele Steigungen hatte, aber deshalb auch für geniale Aussichten sorgte.

Endlich kamen wir an und die Strecke hatte mir einiges abverlangt, wie ich zugeben muss. Später sollte ich noch erfahren, warum ich an diesem

Tag nicht so fit war. Wir hielten am Stadtrand von Biarritz an einem Bierpavillon an, wo sich ganz offensichtlich die junge Schickeria traf um den Sonnenuntergang zu genießen und den Wellensurfern von hier oben zuzusehen.

Wir, mit unseren verschwitzten Trikots, ohne aufgemotzten Roller, sondern nur mit dem Fahrrad passten eigentlich nicht hierher, war uns letztendlich aber egal. Wir tranken auch unser Bier, sahen einem traumhaften Sonnenuntergang zu und machten Fotos.

Biarritz stellte sich als ziemlich überteuert heraus. Auch die Restaurants langten ordentlich zu, waren aber trotzdem gut besetzt. Wir hatten Schmacht und aßen in der Nähe des Kasinos.

Schon nach ein paar Bissen merkte ich, dass mir das überteuerte Biarritz-Essen im Halse stecken blieb. Bauchschmerzen machten sich breit und da war es, das Magen-Darm-Virus, das einen Radfahrer komplett lahmlegt.

Der nächste Tag begann, wie der Abend geendet hatte und ich brauchte eine Schonfrist. Geschlafen hatte ich praktisch auch nicht und wir nutzten die Zeit am Strand und gingen ab und zu baden. Mir war trotzdem schlecht und ich musste mir immer wieder vorstellen wie herrlich ich mich Zuhause auf der Terrasse hätte pflegen lassen können.

Schließlich ging es auf einem schönen, aber auch flachen Streckenabschnitt ca. 150 km mit der Bahn nach Lourdes, wo wir am Abend an der Messe mit Fackelumzug teilnahmen. Der Wallfahrtsort wird jedes Jahr von rund 5 Millionen Pilgern besucht und sucht seinesgleichen in jeder Hinsicht. Ein unglaubliches Getümmel in der Stadt, die so viel blinkende Leuchtwerbung hat, dass man glauben könnte in „Klein Las Vegas" zu sein. Die kleine Bernadette hatte sicher nicht den Hauch einer Vorstellung, welchen Kommerz und welchen Reichtum sie diesem Ort mit dem Auffinden der Quelle bescheren würde.

Nachdem ich noch am Abend ordentlich vom Quellwasser, dem heiligen, gekostet hatte, kam auch der Appetit wieder und es gab gleich 2 Mal hinter einander Lasagne. Das Virus war besiegt!!! An unserem Tisch zogen Massen von Pilgern vorbei. Zu Fuß, mit dem Banner des jeweiligen Pilgervereins vorne vor weg, patrouillierten sie auf der Straße, begleitet von Rollstuhlfahrern, die hier vielleicht auf eine wundersame Heilung hoffen. Trotz der Enge kam es vor, dass sich auch mal ein riesiger Bus durch die Gasse zwängte. Hier wurde es nicht langweilig und wir beobachteten interessiert das Treiben.

Gut geschlafen, mit einer Flasche des heiligen Wassers am Bett, aus der ich immer mal wieder ein wenig gesüffelt hatte, ging es mir am Morgen wieder richtig gut.

In der Nacht hatte es geregnet und es tröpfelte noch ein wenig.

Wir gingen in einem Internet-Café frühstücken, verschafften uns am PC eine Übersicht von der Großwetterlage und mir lag das eben verspeiste Baguette mit Schinken schon wieder quer.

Das heilige Wasser musste es wieder richten und schaffte es auch. Es schmeckt übrigens auch ausgezeichnet.

Am späten Vormittag ging es dann los in Richtung Col du Tourmalet, natürlich nicht ohne noch einmal alle Trinkflaschen aufzufüllen an der Quelle des heiligen Wassers. Auch der Verfasser des Berichtes, den Manni mir gegeben hatte, erzählte von ungeahnten Leistungssteigerungen an den Bergpässen mit Hilfe des Wassers.

Da wollten wir natürlich nicht nachstehen.

Es ging ständig leicht bergauf und in Luz-St. Sauver, einem Ort auf 750 Metern Höhe, machten wir eine Pause mit belegtem Baguette, Müsliriegel und Lourdes-Wasser, bevor es an den Col du Tourmalet ging.

Ab jetzt war Schluss mit Lustig und mit angemessener Konzentration ging es an unseren ersten wirklichen Pass.

Aus unseren Fehlern 2 Tage zuvor hatten wir gelernt und suchten von Anfang an einen Tritt, den man auch über mehrere Stunden gehen konnte.

Von nun an tauchten alle 1000 Meter Schilder auf mit den Hinweisen auf die durchschnittliche Steigung und die Entfernung bis zur Passhöhe. Motivierend oder zermürbend? Eine schwer zu beantwortende Frage. Die Fahrer aus dem zuvor zitierten Bericht jedenfalls gaben an bei jedem Schild schnell nach unten zwischen die Beine gesehen zu haben, um beim Laufwerk nach dem Rechten zu sehen. So hat jeder seine eigene Art damit umzugehen.

Je höher wir kamen, desto besser wurde das Wetter. Ab 1300 Meter Höhe fuhren wir in die Sonne hinein und trotz der Belastung machten wir unterwegs jede Menge Späße. Die Stimmung war super und das Erlebnis erst recht. Eine Wand nach der Anderen baute sich vor uns auf und trotzdem gingen die Beine wie von selbst. Wir schraubten uns die Serpentinen hinauf bei teilweise ca. 13% Steigung und das mit 10 Kg Ballast am Rad.
Ich achtete immer auf meinen Puls, der nur selten über 140 ging und wusste, dass ich so auf jeden Fall im aeroben Bereich liege und somit auch lange durchhalten konnte. Immer wenn

richtig üble Abschnitte kamen sagte ich zu mir selbst „Maria hilft" und nahm wieder einen ordentlichen Schluck vom Wasser, dem heiligen und die Beine kurbelten munter weiter. Irgendwann donnerte mal ein großer weißer Bus an uns vorbei. Wenige Minuten später sah ich ihn weit über uns in großer Ferne fahren. Was für eine Motorleistung, wenn man weiß wie wir uns trotz unseres Fliegengewichts quälen müssen.

Die letzten 1000 Meter waren die Schwersten mit einer Durchschnittssteigung von 10%. Auch die Luft wurde dünner, denn wir waren da schon über 2000 Meter hoch. Immer häufiger kam es nun vor, dass die Leute in den uns entgegenkommenden Fahrzeugen winkten und applaudierten, wenn sie mit ansehen mussten wie wir uns samt unserem Gepäcke den Berg hoch quälten.

Das spornte an und mobilisierte neue Kräfte.

Ich will ja nun wirklich nicht auf „Sahne hauen", aber als wir die Passhöhe erreicht hatten war da kein Gefühl völliger Erschöpfung. Im Gegenteil, schnell zogen wir uns die Jacken an um bei dem frischen Wind nicht auszukühlen und machten sofort unsere Siegerfotos. Wir gingen in Pose und der Selbstauslöser machte seinen Job. Die Aussicht und das Gefühl für die eigene Leistung entschädigten uns für den teilweise harten und fast dreistündigen Berganstieg.

In der Berghütte am Pass tranken wir was Warmes und bestaunten die Inneneinrichtung. Sie erinnerte an die Tour de France vergangener Jahre die hier fast jedes Jahr vorbeiführt.

Bilder aus längst vergangenen Zeiten bedeckten die Wände und dazwischen hingen alte Rennräder. Das Älteste war aus dem Jahr 1908. Mir ging durch den Kopf, wie viele Fahrer sich hier schon in der Vergangenheit den Berg hochgequält haben mussten.

Ein tolles Gefühl hier zu sein!

Wir zogen uns lange Sachen an, da die Ab-fahrt wohl frisch werden würde. Oben auf dem Pass wehte ein kühles Lüftchen und bei dem Tempo auf einer Abfahrt, stellenweise geht es mit 60-70 km/h zu, kühlt man schnell aus und eine Erkältung ist sicher.

Wir rollten den Berg hinunter und ließen Jubelschreie los, ganz offensichtlich die Folge einer Überdosierung von Amphetaminen und die Begeisterung für unsere eigene Leistung. Die Abfahrt schien wieder kein Ende zu nehmen und unsere Vorstellungskraft, dass alles hochgefahren zu sein, wollte wieder nicht ausreichen.

Plötzlich hörte ich Manni hinter mir laut rufen. So etwas wie „Scheiße, ich häng gleich an der Wand". Wir durchfuhren gerade einen Halbtunnel und Manni hatte aufgrund der feuchten Straße nicht stark genug gebremst um gut durch die Kurve zu kommen.

Die Geschwindigkeit schob ihn immer mehr nach außen, aber es hatte noch gerade gereicht. Ein Sturz bei der Geschwindigkeit hätte unserer Tour ein schlimmes Ende gesetzt.

Sekunden später fuhr ich mit ca. 45 km/h über einen Stein, wodurch mein Lenker so schlenderte, dass ich das Rad nur schwer wieder unter Kontrolle bekam.

Die Abfahrten hier hatten es in sich, daran hatten wir nun keinen Zweifel mehr!

Auf halber Strecke durchfuhren wir einen Wintersportort. Eine ausgestorbene Geisterstadt, in der ich nur drei Ziegen sah, die auf einem Balkon herumliefen. Riesige Betonklötze, für die man in Deutschland oder Österreich garantiert keine Baugenehmigung in einer solchen Landschaft erhalten hätte.

Im Tal angekommen, hatten wir eiskalte Knie und suchten eine Pension. Man hatte uns gesteckt, dass es ein Etablissement speziell für Radfahrer gäbe. Als wir danach fragten gewannen wir schnell den Eindruck, dass alle

Pensionen gemeint waren. Tour de France erfahrene Gegend hier. Wir fanden eine gemütliche Pension, aßen viele gesunde Sachen, natürlich auch Fisch (Forelle) und zum Schluss gab es einen Calvados. Zum Nachtisch versorgten wir uns mit Milchstraße in den Bergen. Der Sternenhimmel hier mitten in den Bergen war ein Gedicht und gehörte unbedingt auf den Speiseplan des Abends.

In unserem Haus gab es doch tatsächlich noch Verrücktere als uns. Zwei Paare machten die Bergtour mit dem Tandem, hatten allerdings auch ein Versorgungsfahrzeug dabei. Die Keulerei zu zweit auf dem Tandem hätte ich gerne mal gesehen.

Der Morgen kam und ich fing erstmalig an mein mitgebrachtes Müsliarsenal zu plündern. Ein schwerer Abschnitt lag vor uns und bei leichtem Regen ging es los. Schon nach kurzer Zeit fing es richtig an zu schütten und wir hielten an um einen Kaffee zu trinken und abzuwarten. Bei dem Wetter wollte so recht keine Stimmung aufkommen, doch nach einiger Zeit ließ der Regen nach. Als wir zu den Rädern gingen sah ich, dass mein Hinterrad einen Platten hatte.
Auch das noch! Uns blieb an dem Tag offen-sichtlich ja gar nichts erspart. Reserve-schlauch Nr.3 musste her.

Als wir fertig waren fing es auch schon wie-der an zu tröpfeln.

Es ging trotzdem weiter und unser erster Pass an diesem Tag kam, der legendäre Col d`Aspin. Beim Anstieg haben wir unter unseren Regenjacken sicher einen bemitleidenswerten Anblick geboten, aber bei dem langsamen Tempo wird man dafür kaum nass.

Der Anstieg hatte es stellenweise ganz schön in sich und unter den Jacken wurde es langsam warm. Wir waren die ganze Zeit am Quasseln und bevor wir uns versahen, hatten wir den Gipfel bei mäßigem Regen in 1489 m Höhe erreicht. Irgendwie gingen wir mit einer gewissen Gelassenheit an die Sache und nutzten unsere bisher gemachten Erfahrungen. Man darf trotzdem nicht unerwähnt lassen, dass auch dieser Anstieg fast zwei Stunden Quälerei mit sich brachte.

Bei Regen wurde in Windeseile das Siegerfoto gemacht, denn eine Gaststätte oder einen Unterstand gab es hier nicht. Manni lehnte sich an das Schild mit dem Passnamen und versuchte dabei gut auszusehen und ich fotografierte schnell, damit die Kamera nicht zu nass wurde.

Die Abfahrt, wen wundert es, war bei dem Wetter mal wieder mit Vorsicht zu genießen und wieder kam der Unglaube, dass alles vorher hochgefahren zu sein. An diesen Effekt sollten wir uns bis zum Ende unserer Tour nicht mehr gewöhnen können. Es verschlägt einem jedes Mal die Sprache.

Ich nenne ihn mal „den Abfahrtseffekt".

Im Tal angekommen waren wir völlig ausgekühlt und nass und gingen etwas Warmes essen und trinken.

Der nächste Pass war der Col de Peyresourde und wieder schraubten wir uns die Bergwand hoch bis auf 1562 m Höhe, geschätzte 800-900 Höhenmeter.

Die letzten 1,5 km hatten kräftig an unseren „Muckis" gezehrt, doch trotzdem lieferten wir uns kurz vor dem Ziel noch einen kleinen Sprint, den ich für mich entscheiden konnte. Beim Col de Tourmalet hatte Manni ja die Nase vorn gehabt, nun also Gleichstand. Man spürte förmlich, dass da noch Reserven waren, was uns später dazu veranlassen sollte einen dritten Pass zu fahren.

In der oben befindlichen Berghütte, die ebenfalls stark von der Tour de France geprägt war, trockneten wir vor einem kleinen Holzofen unsere stinkenden Sachen, was hier aber traditionell problemlos akzeptiert wurde. Man kennt hier eben die Bedürfnisse

„rechtschaffender Radler", die des Weges kommen.

Bei einer heißen Schokolade nutzte Manni die Gelegenheit mir den dritten Pass des Tages aufzuschwatzen und machte mir klar, was für einen Eindruck das machen würde, wenn wir das im Club erzählen könnten und uns das sowieso niemand glauben würde, drei Pässe an einem Tag. Das war so eine Redensart von uns, mit dem Club etc. Er deutete auch gleich unmissverständlich an, dass er es jedem bei Loheider (unser Edeka Markt in Sutthausen) erzählen würde, falls ich kneifen sollte. So hatte ich keine Wahl und musste mich diesen Mafiamethoden beugen.

Es kam wie es kommen sollte, und wir begannen noch um ca. 17:00 Uhr den Anstieg auf den auf 1364 m liegenden Col du Portillon, bei mittlerweile angenehmen Temperaturen. Dieser Pass war hart! Erst recht, wenn man bereits zwei schwere Pässe in den Beinen hatte. Die Steigungen gingen teilweise weit über die 10%-Marke hinaus und verlangten uns nun wirklich den Rest ab.

Und da kam sie, dass was in dem Bericht, den Manni mir zu lesen gegeben hatte, schon beschrieben war, „Die Gabel des Teufels"!!!

Gleich mehrmals hinter einander, immer wieder unterbrochen von Namen bekannter Radfahrer, war sie auf den Asphalt gemalt mit drei teuflischen Zinken.

Ich erinnerte mich an den Vergleich. „Ein Himmelfahrtskommando asphaltiert vom Teufel", und wir mitten drin! Wir stiegen ab und machten davon erst einmal ein paar Aufnahmen für die Nachwelt.

Der Regen hatte schon lange aufgehört und wir strampelten die letzten Kehren hinauf. Es war hart, machte aber trotzdem irgendwie Lust auf mehr und so sollte es dann am nächsten Tag weitergehen.

Diesen dritten Pass wollten wir zeitgleich erreichen. Wir reichten uns kurz vor der Ziellinie die Hände und fuhren so die letzten Meter gemeinsam. Typischer Fall von „59iger Busenfreundschaft".

Nach dem bekannten Siegerfoto mit Selbstauslöser kam er wieder, der „Abfahrtseffekt".

Wunderschöne Aussichten boten sich bei fast freundlichem Wetter und wir genossen unsere letzte Abfahrt an diesem Tag. Die Räder surrten, der Wind fegte an unseren Ohren vorbei und jedes Mal hat man dieses Freiheitsgefühl, das einen für die vorangegangene Schinderei mehr als entschädigt.

Womit wir schließlich allerdings gar nicht mehr gerechnet hatten, war die Tatsache, dass es nach Viehla rund 16 km noch leicht bergauf durch das Tal ging, in dem uns ein kräftiger Wind genau auf die „Zwölf" blies. Das nahm uns schließlich nach 10 km die Motivation und wir übernachteten vor unserem eigentlichen Zielort.

Wir wählten das „Hotel speciale", wie ich es nannte. Es wurde bewirtschaftet von einer liebenswerten alten Dame um die 85 Jahre, die gut französisch sprach und dabei ihren spanischen Akzent hatte. Sie rollte das „r", sodass man seine Freude daran hatte, wenn sie erzählte. Das Haus war bestimmt genauso alt wie sie selber und die Zimmereinrichtungen aus einer anderen Zeit, aber ordentlich und sauber. Sogar einen Fernseher hatten wir. Überall auf dem Flur hörte man Wasser plätschern, weil die Toilettenspülungen nicht dichthielten und die Toilette selber war die Kleinste, die ich je zu Gesicht bekommen hatte. Auf ca. 0,6 qm musste man mit seinem Schicksal fertig werden.

Zum Essen gab es, wen wundert es, gegrillte Forelle. Wir waren schon langsam danach süchtig. Später im Bett war ich fast zu müde um meine Aufzeichnungen zu machen. Der Tag hatte es wirklich in sich gehabt und uns unsere Grenzen gezeigt.

Der nächste Tag versprach auch kein gutes Wetter und so entschieden wir uns nicht für den Pass, der auf 2108 Meter ging, sondern wollten den Tunnel bei Viehla durchfahren.

Wir waren immer davon ausgegangen, dass der Tunnel gleich bei Viehla beginnt, tat er aber nicht. Es ging steil an einer Wand hoch und irgendwann kam uns die Erkenntnis, dass wir auch hier unseren Pass hatten, denn es ging höher und höher.

Endlich kam der Tunnel. Am Eingang ein unglaubliches Getöse der drei Turbinen, die für ausreichende Luftzufuhr im Tunnel sorgten. Es war Sonntag und mit vielen LKW mussten wir glücklicher Weise nicht rechnen. Wir hatten uns zuvor bei der örtlichen Feuerwehr erkundigt, ob wir überhaupt mit dem Fahrrad
da durch durften. Ein Verbot für Radfahrer gab es nicht.

Von nun an, so dachten wir, geht es bergab. Fehlanzeige, denn selbst im Tunnel ging es weiter steil hinauf. Wir fuhren gerade mal mit ca. 20 km/h und das schon seit fast 5 km, bis das Ende der langen Röhre endlich in Sicht kam. Die letzten Meter ging es dann abwärts und wiederum unter Getöse von Turbinen verließen wir diesen unwirklichen Reiseabschnitt.

Draußen war es windig und kalt und wir zogen uns schnell warme Sachen über. Unsere Höhe schätzten wir auf ca.1800-2000 Meter. Mit anderen Worten Passhöhe, ohne vorher damit gerechnet zu haben.

Wir durchfuhren ein großes, breites Tal bei kaltem Gegenwind hinunter in die Wärme und gönnten uns nach unserem „Abfahrtseffekt" eine Mittagspause draußen bei Sonnenschein, der leider nur 30 Minuten währte. Und da war er, der „Arioloeffekt"!!!!!!!!

Den hat Manni immer, wenn er den höchsten Punkt in den Bergen erreicht hat und es wieder Richtung Flachland geht. Wenn dann noch der Gegenwind bläst, der die Abfahrt zur Quälerei werden lässt, ist es so weit. Der Manni hat plötzlich die Schnauze voll und will nicht mehr. Wir hatten den Zenit überschritten und ab hier ging das Höhenniveau der Berge wirklich wieder zurück und der kräftige Gegenwind war auch zur Stelle.

Manni hing wieder durch, genau wie hinter dem St.Gotthardpass, als es nach Ariolo Richtung Poebene bei unglaublichem Gegenwind im kleinen Gang hinunter ins Tal ging. Damals wollte er gleich zum nächsten Flughafen und ab nach Hause.

Ich musste meinen Kumpel mit allen Mitteln nun wiederaufbauen, der sich obendrein im Innern immer noch darüber ärgerte, dass wir uns für den Tunnel und nicht für den Pass entschieden hatten, obwohl die Höhe ja nun trotzdem ganz ordentlich gewesen war und schlug ihm einen wahrscheinlich landschaftlich reizvollen Umweg vor, der uns noch am selben Tag über zwei weitere Pässe führen würde.

Manni runzelte ein wenig die Stirn und rechnete schnell: 1+2=3!!! Noch einmal 3 Pässe an einem Tag! Das glaubt uns im Club garantiert keiner. Er hatte tatsächlich angebissen und seine Laune wurde spürbar besser. Hätte ich keinen Erfolg gehabt, wäre mir immer noch die Drohung geblieben alles bei Loheider zu erzählen. Diese Gemeinheit war allerdings nicht erforderlich.

Mit Käsebaguette gestärkt ging es weiter und nach ca. 25 km kam der erste Pass. Es öffnete sich eine fast unberührte Landschaft vor uns und ehe wir uns versahen war der erste Pass „Viu" auf 1325 Metern genommen. Das waren immerhin ca. 800 Höhenmeter, die uns nur ein müdes Lächeln abverlangt hatten.

Zwischendurch versuchte ich Mannis Laune weiter zu verbessern, indem ich „Olm " nachmachte und mit voller Kehle Sachen schrie wie z. B. „scheiß` die Wand an, ist dat schön hier!!!!!!!!" „Leck` mich am A..., wat sieht dat scheiße jut aus hier!!!!"

Manni kannte Olm gar nicht und so musste ich ihm meine Ausfälle erst einmal näherbringen und erklären, damit er mich nicht für völlig durchgeknallt hielt.

Auch der zweite Pass, der „Puerto de Perves" auf 1350 Metern war keine wirkliche Herausforderung mehr, denn so langsam kam uns die gewonnene Kondition und auch unsere Erfahrungen zu Gute.

Die Landschaft war hier ganz anders als zu-vor. Das Gestein war plötzlich rötlichgelb und die Vegetation kleinwüchsiger. Es kam nun die Landschaft, die ich persönlich immer mit den Pyrenäen in Verbindung gebracht hatte.
Wir durchfuhren sie, …. die südlichen Pyrenäen!
Auf unserer zweiten Abfahrt hielten wir in einem kleinen Ort, wie man ihn manchmal von gemalten Bildern her kennt. An Idylle nicht zu überbieten und in den letzten mindestens 300 Jahren hatte sich hier nichts mehr verändert. Trotzdem war hier alles tip-top gepflegt. Ein Blick in ein Haus hinein verriet uns, dass es nicht einmal feste Fußböden gab. Wir machten mehrere Fotos und es ging weiter.
Bei Sonne fuhren wir den gesamten Berg hinunter mit unserem berühmten Abfahrtseffekt und konnten uns an der Schönheit der Landschaft gar nicht satt sehen.

Nach einer Pause im Tal ging es weiter bis nach El Pobla de Segur, wo wir außer der Suche nach einem Hotel auch bei der Suche nach einem geeigneten Restaurant große Problem hatten und schon fast in Panik verfielen, nichts mehr zu beißen zu bekommen.

Nach einigen Verirrungen fanden wir noch zu guter Letzt ein kleines Lokal, eher eine Art Bar und man tischte uns eine undefinierbare Nudelkreation auf, die aber zumindest unseren Schmacht bändigen konnte. Eine Speisekarte gab es nicht und gegessen wurde, was auf den Tisch kam.

Wir mussten während des Essens einen viel zu lauten Fernseher ertragen und neben uns donnerte ein Gefrierschrank vor sich hin für ein längst abgelaufenes Eis, das darin lag.

Der nächste Tag begann mit leichtem Sonnenschein, der sich zaghaft in die Winkel der Täler vortastete und dort eine Morgenstimmung verbreitete wie man sie nur an wenigen Tagen des Jahres findet. Die Landschaft war noch feucht und wir fuhren in ein Tal hinein, das sich immer enger, bis hin zu einer regelrechten Schlucht, als einer unserer schönsten Abschnitte entpuppen sollte.

Wir hatten aufgrund des roten und rund abgeschliffenen Felsens das Gefühl, den Grand Canyon in Miniaturausführung zu durchfahren.

Während die Hauptstraße durch viele Tunnels verlief, konnten wir immer abseits auf der alten, ursprünglichen Straße fahren und sahen Naturschönheiten, die kein Autofahrer zu sehen bekam. Damit meine ich natürlich die Landschaft und nichts Anderes.

Ständig begleitete uns ein mittlerer Fluss, der sich im Laufe der Zeit hier in den Felsen vorgearbeitet hatte und durch die Luftfeuchtigkeit eine fast tropisch wirkende Vegetation ermöglicht hatte.

Wir machten hier eine Rast, weil es einfach zu schön war um sofort weiterzufahren. Plötzlich, während wir Bananen in uns hineinstopften, hörten wir lautes Lachen und bemerkten eine kleine Gruppe junger Leute, die sich mit der Strömung ein Stück weit treiben ließen.

Wie wenig es bedarf glücklich zu sein, ging mir durch den Kopf und beneidete ein wenig die Unbekümmertheit der Gruppe.

Ich glaube, dass ich alle 50 Meter angehalten hatte um immer wieder Fotos zu machen. Erst gegen Mittag kamen wir deshalb

an unseren ersten und auch einzigen Pass des Tages, den Col del Canto mit ungefähr 1000 Höhenmetern an. Anhand unserer Karte war die Höhe nicht so recht ersichtlich und wir gingen in der Mittagssonne auf der Südseite des Berges die Steigung an im Glauben, dass es sich nur um eine Art „höhere Passage" durch die Berge hier handelte und mit ein paar hundert Höhenmetern die Angelegenheit erledigt sei.

Als wir die ersten 3 Km hinter uns hatten, konnten wir erkennen, wohin die Straße uns noch führen sollte. Das glaubten wir zumindest zu erkennen, schnauften ein paar Mal durch und kämpften uns weiter hoch bei ungekanntem Flüssigkeitsverlust in der Mittagshitze. Jeder Windhauch war willkommen, aber es gab leider nicht viele und „der Bach lief"!

Die Steigung und die Hitze hatten es in sich und wir mussten wirklich unsere ganze Kraft und auch Konzentration aufbringen um genügend Druck in die Pedale zu bringen.

Endlich kamen wir am vermeintlich höchsten Punkt an und machten kurz vorher eine Pause, um unsere abgeschlafften Gesichter mittels Selbstauslöser zu fotografieren, während wir Müsliriegel in uns hineinschoben um nicht zu unterzuckern.
Als es weiterging und wir den Scheitelpunkt erreicht hatten mussten wir mit ansehen, dass es noch auf unabsehbare Zeit weiter hinaufging, was so vorher nicht zu vermuten war.
Wir bissen die Zähne zusammen und fuhren ohne nachzudenken weiter, und „der Bach lief".

Das Wasser wurde schon langsam knapp, als wir in der Ferne die tatsächliche Passage erkennen konnten.

Die letzten 20 Minuten wurden schon zur Qual. Der Anblick in das Tal zur anderen Seite übertraf allerdings alles, was wir aus der Höhe bislang gesehen hatten. Bis hin zu den Dreitausendern hatten wir freie Sicht. Wieder Fotos ohne Ende.

Der Anstieg hatte uns 2 Stunden reine Fahrzeit in der Mittagssonne abverlangt, unterbrochen von 2 kleinen Pausen à 10 und 15 Minuten. Es war vor Allem die Sonne, die uns das Durchhalten schwergemacht hatte, aber klein kriegen konnte sie uns letztlich nicht.

Es kam, was kommen musste! Unser Abfahrtseffekt war dieses Mal ebenfalls nicht zu toppen. Die Fahrt nahm wirklich kein Ende, obwohl wir nur so die Strecke hinunter jagten. Jetzt waren wir uns sicher, dass wir auf ein tieferes Niveau hinuntergefahren sein mussten, als wir ursprünglich gestartet waren. Aber auch dieses Mal stellte sich später unsere Einschätzung als Trugschluss heraus.

Ich sage nur „Abfahrtseffekt"!!!!!!!!

Im Tal hatten wir weiterhin eine schnelle Fahrt, begünstigt durch ein leichtes Gefälle und guten Rückenwind. Wir fraßen die Kilometer nur so weg bei einer Geschwindigkeit von durchschnittlich 40 Km/h.

Am Abend erreichten wir unser bislang komfortabelstes Hotel.
Top Zimmer, alles vom Feinsten, sogar mit Schwimmbad.
Der erste Gang führte uns auf den Balkon, wo wir eine grandiose Aussicht weit in das Tal hinein genießen konnten. Wir warfen uns in die dort befindlichen Sessel, legten die Beine hoch auf die Balkonmauer und aalten uns in cooler Position, nur in Radler Hosen mit Trägern über den Schultern, in der letzten Sonne des Tages.
Mit Selbstauslöser musste dieser Anblick einfach festgehalten werden. Das Foto war derart gut, dass es selbst für die Titelseite des Playboys zu scharf ist.......

Wir gönnten uns ein Abendessen vom Besten im Bewusstsein, dass der nächste Tag unsere letzte Etappe sein würde und unser Abenteuer schon fast zu Ende ging. Den ganzen Abend philosophierten wir ausgelassen über die verschiedensten Themen und ließen das Bier laufen.
Nach unserem Standardfoto am Morgen vor dem Hotel ging es los und wir fuhren immer weiter Richtung Süden bergab. Nach wenigen Kilometern gelangten wir in den letzten

Gebirgsabschnitt unserer Pyrenäentour. An einem einsamen Haus hielten wir an um nach Wasser zu fragen. Nette Leute füllten unsere Flaschen auf und der Opa des Hauses war stolz, mit Manni im Arm von mir fotografiert zu werden.

Unser letzter Pass, der Colla da de Clara kam und wir genossen es förmlich uns noch einmal ins Zeug zu werfen. Es war noch kühl und so war dieser Berg bis auf 880 Meter nur eine leichte Abschlussübung für uns.

Oben angekommen verlief eine kurvenreiche Straße auf gleichbleibender Höhe und erst vor kurzer Zeit hatte sich hier jemand totgefahren, wie die Gedenkstätte am Straßenrand verriet. Wie gut, dass ich das Motorradfahren an den Nagel gehängt habe, dachte ich.

Wir genossen noch einmal das Surren der Räder, als es mit gutem Tempo bergab ging und die Bäume an uns vorbeiflogen.
Unsere weitere Fahrt ging bis auf wenige kurze Steigungen nur noch bergab in Richtung Man Resa, einem Vorort von Barcelona.
Nun kam bei mir ein wenig der „Arioloeffekt" zum Vorschein. Irgendwie war plötzlich die Tour für mich beendet und die Luft war raus. Auf Barcelona hatte ich eigentlich gar keine Lust

mehr und wäre am liebsten sofort in den nächsten Flieger eingestiegen und ab nach Hause. Zu allem Überfluss platzte mir 12 Km vor Man Resa noch der Hinterreifen. Ersatzschlauch Nummer 4 war gefragt. Ich hätte vielleicht doch neue Decken aufziehen sollen?

Nun war es Manni, der mich wiederaufbauen musste, denn meine Stimmung war ziemlich am Boden. Meine Pumpe musste ich auch komplett zerlegen, weil wir keinen Druck auf den Reifen bekamen.

Ich sah mich schon schieben und das 12 Km vor dem Ziel.

Ich bekam die Pumpe schließlich dann doch wieder auf Touren und es konnte weitergehen. Im Bewusstsein keinen Schlauch mehr in Reserve zu haben fuhr ich wie auf Eiern und hatte ständig das Gefühl durch ein Meer von Glassplittern zu fahren, weil der neue schwarze Asphalt so glitzerte.

Endlich! Man Resa Hauptbahnhof ohne Platten. Die letzten Kilometer unserer Tour waren geschafft und der Zug fuhr uns bis ins Zentrum von Barcelona. Im Zug beobachtete ich die vielen Leute, die hastig ein-und ausstiegen. Ein Mann war auf seinem Platz eingeschlafen und bemerkte erst im allerletzten Moment, dass er raus musste. Er hechtete noch halb trunken durch die Tür, die direkt hinter ihm zuknallte und hatte dabei fast mein Fahrrad mitgerissen. Was für ein Unterschied zu dem Leben in den Bergen! Diese Hektik und der Radau.

Noch bedauernswerter waren die drei Rezeptionsangestellten in unserem Hotel, die auf 2 qm ihren Job unter einem unglaublichen Stress erledigten. Telefon, Fax, Gäste.........

Unser Zimmer war groß und in Ordnung, und die Räder konnten im Keller untergebracht werden.

Den Rest des Tages bummelten wir durch die Stadt bis hin zum Hafen und bestaunten die Straßenkünstler, die hier mit teilweise tollen Ideen die Leute unterhielten. Jeder hatte seine eigene Masche und so hatten wir den ganzen Abend, selbst im Straßenrestaurant wo wir uns Meeresfrüchte gönnten, Unterhaltung pur.

Am nächsten Tag besichtigten wir unter anderem eine Kirche, deren Bau auch heute nach fast hundert Jahren immer noch nicht beendet ist und auch wohl nicht wirklich beendet werden soll, denn solange hier gebaut wird kommen die Touristen in Scharen und zahlen gutes Geld für den Eintritt auf eine Baustelle. Besonders am Abend ist Barcelona etwas Besonderes. Die mit Leben gefüllten Straßen sind wie die Pulsadern der Stadt. Überall Straßencafés und Schausteller, die die Stadt pulsieren lassen und ihr einen eigenen Rhythmus geben.

Am Tag unserer Abreise machte Manni noch ein paar Einkäufe und ich sah mir das Mediterrane Museum an.
Am Flughafen schließlich klappte alles prima und auch der Rückflug war ganz angenehm.
Beim Umstieg auf Mallorca hatten wir allerdings mal wieder Zweifel, ob unsere Räder auch in unsere Maschine umgepackt wurden, denn zu sehen waren sie nicht als die Maschine beladen wurde.
In Münster nahmen wir sie dann doch in Empfang und Manni zusätzlich seine Heike, die uns netter Weise auch wieder abholte. Ich musste wieder hinten zwischen den Drahteseln auf den Platz für minderwertige Fahrgäste, so wie am Tag unserer Abreise und der Ordnungshüter sah einfach nur weg und ließ es geschehen.

Zuhause angekommen wurde noch einmal abgeschlagen wie üblicherweise nach jeder Etappe, und unser Abenteuer war zu Ende.
Obwohl ich am Anfang ziemliche „Manschetten" hatte Pässe zu fahren, denn flache Strecken mit Tempo liegen mir eigentlich besser, habe ich auf dieser Tour die Berge lieben gelernt. Man gewöhnt sich an die langen Steigungen und

sammelt jede Menge Erfahrungen, und spätestens durch den „Abfahrtseffekt" wird man für die Strampele vorher wieder reichlich entschädigt. Neun Pässe hatten wir insgesamt auf 830 Kilometern und keinen davon möchte ich missen.

Diesen Bericht widme ich meinem alten „Busenkumpel", der die Tour weitestgehend geplant und vorbereitet hat und im Gegenzug, in Form dieses Berichtes, ein schönes Andenken erhält, an unsere gemeinsamen Highlights in den PYRENÄEN.

Tour Marokko im September 2007
von Málaga nach Agadir

Ist es denn wirklich wahr? Nun sitze ich schon wieder an meinem Laptop und schreibe meinen neuen Bericht. Gestern noch durch die Pyrenäen und jetzt schon wieder auf Tour durch Marokko.
Ich habe es noch gut in den Ohren, wenn meine Oma früher sagte: „Kinder wie die Zeit vergeht." Noch grün hinter den Ohren, hatte man diese Aussage eher belächelt, als sich wirklich Gedanken darüber zu machen. Aber warum sollte ich auch? Mein ganzes Leben lag ja schließlich vor mir und Omas haben eh so ihre Marotten an sich. „Ja, ja Oma" und damit war es dann auch getan.

Mich selber holt diese Feststellung heute bald täglich ein und so geht es mir nun eben auch so, dass ich kaum damit zurechtkomme, dass schon wieder ein Jahr vorbei ist.
Dass mein Zeitempfinden aber auch noch ganz normal funktioniert merke ich dann, wenn ich viel erlebe und unzählige Eindrücke verarbeiten muss. So ging es mir mal wieder auf der diesjährigen Tour. Bereits am dritten Tag hatte ich das Gefühl, eine ganze Woche unterwegs

gewesen zu sein. Wenn man sich vorstellt, dass die Zeit tatsächlich derart langsam vergehen kann, stellt sich mir jedes Mal erneut die Frage, warum man sein Leben nicht einfach schlagartig ändert.

Die Antwort ist ganz simpel. Es geht schlicht und einfach nicht! Tausend Gründe und ein ganzes Bündel an Verantwortungen anderer Menschen gegenüber lassen es eben nicht zu. Also beschränken sich diese normal empfundenen Zeitfenster eben auf die Reisen, die man unternimmt und den Rest der Zeit wird man eben doppelt bis drei Mal so schnell alt, zumindest dem Empfinden nach.

Die zehn Tage, die wir unterwegs waren, sind also nach meiner Berechnung genau 23,33 empfundene Tage und deshalb ein totaler Hauptgewinn. Jede unserer Touren war bislang ein solcher Hauptgewinn und bleibt unvergessen.

Vielleicht noch ein kleiner Zwischenbericht zu meinem diesjährigen Fitnessstand.

Nach drei Wochen Sommerurlaub ohne irgendein Training hatte ich noch knapp vier Wochen Zeit zum Trainieren. Von diesen vier Wochen hatte ich einen 50% en Totalausfall, da mir wohl nicht ganz klar gewesen ist, dass eine Heckenschere nicht dazu verwendet werden soll, schöne Muster ins Beinkleid zu schneiden. Wenn man dann etwas zu arg zur Sache geht, hat man schließlich das Muster auch auf dem Bein selber. Verziert wurde es dann schließlich mit vier Wundhaltern aus Faden, die kunstvoll im Franziskushospital eingearbeitet wurden. Man kann daraus schließen, dass meine Vorbereitung unter die Kategorie „versuchen wir es mal" fiel und einige Fragezeichen aufwarf.

Meine Bandscheibenvorwölbung und die vielen anderen bekannten Zipperlein aus den früheren Berichten hatte ich schon hinter mir.

Also mal wieder Augen zu und durch. Irgendwie wird es schon gehen.

Am 14.09. ging es nun endlich los.

Wie in den Jahren zuvor wurde akribisch an allen Eventualitäten, die sich ergeben könnten gefeilt, bis eine innere Stimme uns sagte: „Nun lass es gut sein", und wir uns auf den Weg zum Flughafen FMO machten. Marokko ist nun mal nicht mehr Europa und wir erwarteten nicht nur irgendein Abenteuer, sondern unser bestes!

In Málaga angekommen warteten wir auf unsere Klamotten, die wie üblich, einfach mal wieder nicht auftauchen wollten. Diese Ungewissheit, mit der wir aufgrund so einiger Erfahrungen in der Vergangenheit mittlerweile gut umgehen konnten, ließ bei uns keinen Stress aufkommen. Den einzigen Stress, den ich hatte, war ein Typ neben mir, der ebenfalls wartete und versuchte mir ein Gespräch aufzuzwingen. Jedes Mal, wenn er mich ansprach, haute es mich zwei Meter zurück, denn er stank dermaßen nach Alkohol, dass ich mir um meine eigene Fahrtüchtigkeit Sorgen machen musste. Irgendwann kam sein Koffer und der Spuk war vorbei.

Unsere Räder überstanden dank Kartons den Transport einwandfrei und Mannis Gepäckstücke waren mal wieder die letzten. Die Ungewissheit hatte demnach ein spätes Ende. Wir bereiteten alles für unsere Fahrt vor und zogen uns um.
Auf den ersten tausend Metern klappte bei mir so gar nichts. Ich musste feststellen, dass ich meinen Lenker nicht wieder festgeschraubt hatte, meine Bremsen nicht wieder nachgestellt waren, nachdem ich in Münster das Vorderrad eingebaut hatte und dass das Rad selber falsch herum eingesetzt war und deshalb mein Tacho nichts anzeigte. So viel Unprofessionalität war mir Manni gegenüber richtig peinlich und ich führte eine „Blitzreparatur" durch, damit es sofort weitergehen konnte und mein Ruf nicht weiter beschädigt wurde.

Dem Hauptverkehr entkommen fuhren wir eine Straße am Meer entlang, wo sich an der Küste unzählige Kitesurfer tummelten und einen tollen Anblick boten.

Außer der Hauptstraße, die unseren sicheren Tod bedeutet hätte, blieb uns oft nur ein schmaler Bürgersteig, auf dem alle 25 Meter eine Laterne mitten auf dem Weg stand, an der man so eben vorbeikommen konnte. Das klappte auch einigermaßen bis zur 25134 zigsten, deren Standfestigkeit ich mit meiner linken Schulter testen wollte. Sie hielt und ich hatte ab da eine blaue Schulter.

So waren keine Kilometer zu machen und auch unser Durchschnitt war eine einzige Katastrophe. Am Ende hatten wir gerade einmal 36 Kilometer gefahren und fanden ein ganz nettes Zimmer gerade mal hundert Meter vom Strand entfernt an der Strand-promenade eines Ortes, dessen Namen wir nicht kannten.

Wann ein Ort beginnt und wieder zu Ende ist, ist kaum zu ergründen, da die Spanier hier jeden Quadratzentimeter bebaut haben und ein Ort direkt in den anderen übergeht. Findet man etwas weiter vom Strand entfernt noch ein freies Grundstück, stehen da garantiert schon die Bagger und Kräne, die schon bald für die gewohnte Ordnung sorgen werden.

15.09.
Am nächsten Morgen nutzten wir die Gelegenheit ins Meer zu springen um uns fit für den Tag zu machen. Frühstück fiel aus, da eben

keines zu bekommen war und so wurde unser Vorrat an Müsliriegel geschmälert. Der Tag konnte kommen!

Unsere Räder waren mit zwei Schlössern an das Treppengeländer im Haus angekettet. Ich machte mein Schloss auf und Manni das Seinige; hatte er zumindest vor. Stattdessen brach er tatsächlich mit roher Gewalt den Schlüssel ab, dessen Spitze nun im Schloss steckte. Ich sah uns schon den halben Vormittag auf der Suche nach einem Bolzenschneider. Irgendwie bekam Manni das abgebrochene Stück doch heraus und hatte tatsächlich noch einen Reserveschlüssel dabei. Das nennt man Vorbereitung!

Auf einer herrlichen Küstenstraße ohne Verkehr, denn es war noch früh am Morgen, machten wir gute Fahrt für genau 7 Km. Ab dort gab es keine Straße mehr, die uns weitergebracht hätte. Alle Wege führten in Sackgassen irgendwelcher Wohnungsanlagen betuchter Rentner und schließlich schoben wir unsere Räder sogar über den Strand an schwitzenden Leibern vorbei, bis wir inmitten einer Hotelanlage landeten und nur mit Mühe einen Weg zurück zur Straße fanden.

Es nützte nichts, wir mussten auf die Auto-bahn um weiter zu kommen, denn andere Straßen im Bereich der Küste gab es nicht und das Hinterland war einfach zu hügelig.

Auf der Autobahn mit einem Tempo, das immer wieder an die 40 km/h reichte und es war kaum etwas los auf der Straße. Das war genau nach meinem Geschmack und wir machten endlich mal Kilometer, die wir auch brauchten um unseren Zeitplan einzuhalten.

Zuvor hatten wir immer wieder andere Wege ausprobiert. Mal auf der linken Seite der Autobahn, mal auf der rechten. Letztendlich fanden wir immer wieder zurück auf die geliebte Autobahn, auf der wir einigermaßen sicher auf dem Randstreifen fahren konnten. Der Polizei war es egal, keine Reaktion....

Mit Rückenwind fraßen wir die Kilometer weg, mussten allerdings auch erfahren, dass sich die Steigungen sehr lang hinzogen im Gegensatz zur normalen Landstraße, wo sie zwar steiler, dafür aber kürzer sind.

Marbella war einen kleinen Zwischenstopp wert und präsentierte sich viel schöner, als wir erwartet hatten. Die Strandpromenade hatte internationalen Standard und war wirklich etwas Besonderes. Auch sonst protzte Marbella an allen Ecken und Kanten mit seinem Reichtum und setzte sich gekonnt in Szene.

Am späten Nachmittag sehe ich zum ersten Mal den Felsen von Gibraltar, der von einer ständigen Wolke im oberen Teil eingenebelt wird. Ich denke daran, wie mystisch dieser Ort vor noch ca. 200 Jahren gewirkt haben musste, wenn man ohne den ganzen Trubel von heute hier in aller Stille ankam und der Felsen plötzlich wie aus dem Nichts auftauchte und mitten im Meer stehend gespenstisch gewirkt haben muss. Ein bemerkenswerter Ort, wie ich feststellen muss, auf dem übrigens auch die einzigen in Europa noch freilebenden Affen zu finden sind.

Bevor wir uns dem Felsen näherten, beschlossen wir erst einmal hier an der Straße im Meer zu baden. Ich betrieb keinen großen Aufwand und sprang einfach nackt ins Wasser und es war herrlich. Als ich wieder hinausging, hörte ich plötzlich Pfiffe und irgendwelche Rufe von einem Balkon, auf dem mich wohl ein paar Mädchen beobachtet hatten.
Ich machte mir einen Spaß und wackelte mit dem Hintern, während ich so eine Art Bodybuilding-Pose einnahm. Der Radau auf dem Balkon nahm merklich zu und ich hatte meinen Spaß. Da Manni auf seine Badehose zurückgegriffen hatte, blieb ihm der Jubel leider verwehrt. Schade, schade, schade.

Es ging nun weiter mit Kurs auf den Felsen und wir hatten schließlich vier Kontrollposten der Engländer zu durchlaufen. Gibraltar ist

Hoheitsgebiet der englischen Krone und dient als strategischer Stützpunkt dem Militär.

Hinter den Kontrollposten fanden wir eine einzigartige Situation vor. Dort überquert man eine groß angelegte Start- und Landebahn für Kampfflugzeuge. Wo findet man auf dem Globus eine derartige Verkehrsführung noch einmal?

Dahinter begann der eigentliche Ort mit seinen Häusern und Geschäften. Gezahlt wird hier natürlich mit Englischem Pfund, aber auch Euro werden akzeptiert, allerdings mindestens mit einem Abschlag von 30 %, wie wir später beim Bezahlen unserer Essensrechnung feststellen durften, Ich nannte das Abzocke, man kann es aber auch als Geschäftstüchtigkeit vornehmer formulieren.

Wir entschlossen uns eine Rundfahrt mit dem Fahrrad um den Felsen herum zu machen. Dabei kamen wir auch an den Punta Europa. Dem vermeintlich südlichsten Punkt Europas, was er aber eigentlich nicht ist, denn etwas weiter westlich von Gibraltar gelangt man noch weiter nach Süden. Am Punta Europa stand zu unserer Überraschung eine große Synagoge, die den Marokkanern wohl den „Weg weisen" sollte.

Der ganze Felsen ist übrigens eine einzige Festung und durchlöchert wie ein Schweizer

Käse. Ein Teil ist komplett gesperrt und deshalb war unsere Rundfahrt auch zum Scheitern verurteilt. Wir drehten also um und suchten uns das besagte „günstige" Restaurant. An diesem Abend philosophierten wir mal wieder beim Essen über die derzeitige Weltsituation. Wie man sieht, erwischt es uns immer mal wieder, wenn das Bierchen anfängt zu wirken.

Obwohl wir nur 120 Km gefahren sind, tun mir an diesem Abend die Hände weh.

Das mangelnde Training lässt grüßen?

16.09.

Es hat gerade Mal angefangen zu dämmern und in Gibraltar sind zwei deutsche Radfahrer unterwegs. Manni fährt vor und ich sehe nichts mehr. Sein rotes Blinklicht toppt jeden professionellen Diskothekenspot und ich fahre wie hypnotisiert hinter ihm her.

Dann wieder der Moment zum Wachwerden! Mannis rechte Tasche fällt während der Fahrt herunter und mir direkt vor das Rad. Wir tauschen und ich fahre nun vorne.

Unser Ziel ist Algeciras. Auf der noch völlig leeren Autobahn haben wir bereits nach kurzer Zeit unsere ersten 30 Km „im Sack" und steuern direkt auf den Hafen zu, von wo aus wir die

Fähre nach Tanger nehmen, die mit 45 Minuten Verspätung abfährt.

Irgendetwas hat sich am Fahrplan geändert, aber keiner weiß genau, was da läuft, wie wir später selbst noch feststellen sollten.

Endlich an Deck, die Fahrräder gut verstaut und eine grandiose Aussicht, so geht es weiter. Links hinter uns der Felsen von Gibraltar und vor uns rechts die Meerenge zum Atlantik, hinaus aus dem Mittelmeer. Wir genießen diese Überfahrt, die 3 Stunden dauert und versuchen uns immer wieder daran zu erinnern, was für ein historisch wichtiges Örtchen wir hier gerade passieren.

Überall im Passagierraum liegen Leute quer auf den Bänken und machen ein Nickerchen. Die Menschen auf dem Schiff sind von einem ganz anderen Schlag, als wir es bis hier hin gewöhnt waren. Es wird nicht viel geredet, nichts gegessen und nichts getrunken.

Wir haben hier unsere erste Schnittstelle zur muslimischen Welt!

Während der Überfahrt hatten wir das Glück, uns mit einem gut deutsch und französisch sprechenden Marokkaner unterhalten zu können.

Er gab uns eine ganze Reihe guter Tipps und bereitete uns schon mal schonend auf den Ramadan, den Fastenmonat der Muslime, vor. Dabei hatte ich mir eine Äußerung gut eingeprägt, gemäß dem Motto „wer weiß wofür das noch einmal gut sein könnte". Er hatte mir klargemacht, dass ein Moslem bis zum Sonnenuntergang weder essen noch trinken darf und eindeutige Absichten dem anderen Geschlecht gegenüber auf keinen Fall in die Tat umzusetzen sind. Mit anderen Worten, im Ramadan geht gar nichts.

Nun aber die alles entscheidende Aussage! Wer während des Ramadans reist und täglich mehr als 60 Km zurücklegt, darf schlicht und einfach alles, muss im Laufe des Jahres allerdings diese Tage als Fastentage nachholen.

Ich war mir sicher, dass ich den erst besten Moslem mit diesem Hinweis konfrontieren würde, falls er der Meinung sein könnte, mich beim Essen oder Trinken „erwischt" zu haben und sich deshalb beschweren würde.

Wir erreichen Tanger und betrachten vom Deck aus die Stadt, damit wir zumindest annähernd schon einmal unseren Weg aus der Stadt heraus ausspähen können. Alles gepackt und mit dem Fahrrad in der Hand stehen wir am Pier, doch man lässt uns nicht von Bord.

Es stellt sich heraus, dass irgendetwas hier völlig neu abläuft, daher auch wohl die verspätete Abfahrt. Erst wollen alle auf der linken Seite aussteigen, dann stürmen die Massen auf die rechte Seite, um sich erneut wieder für die andere Seite zu entscheiden. So geht das eine ganze Zeit und Manni und Martin blickten stumm auf dem ganzen Deck herum. Was geht hier ab?

Irgendwann während der Überfahrt hatten wir Karten mit unseren Personalien, Reisegrund etc. ausgefüllt, die aber niemand eingesammelt hatte. Man hätte also alle Zeit der Welt gehabt, sich diese anzusehen und einen Stempel in die Pässe zu drücken.

Nun mussten alle Passagiere auf ein enges Zwischendeck um dort persönlich zu erscheinen und sich den Stempel abzuholen. Das ging dermaßen langsam vor sich, dass ein riesiges Potenzial an Ungeduld freigesetzt wurde. Es wurde gedrängelt, geschoben, gerangelt und gekämpft um sich näher und näher an die Beamten heranzuarbeiten.

Ich schlug mich tapfer durch und schob was das Zeug hielt. Manni auf Abstand hinter mir, um zum richtigen Zeitpunkt aus der dritten Reihe seinen Adlerblick präsentieren zu können, wenn der Beamte das Bild im Pass mit seiner Fratze vergleichen würde.

Das Gerangel wurde immer grober, ich auch! Soviel Hautkontakt hatte ich in meinem ganzen Leben nicht. Ein Zwerg von vielleicht 1,35m Größe, geschätztes Alter 45-50 Jahre bohrte seinen Kopf immer wieder unter meinen rechten

Arm hindurch, wenn ich ein paar Zentimeter erobert hatte und wich mir nicht von der Seite. Immer wenn er den Kopf unter meiner Achsel hindurch geschoben hatte, schaute er mit seinen braunen Kulleraugen schräg zu mir nach oben, als wenn er sagen wollte: „Hey, da bin ich wieder, auf zu neuen Taten!"

Irgendwann war es vollbracht und ich wollte zurück. Mit letzter Kraft konnte ich mir eine Schneise schlagen um dem Wahnsinn zu entkommen. Nichts wie weg hier war unser Motto und als wir festen Boden unter den Füßen und freie Fahrt hatten, war das irgendwie ein Gefühl, als sei man nur knapp dem Inferno entkommen.

Ich glaube Manni rief so etwas wie „Marokko wir kommen"! Wir schüttelten nur unsere Köpfe und dachten darüber nach, wie es wohl in den nächsten Tagen weitergehen würde.

Es ist heiß und wir tauchen schon nach 300 Metern in eine Marktstraße in der Medina (Altstadt) ein, die uns förmlich verschluckt. Ohne es zu wollen werden wir ein Teil von ihr. Sie führt sehr steil nach oben und wir müssen absteigen und werden von den Massen der Menschen förmlich mitgezogen. Das Rad fest im Griff und den Blick immer wieder nach hinten zu den Gepäcktaschen, denn meine Unsicherheit ist groß.

Gestern noch Gibraltar, mit anderen Worten im tiefsten England und heute in einer marokkanischen Metropole mitten im Getümmel so vieler Menschen. Solche Kontraste muss man erst einmal verdauen.

Wir fließen mit dem Verkehr und ich beobachte die vielen Händler am Straßenrand, die alle mit viel Geschrei ihre Waren anbieten. Lebensmittel werden teilweise direkt auf die Straße gelegt ohne sich die Mühe zu machen vorher eine Unterlage auszubreiten.

Die Szene kommt einem durch die Massen an Menschen völlig chaotisch vor und doch hat hier alles seine eigene Ordnung, die wirklich funktioniert.

Es riecht förmlich nach Leben und man hört den ständigen Pulsschlag der Stadt, der seinen eigenen Rhythmus hat. Alles war hier zu bekommen, nur essen und trinken durfte man natürlich nichts.

Endlich war er da und tauchte wie aus dem Nichts auf, der Grand Socco, ein zentraler Platz mit Palmen und Grünanlagen, wo man wieder unbeschwert durchatmen konnte.

Wir hielten bei einer Gruppe Polizisten, die in der Nähe einer Bank standen und Manni nutzte die Gelegenheit sich den Geldautomaten vorzuknöpfen, während ich die Räder im Auge behielt und mit den Blicken eines Bodyguards die

Umgebung nach verdächtigen „Subjekten" absuchte, die es schon auf unseren frisch abgezählten Zaster abgesehen hatten.

Heute weiß ich genau, dass wir zu keiner Zeit wirklich etwas zu befürchten hatten.
Egal mit wem wir während unserer Tour sprachen, wo wir uns aufhielten, etwas fragten oder nur einkaufen wollten. Uns wurde immer offen und freundlich begegnet und ich kann sagen, dass mir die Marokkaner trotz der relativ kurzen Zeit, die wir uns im Land aufgehalten hatten, ein wenig ans Herz gewachsen sind. Ihre Lebensweise ist natürlich völlig anders als unsere und wirkt auf den ersten Blick unkoordiniert und konfus, aber ist sie deshalb schlechter?
Wir verlassen die Stadt auf dem direkten Weg nach Süden unter Begleitung eines Motorradfahrers, der uns den Weg zeigt. Eigentlich unnötig, denn wir wären auch ohne ihn zu Recht gekommen. Manni erklärt mir, dass der Typ mit an Sicherheit grenzender Wahrscheinlichkeit anschließend ein fürstliches Trinkgeld absahnen will.

Unser Begleiter fährt vor, wartet wieder geduldig auf uns und führt uns weiter und weiter. Irgendwann halten wir einfach an um zu sehen was passiert. Er fährt unbeirrt weiter, kommt allerdings nach einigen Minuten zurück und fragt was los sei. Ich signalisiere, dass wir uns ab hier wieder selber orientieren können und bedanke mich für seinen tollen Service. Er lächelt freundlich, gibt uns noch ein, zwei Hinweise und wünscht uns eine gute Fahrt.

Trinkgeld? Fehlanzeige, unserer beiden Vermutung war falsch, und wir beginnen unsere Einschätzung den Marokkaner gegenüber, die auf Unsicherheit und Unwissenheit beruht zu überdenken. So würde es uns in den nächsten Tagen noch häufiger gehen.

Die gleichen Erfahrungen hatten wir auf früheren Touren durch andere Länder auch schon gemacht und konnten unsere Vorurteile immer und ausnahmslos abbauen.

Wir machten einen Abstecher nach Westen an die Küste zur Herkulesgrotte.

Schon von außen war schnell zu erkennen, dass es sich um reinen Touristennepp handelte, dem wir unsere kostbare Zeit nicht schenken wollten.

Nach einem kleinen Päuschen hatten wir das einmalige Vergnügen direkt an der Küste entlang zu fahren, den Blick auf den Atlantik gerichtet und ein kräftiger Rückenwind trieb uns dabei rund 15 Minuten lang voran. Innerer Jubel und ein gewaltiges Gefühl der Freiheit und des Abenteuers machte sich breit. Dieses Vergnügen sollte uns in Zukunft aber nicht mehr vergönnt sein, denn der Nordost Passat drehte zu einem

„Südwest Passat" um, so, dass wir für den Rest unserer Tour fast immer einen stetigen Gegenwind haben sollten.

Am Straßenrand lag ein Mann und schlief. Erste Vermutungen, es könnte sich um einen Obdachlosen handeln, wurden, als wir näherkamen, schnell zerstreut. Er war gut gekleidet und neben ihm stand ein relativ neues Fahrrad. Er lag dort einfach so irgendwo in der Walachei um ein Nickerchen abzuhalten. Für uns kaum vorstellbar, einfach so seinem Bedürfnis nach Schlaf nachzugeben und sich an Ort und Stelle aufs Ohr zu hauen.
Eine Erfahrung, die in den nächsten Tagen sich häufiger wiederholen sollte.

Wir fuhren weiter und wurden zum ersten Mal mit dem, wie wir es nannten, „Plastikfolienproblem" konfrontiert. Wir trauten unseren Augen nicht, als wir Unmengen an Plastiktüten und Folien sahen, die überall verstreut am Gebüsch und kleinen Sträuchern hingen und im Wind wehten. Ich machte jede Menge Fotos davon, weil ich es kaum glauben konnte. Dass uns noch ganz andere Bilder geboten werden würden, hatte ich mir zu diesem Zeitpunkt nicht vorstellen können.
Es stellte sich heraus, dass in der Nähe eine stinkende und brennende Müllkippe war, von

der die ganze Umweltverschmutzung ausging, aber das Müllproblem begleitete uns ab dort fast auf unserer gesamten Strecke bis nach Casablanca.

Durch den gedrehten Wind war unser Tagesziel L`Arache nicht mehr zu schaffen und wir fuhren nach 120 Kilometern in einen Ort namens Asliah ab, der eine kleine originale Medina hatte, die sich überall und ausnahmslos mit weißblauen Farben präsentierte. Die Gassen sind teilweise nicht breiter als einen Meter und man war hier plötzlich im tiefsten Arabien in einem Ort aus „Tausend und einer Nacht".

Die Straßen waren relativ leer, wofür es eine Erklärung gab. Es war gerade Markt und alle Einwohner deckten sich mit frischen Leckereien für den Abend ein um pünktlich zum Sonnenuntergang ein Festmahl einzunehmen. Wir kauften auch ein paar Kleinigkeiten ein. Mit den Rennrädern in der Hand und in unseren Radlertrikots boten wir den Leuten einen exotischen Anblick und wurden dementsprechend mit Interesse in Augenschein genommen.
Wir beziehen ein ganz ordentliches Hotel und machen uns nach Sonnenuntergang, der ca. 18:30 Uhr stattfand (nach unserer Zeit 20:30 Uhr) auf die Suche nach einem Fischrestaurant.

In den Straßen herrscht fast so etwas wie eine Totenstille und wir werden unsicher, ob überhaupt jemand geöffnet hat.

Es ist tatsächlich so in Marokko, wie wahrscheinlich auch in allen anderen islamisch geprägten Ländern, dass während des Ramadans pünktlich zum Sonnenuntergang die Bürgersteige hochgeklappt werde, oft sogar auch noch die Leuchtwerbungen der Geschäfte ausgeschaltet sind und kaum noch ein fahrendes Auto, geschweige denn Menschen in den Straßen zu finden sind. Sie alle trinken wahrscheinlich zuerst einen Liter Wasser auf Ex und fallen danach über das Essen herum erst einmal wieder auf Vordermann zu kommen.

Nach ca. 45 Minuten geht das Leben in den Straßen langsam wieder weiter und auch wir bekommen unsere Fischplatte.

Dass der Sonnenuntergang sehnlichst herbeigewünscht wird und man auch den genauen Zeitpunkt erwischen möchte, kann man daran erkennen, dass die Menschen sich nicht auf ihre Uhren verlassen, sondern ein bestimmtes Signal abwarten. An diesem Abend war es ein Kanonenknall, der kaum zu überhören war. An anderen Tagen wurde laut in der Stadt getrommelt oder es wurde ganz einfach die örtliche Sirene der Feuerwehr für diesen Zweck missbraucht. Wichtig war nur, dass das Signal auch von dem letzten Einwohner gehört wurde.

Nach dem Essen setzen wir uns in eines der Straßencafés und beobachten von dort aus das Geschehen auf der Straße. Das Leben ist zurückgekehrt und ich sehe viele junge Leute und Kinder, die oftmals von ihren Müttern begleitet werden.

Männer sind eher die Ausnahme, denn die hocken alle in den Straßencafés oder kümmern sich um ihre Marktstände, denn auch dort ist mittlerweile das Leben wieder zu-rück.

Neben unserem Tisch sitzen zwei Männer mittleren Alters und drehen sich gerade eine Zigarette. Ich denke an die Zeit zurück, als ich ebenfalls selber gedreht hatte und bin völlig in Gedanken. Plötzlich macht mich ein Geruch aufmerksam, der mir aus Jugendzeiten noch bekannt war. Die beiden neben uns hatten sich tatsächlich eine Ladung Haschisch untergemischt und lassen es nun so richtig gehen. Ich kann es mir einfach nicht verkneifen und spreche einen von den beiden an. Er erklärt mir auf meine Frage, ob das denn in Marokko erlaubt sei, dass das wohl nicht der Fall ist, aber letztendlich sich wirklich niemand daranhält. Die Begründung lautet dann sinngemäß, dass der Koran ja so einiges verbietet bis hin zum Alkohol, über Haschisch dort aber nichts geschrieben steht und man sich ja auch sonst nichts gönnt. Der Konsum an Haschisch gehört tatsächlich zum Alltag in

Marokko, wie wir in den nächsten Tagen immer wieder feststellen sollten.

Nach unserer Zeit war es bereits 1:00 Uhr (23:00) Ortszeit als wir schlafen gingen und wir waren hundemüde. Um Punkt 3:00 Uhr war es mit dem Seelenfrieden vorbei und es donnerte auf der Straße, als ob aus der alten portugiesischen Festung des Ortes aus dem Jahre 1471 aus allen Rohren geballert würde um den Ort vor der Kapitulation zu retten.

Ich stürzte zum Fenster um dabei zu sein, wenn die Welt unterginge. Im Halbdunkel sah ich einen Jugendlichen die Straße hinunterlaufen, der eine riesige Trommel vor seinem Bauch trug und dermaßen auf sie einschlug, als sei sie für all seine Probleme verantwortlich, die er im Laufe seines bisherigen Lebens mit sich herumgeschleppt hatte.

Mit schnellen Schritten war er unterwegs, denn er schien der einzig Beauftragte zu sein, der das Vergnügen hatte den gesamten Ort straffrei zu tyrannisieren. Seine Aufgabe war eindeutig allen Leuten im Ort klar zu machen, dass die Schlemmerei ein Ende hatte und dass das Fasten wieder die Oberhand gewonnen hatte.

Irgendwann kehrte wieder Ruhe ein und ich fand nur zögerlich wieder in den Schlaf. Keine 30

Minuten waren vergangen und ich stand schon wieder senkrecht im Bett.

Der Muezzin ließ grüßen und krächzte was das Zeug hielt. Ich glaube, alle Megaphone des Ortes waren auf Maximalleistung gedreht und genau auf unser Hotel gerichtet, sodass man selbst bei geschlossenem Fenster glauben konnte, er stünde direkt neben meinem Bett.

Nach ca. 10 Minuten war seine musikalische Interpretation des Ramadans verstummt und ich freute mich auf die wenigen Stunden Schlaf, die mir noch bleiben sollten. Versunken in den schönsten Träumen schnaubte ich vor mich hin und der Tag sollte kommen.

Es war punkt 5:00 Uhr morgens, als der Hahn krähte. Er hatte offensichtlich bei einem bekannten Sänger des Ortes seine Künste erlernt, den wir ja bereits kennen gelernt haben. Sein unerträglicher Frequenzgang gab mir den Rest und die Nacht war endgültig vorbei.

Als auch er verstummte, blieb das Zwitschern einer gigantischen Vogelschar, die im ganzen Ort für gute Stimmung sorgte. Trotzdem bekam ich tatsächlich noch eine „Mütze" Schlaf bis 6:00 Uhr. (Ortszeit 8:00 Uhr)

17.09.

Frühstück fiel aus, weil wir darauf nicht warten wollten, denn während des Ramadans kommt das Leben morgens nur sehr schleppend in Gang. Die Gründe hierfür sind vielfältig, wie wir bereits festgestellt hatten. Also machten wir uns vom Acker und radelten in Richtung L`Arache. Auf den Straßen gähnende Leere und ein schwacher Gegenwind, der es uns nicht so schwermachte wie am Vortag.

Nach rund 30 Kilometern erreichen wir die Stadt L`Arache, die bereits wieder zum Leben erwacht ist und uns mit einer gehörigen Portion Abgasen empfängt.
Nichts Richtiges im Bauch, auch keinen Kaffee, denn es ist ja schließlich Ramadan, schlecht geschlafen und die Abgase geben mir den Rest.

So einen Augenblick, in dem man sich die Grundsatzfrage stellt, was man hier eigentlich tut, hat man irgendwann auf jeder Tour einmal. Da macht Marokko ganz offensichtlich keine Ausnahme.

Im Zentrum entdecken wir ein paar Händler auf einem ansonsten verlassenen Marktplatz, der in der grauen Morgenstimmung wie verkatert auf mich wirkt. Ein einziger Stand hat Bananen im Angebot und wir langen zu, um wenigstens unser

Grundnahrungsmittel im Gepäck zu haben. Zwei Liter Wasser, die wir ebenfalls einkaufen, werden sich später noch als eiserne Reserve entpuppen.

Unter Abgasen wieder direkt aus der Stadt heraus und ich überlege wie viele Lebensjahre ich gerade einbüße. Mit einer flachen Atmung und niedrigem Puls versuche ich das Schlimmste zu verhindern. Ob mir das wirklich hilft?

Es kam tatsächlich so weit, dass wir während einer Pause ernsthaft darüber nachdachten, ob wir die Autobahn nehmen sollten, denn dort war fast nichts los und sie wirkte in dieser Situation wie ein Magnet, zumindest auf mich, denn ich muss an dieser Stelle festhalten, dass Manni davon überhaupt nichts hielt. Dank meiner Überredungskünste ließ er sich trotzdem darauf ein. Wir kamen nicht weit, denn an der Zahlstelle war Personal, das uns sofort wieder auf den Boden der Realität zurückschickte.

Irgendwann ging unser weiterer Weg rechts ab und führte uns weg von der stinkenden Hauptstraße durch einen Wald, womit wir nun gar nicht gerechnet hatten. Es war ein Schild aufgestellt mit dem Hinweis „Zone Industrielle" und wir waren ernsthaft daran interessiert, was sich dahinter wohl verbergen würde, denn wir erlebten nur grüne Landschaften.

Es ist Mittag und die Sonne steht fast senk-recht, als wir an einem Feld vorbeikommen auf dem eine ganze Reihe Mädchen arbeiten und irgendwelche Hülsenfrüchte mit der Hand ausdreschen. Ich schätze ihr Alter auf 14-18 Jahre. Als sie bemerken, dass wir anhalten, werden sie verlegen und lächeln bescheiden. Sie beginnen sich über unseren Auftritt zu unterhalten, kichern ein wenig und trauen sich immer häufiger zu uns herüber zu sehen.

Ich erlaube mir ein Foto zu machen, worauf sie sich wieder an die Arbeit machen und ihr Kichern noch ausgelassener wird. Ich verabschiede mich brav und winke zum Abschied, worauf die Eine oder Andere mutig, aber verhalten den Gruß erwidert.

Ich bin mir darüber klar, dass bei Anwesenheit eines männlichen Arbeiters eine solche Kommunikation nicht zustande gekommen wäre.

Trotz der Hitze und ohne Wasser und Essen arbeiten sie den ganzen Tag und wir stellten später Mutmaßungen an, wie oft sie wohl Kreislaufprobleme im Laufe des Tages haben würden, aber vielleicht täuschten wir uns dabei auch.

Unser Weg führte weiter durch grüne Landschaften mit viel Ackerbau und ging ständig rauf und runter, was bei den Temperaturen viel Kraft kostete. Mir fiel auf, dass Manni immer häufiger zurückfiel und ich schließlich mehrmals anhalten musste um auf ihn zu warten.

Auf meine Frage, ob wir eine Pause machen sollten, entgegnete er mir, dass er lediglich seine Kräfte einteilen wollte, was ich ihm nicht mehr abkaufen konnte, denn mittlerweile fuhren wir ein Tempo, bei dem ich nicht einmal mehr einen Hunderterpuls hatte.

Ein wenig später hielten wir unter einem kleinen Baum an, der uns etwas Schatten spendete.

Manni war völlig unterzuckert, wollte es aber irgendwie nicht zugeben. Während ich mir zwischendurch immer mal einen Müsliriegel gegönnt hatte, war es bei Manni bei Bananen und trockenem Brot geblieben. Ohne Frühstück war das einfach nicht genug bei dem Streckenprofil und den Bedingungen von Gegenwind und Hitze. Was Unterzuckerung bedeutet, hatte ich in der Vergangenheit auch schon häufiger zu spüren bekommen. Irgendwann geht nichts mehr und die kleinste Steigung wird zum Albtraum. Wir packten alles Essbare aus und „deckten mal wieder den Tisch". Es gab Datteln, Brot, Traubenzucker, Bananen und den letzten Rest Wasser, den wir noch gespart hatten, denn wir hatten bis dahin noch keine Möglichkeit gehabt irgendwo Nachschub zu kaufen. Die Landschaft wollte und wollte kein Ende nehmen und Häuser gab es keine.

Nach 25 Minuten war der Manni wiederhergestellt und sein Magen war dabei den Akku wieder aufzufüllen.

Wir lassen es nun ruhiger angehen, was letztlich auch daran liegt, dass die Straße immer schlechter wird. Wir kommen an Siedlungen vorbei, in denen die Landarbeiter ihr Zuhause haben. Ich beobachte eine zunehmende Verarmung je weiter wir kommen. Dabei sehe ich aber auch, dass immer mehr Menschen aller Altersgruppen uns zuwinken und teilweise lautstark grüßen, bis wir selber den Arm kaum noch senken können, da wir bemüht sind allen zurück zu grüßen.

Vor allem die Kinder kommen in Scharen angelaufen, sobald wir Anstalten machen anzuhalten. Würden wir tatsächlich anhalten, kämen wir kaum wieder von einer solchen Rasselbande los, sodass wir gezwungen sind jedes Mal winkend weiter zu fahren.

Immer mehr Müll, bis hin zu regelrechten Halden, die stinkend in der Sonne schmoren, taucht am Straßenrand auf und ich gewinne den Eindruck an Slums vorbei zu fahren.

Eine auf uns unwirklich wirkende Wahrheit zeigt sich in dem Moment, als wir drei- und vierjährige Kinder sehen, die auf einer qual-menden Müllhalde barfuß nach verwertbaren Dingen suchen und treibt uns eine gewisse Scham in die Glieder.

Solche Bilder kennt man sonst nur aus einer sicheren Distanz, nämlich aus dem Fernseher zu hause. Als ich die Kinder sehe und vorbeifahre, habe ich das Gefühl einen Streifen in Zeitlupe zu sehen, der sich tief ins Gehirn einbrennt. Den Anblick habe ich bis heute detailgenau vor Augen und wir konnten nur vorbeifahren!

Vielleicht 400 Meter weiter kommen wir bis auf ein paar Schritte an eine Autobahntankstelle heran. Aufgrund unserer desaströsen Versorgungssituation waren wir kurz entschlossen uns mit unseren Rädern durch die Botanik und über die Leitplanke bis hin zum Tankstellenrestaurant durchzuschlagen. Gesagt, getan und wir wechseln mit ein paar Schritten aus der dritten in die erste Welt zurück. Wir tauchen ein in eine klimatisierte Umgebung mit allem, was das Herz begehrt und kommen mit diesem Szenenwechsel irgendwie nicht klar.

Während wir uns diverse Leckereien und Cappuccino gönnen, hocken nur 400 Meter von hier die Kinder, die ich immer noch vor Augen habe, auf der qualmenden und stinkenden Müllhalde, sodass mir unser Imbiss hier fast im Hals stecken bleibt.

Manni und ich schauen uns an und schütteln fast zeitgleich den Kopf, weil die Situation so suspekt und gleichzeitig beschämend ist und sind beide ziemlich verunsichert mit ihr umzugehen. Ich frage Manni, ob es vertretbar ist hier eine Kleinigkeit für fast 13 Euro zu verzehren anstatt das Geld nur 400 Meter von hier zu verteilen, wo dieser Betrag ein kleines Vermögen ist.

Ein wenig ratlos verlassen wir die Raststätte und schließlich geht der Frust in ein kaum zu erklärendes Gelächter über, denn dieser kleine Schritt über diese kleine Leitplanke und dem was dahinterkam, war nach allem, was wir zuvor erlebt und gesehen hatten grotesk und wie ein kurzer Tagtraum, den wir einfach nicht wahrhaben wollten.

Wir fuhren weiter und erreichten einen kleinen Ort, na ja was man so Ort nennen kann. Er bestand eigentlich nur aus einer Ansammlung vieler Reparaturwerkstätten für die Landmaschinen, die in den Ländereien in der Umgebung im Einsatz waren. Ich glaube, dass er der hässlichste Ort überhaupt auf unserer gesamten Route gewesen ist.

Die Straße führte einmal lang hindurch und war derart schmal, dass zwei begegnende Autos bzw. LKW jedes Mal ein spektakuläres Manöver hinlegen mussten, da auch der Randbereich der

Straße sehr schmal war und dort jede Menge Menschen unterwegs waren.

Es war laut, schmutzig, der Boden war hochgradig ölverseucht, es stank nach Abgasen, die Menschen liefen hektisch umher, es wurde gehupt... und wir mitten drin!

Manni brachte es auch noch fertig sich einen langen Kunststofffaden ins Kettenwerk hinein zu flechten, sodass dieser erst einmal mit viel Aufwand wieder entfernt werden musste. Ich hielt das hintere Rad hoch und Manni zog langsam den verschmierten Faden heraus. Danach sah er aus, als wenn er selber hier den ganzen Tag Landmaschinen repariert hätte.

Zwei Männer in einer Werkstatt erbarmten sich Seiner und gaben ihm Waschpulver, womit er sich die Hände waschen konnte.

Nach dem wir Bananen, Kekse und Wasser gekauft hatten, sahen wir zu, dass wir dort schnell die Biege machten um dem Chaos endlich zu entkommen.

Nach kurzer Zeit erreichten wir einen Wald, wo wir Pause machten und abschalten konnten.

Ab hier erstreckten sich immer mehr Wälder in Richtung Süden und wir durchfuhren einen unserer schönsten Abschnitte und kamen mal wieder so richtig in Fotografierlaune.

Irgendwann kam mir ein LKW entgegen, der nicht einen Zentimeter auswich und stumpf auf mich zuhielt. Ich sprang gerade noch rechtzeitig von der Straße um in Zukunft nicht als Kühlerfigur dienen zu müssen. So etwas Dreistes habe ich Gott sei Dank kein zweites Mal erleben müssen. Hier war der Verkehr irgendwie anders und alle schienen es sehr eilig zu haben.

Jede Menge Taxen waren unterwegs. Dabei handelt es sich ausnahmslos immer um einen blau lackierten Mercedes 240D aus den achtziger Jahren. In Marokko gibt es davon zigtausende, die einfach nie verschrottet werden.
Plötzlich ballert ein Pickup an uns vorbei und hatte tatsächlich auf seiner winzigen Ladefläche zwei ausgewachsene Rinder in Fahrtrichtung stehen, die sich bei der Gelegenheit mal so richtig den Wind um die Ohren pfeifen ließen. Über den Anblick der völlig überdimensional wirkenden Tiere auf einem hoffnungslos überladenen Pickup, der mit voller Geschwindigkeit an uns vorbei rauschte, hatten wir uns köstlich amüsiert und noch lange gelacht. Hier war verkehrs- und transporttechnisch einfach nichts unmöglich.

Kurz vor Sonnenuntergang, wir nannten diesen Umstand immer „eine Punktlandung", erreichten wir die Stadt Kenitra, die uns erst einmal sanft in

Rauch einhüllte, der von einer Mülldeponie stammte. Aus sanft wurde heftig und ich hielt so lange es ging immer mal wieder die Luft an, wenn es zu arg wurde. Als wir Richtung Zentrum fuhren fanden wir schnell unser Hotel, für das wir uns zuvor mittels Reiseführer entschieden hatten.

Wir hatten einen Pool im Haus und gingen erst einmal schwimmen um die müden Glieder ein wenig zu lockern. Der Chlorgehalt war derart hoch, dass man Hemmungen hatte den Kopf unter zu tauchen. Es tat aber trotzdem richtig gut.

Zu essen gab es in einem Straßenrestaurant Spaghetti Pecheur und anschließend, was eigentlich gar nicht mehr erforderlich und viel zu viel gewesen war, ein halbes Hähnchen mit einer ordentlichen Portion Reis. Mit einem Espresso und ein paar Bierchen später im Garten unseres Hotels wurde alles begossen, und ein unglaublich ereignisreicher Tag mit unzähligen Eindrücken ging zu Ende. Wir hatten 7 Stunden und 40 Minuten im Sattel gesessen und rund 175 Kilometer abgespult bei nicht immer leichten Bedingungen und freuten uns nun auf unseren wohl verdienten Schlaf.

In Kenitra gab es keinen Trommler, der das Schlemmern beendete. Stattdessen wurden wir mitten in der Nacht mit Sirengeheul geschockt, der den Ramadan wieder ins Gedächtnis der Leute zurückbrachte. Außerdem plagte ich mich die halbe Nacht damit herum Mücken zu jagen, während Manni schlummerte und jedes Mal, wenn es mal wieder laut klatschte, irgendein wirres Zeug murmelte. Um 5:00 Uhr hatte der berühmteste Sänger der Stadt wieder seinen unvergleichlichen Auftritt und gab mir mal wieder den Rest.

Der Muezzin ist ja nun wirklich nicht wegzudenken, und ich glaube heute im Nachhinein, dass der Sangesknabe einfach dazu gehört hat. Er tauchte überall und immer wieder auf. Am Tag wie in der Nacht, an Orten, wo man es nicht für möglich hält, weil weit und breit keine Moschee zu sehen ist, in Radio und TV-Geschäften, wo er fast einen eigenen Kanal zu haben scheint bis hin zum Fahrstuhl. Ja genau, selbst im Fahrstuhl unseres Hotels lässt uns der Gute nicht in Ruhe. Wo du auch bist, er findet dich. So viel ist sicher, und es gibt garantiert kein Entkommen.

18.09.
Am frühen Morgen haben wir eine sehr an-genehme Ausfahrt aus der Stadt heraus auf einer guten und breiten Straße mit wenig Verkehr. Die Muselmänner, wie wir die älteren Marokkaner

zwischenzeitlich liebevoll nennen, müssen wohl erst einmal die lange Nacht verdauen und sich ganz langsam wieder auf das Fasten einstimmen. Vor Mittag kommen die zurzeit einfach nicht in die Gänge. Wir dagegen fahren auf allen Gängen in Richtung Rabatt, der Hauptstadt Marokkos, die deutlich kleiner als Marrakesch oder Casablanca ist.

Die wichtigen Orte der Stadt sind das Mausoleum von Mohamed dem Fünften und Hassan dem Zweiten, ehemaliger Könige des Landes. Von der Kashba (alte Königsstadt) aus haben wir einen Gesamtüberblick vom Hafen und fahren danach an der Küstenstraße weiter.

Hier sehen wir riesige Slums vor der Stadt, die einen traurigen Anblick bieten und ich versuche mir vorzustellen, wie es wohl sein muss dort zu leben, doch ich bin mir sicher, dass meine Vorstellungskraft wahrscheinlich nicht ausreichen wird.
Unmittelbar neben den Slums schießen große Wohnanlagen in luxuriösem Baustil aus dem Boden und flößen den Slumbewohnern Angst ein, denn es ist nur eine Frage der Zeit, wann sie den Wohlhabenden der Stadt das Feld überlassen müssen. Sie werden weiter nach hinten verdrängt werden, um dem Kapital den freien Blick auf den Atlantik zu überlassen. Wir

machen eine Pause und genießen auch den Blick in die Ferne von der ca. 25 Meter hohen Steilküste. Unerwarteter Weise ist hier die ansonsten steinige Küste üppig begrünt.

Wir stellen fest, dass der Grund hierfür in der Einleitung ungeklärter Abwässer liegt, die direkt aus den Slums in das Meer hinunterfließen. Kläranlagen haben wir übrigens nirgendwo gesehen. Vielleicht gibt es welche in Casablanca, denn die Abwässer von über 4,5 Millionen Menschen in das Meer zu leiten sprengt meine Vorstellungskraft und ich denke lieber nicht länger darüber nach.

Es geht weiter und plötzlich wird es auffällig vornehm und gepflegt auf unserer weiteren Route. Wir nähern uns dem Palais Royal des Königs. Da, wo der König residiert, sieht man keine Armut und es wird ein unglaublicher Aufwand für ihn betrieben, der Millionen verschlingt.

Dafür, dass er eventuell sich einmal die Zeit nimmt an die See zu fahren, wird hier ein Küstenabschnitt von ca. 2 Kilometern beschlagnahmt, der vom Anfang bis zum Ende in einen Garten Eden verwandelt wurde. Alles ist ummauert und von Wachen gesichert, ob der Mann nun da ist oder nicht.

Ich denke an die Slums, die wir nur wenige Kilometer zuvor gesehen hatten und bin fassungslos.

Wir versuchten irgendwann einen Abstecher direkt an das Meer zu unternehmen, was sich als sehr schwierig erwies, denn fast lückenlos säumten die Hotel- und Clubanlagen den Strand. Wir fragten einen ca. 13-jährigen Jungen, ob er uns zum Strand führen könne, was er mit Entschlossenheit und ein wenig Stolz auch tat. Auf einem Weg durch Häuser hindurch, den wir unter Garantie niemals gefunden hätten, gelangten wir dank seiner Hilfe direkt an den völlig verlassenen Strand. Die Saison war offensichtlich schon zu Ende und wir waren die einzigen Badegäste.

Während Manni badete, wartete ich bei den Rädern, denn der kleine Knirps, der uns hierhergeführt hatte, nahm es nicht so genau mit dem Eigentum fremder Leute und kramte ständig in unseren Sachen herum, wobei er sich sehr wissbegierig zeigte. Dabei deutete er immer wieder an, dass ich doch auch eine Runde schwimmen gehen sollte um mich ein wenig zu erfrischen, während er schon wieder ein neues Objekt bestaunte. Unsere Kameras, Portmonees und die Fahrradcomputer samt meinem Pulsmesser waren die großen Favoriten.

Als ich mit Baden an der Reihe war, hatte Manni unseren Plagegeist am Hals und alle Hände voll zu tun. Schließlich machten wir ein gemeinsames Foto mit ihm und beteiligten ihn an unserer Mahlzeit, denn wir hatten zuvor viele Kilometer gerissen und der Magen machte Meldung.

Es geht weiter und wir durchfahren lange Waldgebiete, die direkt an der Küste liegen. Am Straßenrand stehen viele Kinder, die Schrimps in Plastiktüten verkaufen um das Familieneinkommen ein wenig aufzubessern. Für diese Delikatessen werden diejenigen, die mit ihren Autos anhalten sicher nur einen Hungerlohn zahlen, denn das Angebot an der Straße ist nicht gerade knapp. Manchmal stehen 10-15 Kinder auf 100 Metern, die uns teilweise zurufen und verkaufen wollen, aber sicher auch einsehen, dass wir in unserer Situation damit nichts anfangen können.

Etwas später ertappen wir uns mal wieder selber, als wir feststellen, dass wir in einem Strandcafé für 12 Euro, 2 Cappuccino und 2 kleine Kugeln Eis verdrückt hatten. Für die Kinder an der Straße ein richtiges Vermögen!

Casablanca wir kommen!!! Schon auf ca. 25 Kilometer Entfernung sieht man das Minarett der Moschee Hassan II. Diese 25 Kilometer dauern ewig, da das Minarett nicht wirklich näherkommt. Will heißen, dass man zu keinem Zeitpunkt weiß, wie weit es denn nun wirklich noch ist und so etwas kann nerven. Die Moschee ist die drittgrößte der Welt und wurde 1993 fertig gestellt. Damit bekam Casablanca sein Wahrzeichen, das der Stadt bis dahin wohl gefehlt hatte.

Dieser Monumentalbau fasst 25.000 Gläubige und noch einmal 80.000 auf den Höfen. Durch einen teilweise gläsernen Boden sieht man den Atlantik unter der Moschee an die Felsen donnern, was einem sicher allein schon Ehrfurcht einflößt. Wenn dann noch der Muezzin seinen Teil dazu beiträgt, gibt einem das sicherlich den Rest.

Ansonsten ist Casablanca grottenhässlich und viel zu groß und hält in Marokko sicher den Rekord im Luftverpesten. Stellenweise wäre eine Gasmaske ernsthaft in Erwägung zu ziehen gewesen.

Wir sind auf der Suche nach einem Hotel und die Preise, die man uns nennt, ziehen einem die Schuhe aus. Erste Anfrage umgerechnet ca. 150 Euro, zweite Anfrage immerhin schon 250 Euro, ohne Frühstück... versteht sich.

Ein Hotelangestellter fragt mich, als ich das Hotel wieder verlasse, wie es mir denn gefiele und ob wir über Nacht bleiben wollten. Ich erkläre ihm, dass wir uns einen solchen Preis nicht leisten können, worauf er Erbarmen mit uns armen Leuten aus Deutschland hat und uns ein

Appartement gegenüber für 65 Euro vermieten will. 2 Zimmer Küche Bad mit Terrasse.

Der Mann kennt unsere Bedürfnisse und ist unser Partner! Eine Art Hausverwalterin lässt uns hinein und führt uns durch die mit Marmor ausgelegten Flure bis hin zum Fahrstuhl. Sie zeigt uns eine perfekt eingerichtete Wohnung mit allem Drum und Dran und wir schlagen natürlich zu. Gemäß dem Motto „nur Bares ist Wahres" wird auch sofort kassiert und wir erhalten unsere Schlüssel.

Nach der Dusche ging es mit dem Taxi in ein anders Stadtviertel. Taxifahrer in Casablanca sind eine Spezies für sich. Sie fahren zu tausenden hupend durch die Stadt und sind daher schnell zu haben. Auf jeden Fall sollte man sich vorher bei anderen Leuten nach dem realistischen Preis für die Fahrt erkundigen, was ich auch getan hatte. Kaum saßen wir im Auto, ging die Feilscherei auch schon los. Es sei ja schon etwas spät am Abend und der Ramadan macht das Leben auch nicht gerade einfacher und die Benzinpreise klettern und klettern. Der Fahrer merkte bald, dass er mich nicht übers Ohr hauen konnte und wir einigten uns schließlich.

Sein Auto war, wie alle anderen Taxis auch, in einem traurigen Zustand. Von den Seitenspiegeln war nur noch der rechte da und der wurde mit viel Klebeband zusammengehalten. Alle

Stoßdämpfer hatten den Wirkungsgrad 0 % erreicht und sämtliche elektronischen Anzeigen hatten ihren Geist aufgegeben. Die vielen Beulen außen will ich erst gar nicht erwähnen.

Es wird rechts überholt, Fußgänger werden völlig ignoriert und Sieger ist immer der, der am kaltschnäuzigsten ist. Unser Fahrer hatte den Bogen wirklich raus und wusste, wie man über die Ziellinie fährt, während ich, was sonst gar nicht meine Art ist, händeringend nach dem Sicherheitsgurt suchte. Es gab jedoch einen solchen nicht und die Fahrt war so gesehen etwas ganz Besonderes. Autoskooter fahren im wirklichen Straßenverkehr, das hatte ich noch nicht in meiner Sammlung.

Endlich waren wir angekommen und der Spuk hatte ein Ende. Unser Mann zog nun die letzten Register aus seiner Trickkiste, denn als ich ihm das Geld gab, erklärt er mir, dass er eigentlich so gar kein Wechselgeld dabeihat. Damit ließ ich ihn natürlich nicht durch und schließlich einigten wir uns erneut auf die Hälfte des Wechselgeldbetrages. Er dankte mir und Allah für sein weiteres finanzielles Überleben und tauchte mit seiner Schrottschleuder schließlich so, wie er gekommen war, wieder im Durcheinander des abendlichen Chaos unter. Was für eine Fahrt!

Ich stehe am Geldautomaten um uns wieder zahlungsfähig zu machen, doch es will nicht klappen. Ich versuche es erneut an einem Automaten mit deutscher Sprachführung und sehe nur noch mit Ehrfurcht zu, wie meine Karte eingezogen wird, da die PIN offensichtlich falsch war. Ich Dämel hatte tatsächlich in Gedanken dreimal eine andere Nummer eingegeben, die mit meiner EC-Karte nun wirklich gar nichts zu tun hatte.

EC-Karteneinzug in Casablanca nachts um halb zehn, und mir steht der kalte Schweiß auf der Stirn. Ich sehe mir hastig das Gebäude an, an dem der Automat montiert ist um abzuwägen, ob es sich um eine seriöse Immobilie handelt. Auch der Automat selber wird nun genau in Augenschein genommen, während Manni sich einen ablacht und mir erklärt, dass ich einfach zu blöd war Geld abzuholen, womit er schlicht und einfach Recht hatte.

Hastig frickel ich an meinem Handy herum um umgehend die Karte in Deutschland sperren zu lassen. Dafür hatte Martin vorgesorgt und schon zu Hause die Nummer abgespeichert.

Nun aber hat sich die ganze Welt gegen mich verschworen, dachte ich, als ich feststellen muss, dass der Akku meines Handys sich gerade verabschiedet. Der Schweiß auf meiner Stirn nimmt nicht nur zu, sondern wird auch kälter und ich habe mein Pfefferspray bereits im

Anschlag. Hier braut sich etwas zusammen, geht mir durch den Kopf und ich bin mir sicher, dass das ganz offensichtlich nicht meine Stunde ist. Ich versuche mit allen Mitteln mir einzureden, dass alles gar nicht weiter schlimm sei. Tatsächlich aber sehe ich schon hinter der Mauer, an der der Geldautomat montiert ist, irgend so einen Muselmann sitzen, der sich grinsend über meine Karte hermacht und mein Bankkonto in Deutschland plündert. Was für eine Vorstellung!

Die Nummer war gelaufen und Manni stellte sich etwas professioneller an als ich, sodass wir letztendlich doch noch zu unserm Abendessen kamen. Er vertrat die Ansicht, dass es zum guten Stil gehört auch mal ein „Ramadan-Menü" zu verputzen.

Die Beschreibung auf der Karte konnte mich definitiv nicht überzeugen, doch dieses Mal ließ ich mich breitschlagen und willigte mit skeptischer Miene ein. Nach dem zuvor Erlebten konnte mich eh nichts mehr aus der Bahn werfen.

Das Menü bestand aus einem undefinierbaren Eintopf, so etwas wie Linsen. Vielleicht waren ja auch welche drin, aber es war zumindest was Handfestes im Bauch. Danach kam fast nur noch unbrauchbares Zeug, das einfach nicht meinen Kalorienbedarf decken konnte. Jede Menge

Weißbrot, abgepackte Butter und abgepackte Marmelade und ein hart gekochtes Ei. Dazu abgepackter Orangensaft und abgepackte Kekse. Schließlich noch abgepackter Joghurt und wir packten in unserer Not zu, sodass nichts Abgepacktes mehr übrigblieb.

Günstig war es schon, aber wen wundert es? Manni gönnte sich danach zwei Biere, die alleine so viel kosteten wie unser ganzes Menü. So wurde mal wieder Kasse gemacht, denn die Getränkepreise standen natürlich nicht auf der Karte, und wer vorher nicht fragt zahlt anschließend in Marokko immer den doppelten Preis.

Die Rückfahrt mit dem Taxi unterschied sich in keiner Weise zur Hinfahrt. Alle Register wurden wieder gezogen bis hin zum Ramadanzuschlag, denn da sind die Leute nicht so leistungsstark wie sonst, musste ich mir sagen lassen. Auch diese Fahrt ging glimpflich aus und wir erreichten unser Hotel bzw. Apartmenthaus.

Wir waren beide todmüde und machten noch ein paar Tagesnotizen, bevor wir mit den Englein spielten....

Irgendwann in der Nacht wurde ich wach durch ein Geräusch wie: Ritscher- Ratsche....

Noch im Halbschlaf dämmerte ich wieder dahin, bis das Geräusch lauter wurde und sich lautstarkes Stöhnen daruntermischte.

Klarer Fall dachte ich, hier tobt sich noch jemand schnell aus, bevor der Muezzin wieder sein Unwesen treibt. Wie sich später noch herausstellen sollte lag ich mit meiner Vermutung in Sachen Muezzin gar nicht so schlecht.

Plötzlich hörte ich die gleichen Geräusche noch aus einer anderen Richtung und ich dachte, dass sich hier einfach noch jemand durch die Stöhnerei hat inspirieren lassen. Nun kamen eindeutig Signale aus einer dritten Richtung und die Frauen insbesondere, steigerten sich förmlich in einen regelrechten Wettstreit des Stöhnens hinein. Die Krönung schließlich war das vierte Pärchen über uns, denn die dortige Dame hatte garantiert ihr dreifaches Jodeldiplom mit Auszeichnung erworben.

Ich konnte kaum glauben, was sich in unserem Haus abspielte und wunderte mich nun gar nicht mehr über den Vorzugspreis für unser Luxusappartement. Manni hatte ja Vermutungen angestellt, dass hier wohl gelegentlich gut betuchte Geschäftsleute übernachten würden, die auf der Durchreise sein könnten. Mag alles stimmen, aber die kommen anscheinend immer in Begleitung stimmgewaltiger Damen vorbei. Mit anderen Worten, um uns herum ein Edelbordell und wir mal wieder mitten drin.

Nun aber der Knaller überhaupt! Während um uns herum das Leben tobte, setzte plötzlich unser allgegenwärtige Freund, der Muezzin, mit seinem Gekrächze ein. Er beginnt immer mit ganz lang gehaltenen Tönen, die er langsam nach oben zieht. Mich erinnert das dann immer an die Ansage in der Schwergewichtsklasse beim Boxen. Das hört sich fast genauso an, wenn der Sprecher die Namen der Boxer aufruft.

Kaum, dass der Muezzin nun mit seinem „Gesang" begonnen hatte, verstummte das noch eben allgegenwärtige Geräusch überschäumender Lebensfreude auf einen Schlag.

- Totenstille im ganzen Haus –

Hätte ich das nicht selber erlebt, …. ich würde die Geschichte garantiert niemandem abkaufen.

Aber es kommt ja noch viel besser!

Als der Muezzin dann endlich irgendwann Ruhe gab und ich mich auf meinen Schlaf freute, fing das Pärchen über unserem Zimmer an zu diskutieren, bis er sich ganz offensichtlich durchgesetzt hatte und es geschah das Unfassbare.

Freier und Prostituierte fingen an zu singen und priesen Allah in den höchsten Tönen, wofür auch immer. Ich dachte nur…. in Deutschland undenkbar.

Nach zehn Minuten war alles vorbei und über unser Haus brach die Nacht herein. Ich dachte noch darüber nach, ob......... Der Schlaf war stärker als meine Gedanken.

Am nächsten Morgen fragte ich Manni, ob er denn nichts gehört habe. Er fing an zu grinsen und sagte: „Ach du meinst die eine Frau, die so gestöhnt hat?"   Eine!!!??

Ich glaube, dass Manni sich damals nur dumm gestellt hat, obwohl... er wirklich einen viel tieferen Schlaf als ich hat. Vielleicht hat er ja tatsächlich nicht mehr mitbekommen.

19.09.

Mal wieder ohne Frühstück fuhren wir in der Morgendämmerung los in Richtung Bahnhof um von dort aus mit dem Zug nach Marrakesch zu gelangen, denn unser Zeitplan zwang uns dazu und auch die Verdauung trieb so ihre Spielchen mit uns. Ein Tag Pause würde uns guttun.

Es stellte sich heraus, dass der einzige Zug, der auch Fahrräder mitnehmen durfte, morgens um 3:30 Uhr abgefahren war, als bei uns im Hause der Boden bebte. So suchten wir einen Busunternehmer auf, der uns nach Marrakesch fahren würde. Bis 11:00 Uhr mussten wir warten und hatten nun fast drei Stunden Zeit.

Auf einer Straße sehe ich zufällig, wie ein Esel, der vor seinen Karren gespannt ist, zusammenbricht und aus eigener Kraft nicht wieder aufstehen kann. Er liegt nun vor seinem Karren auf dem Boden und wird zusätzlich von der Deichsel, an die er festgebunden ist, zu Boden gedrückt.

Dem Jungen, der das Gespann gelenkt hatte, ich schätze ihn mal auf ca. 12 Jahre, fällt nichts Besseres ein, als auf den Esel einzuschlagen. Zuerst verteilt er Schläge mit einem Stock auf den Rücken, danach schließlich auf den Kopf und auch direkt in das Gesicht. Immer dann, wenn die Schläge sehr hart sind, versucht der Esel sich wiederaufzurichten, sackt aber bald wieder zusammen und liegt erneut am Boden.

Während all das passiert fahren Autos vor-bei, die dem Esel mit ihren blauen Abgasfontänen den Rest geben. Der Junge drischt und drischt immer wieder und immer härter auf das Tier ein, das schließlich willenlos auf dem Asphalt liegen bleibt und sich seinem Schicksal ergibt. Würde ich so etwas in Deutschland erleben, wäre ich garantiert längst dazwischen gegangen. Hier aber im tiefen Marokko, mitten in der Millionenmetropole mit ihren eigenen Regeln, stehe ich wie gelähmt und beobachte die Szene aus der Entfernung.

Ein paar Männer kommen endlich zu Hilfe und es sieht so aus, als würden sie dem Jungen Einhalt gebieten. Sie fordern ihn auf mit dem Schlagen aufzuhören und fassen gemeinsam an um den

Esel wieder auf die Beine zu bringen. Es klappt tatsächlich und die Fahrt wird unverzüglich fortgesetzt, indem der Junge erst einmal ordentlich auf den Esel einschlägt, der daraufhin los hetzt ohne sich auch nur ein paar Sekunden sammeln zu können.

Manni und ich schüttelten nur den Kopf, als alles vorbei war und fragten uns, ob die Menschen hier überhaupt einen Bezug zu Tieren haben und wenn ja, welchen?

Wir brauchten nun ein Fleckchen Erde mitten in dieser Stadt, wo man es für 3 Stunden aushalten konnte, denn die Abgase waren so extrem, dass es für uns schier unerträglich geworden wäre. Wir sahen einen kleinen Grünstreifen, der sich aber genau an der sechsspurigen Hauptstraße befand, und auch dort war der Lärm und der Gestank kaum auszuhalten. Trotzdem lagen dort mehrere Menschen direkt an der Straße im Gras und dösten vor sich hin. Ich fragte mich nur, wie man sich so etwas freiwillig antun kann.

Wir entdeckten auf der anderen Straßenseite ein großes Friedhofsgelände, das es aber erst einmal zu erreichen galt. Wir entschlossen uns zu einer nicht gerade ungefährlichen Straßenüberquerung mit Hilfe eines Mannes, der aber auch resignierend auf eine Lücke wartete.

Schließlich wagten wir uns geschlossen ein wenig vor und einige Autos nahmen ihr Tempo zurück, worauf wir wie im Tiefflug über die Straße preschten und nur knapp dem Tod entkommen waren.

Am Friedhofseingang angekommen kehrte Ruhe ein und wir verbrachten dort unsere Zeit, indem wir die Menschen beobachteten, die hier vorbeikamen. Alte Muselmänner, die nichts zu tun haben und hier ihre Zeit absitzen, bis sie eines Tages hierhergetragen werden.

Eine Stippvisite auf dem Friedhof selbst konnten wir nur im Wechsel machen, damit unsere Sachen nicht ohne Aufsicht waren. Vom Friedhofswärter ließ ich mir aufgrund meiner Frage erklären, dass ein Grab niemals eingeebnet wird und bis zum jüngsten Tag unangetastet bleibt.

Endlich war die Zeit des Wartens vorbei und es ging los. Obwohl wir längst ein Ticket hatten und allen in der Reiseagentur durchaus bekannt war, dass unsere Räder zum Gepäck dazugehörten, wollte man mal wieder abzocken und noch einmal abkassieren, so wie wir das bereits gewöhnt waren. Abgebrüht wie wir mittlerweile waren, ließen wir uns auf keine Diskussion ein und sorgten dafür, dass die Räder eingeladen wurden und bestiegen den Bus. Die Forderung nach mehr Geld verpuffte ins Leere und man war einigermaßen erstaunt über unsere

Selbstsicherheit und Konsequenz. Die Angelegenheit war damit für alle Beteiligten erledigt. Wir fühlten uns richtig gut!

Fast die ganze Strecke fuhren wir auf der Autobahn durch eine immer trockener werdende Landschaft. Wir kamen an Miniorten vorbei, wo ich nicht hätte tot überm Zaun hängen wollen, so einsam und abgeschnitten von der Außenwelt war es dort. Riesige steinige Felder erstreckten sich bis zum Horizont und malten die Landschaft eintönig braun. Um diese Jahreszeit wuchs hier nichts mehr und man kann sich kaum vorstellen, dass es hier im Frühjahr saftig grün sein wird.

Die Fahrt verlief sehr angenehm und wir waren nach gut drei Stunden am Ziel. Vor uns lag unser zweites richtiges Highlight nach der Überfahrt mit dem Schiff, Marrakesch.
Ich erwartete hier so etwas wie aus „Tausend und einer Nacht" und „Aladins Wunderlampe", Bauchtänzerinnen und Schlangenbeschwörer, Geschichtenerzähler und viel arabische Musik in einer orientalischen, mit bunten Mosaiken geschmückten Stadt. Marrakesch war ein Name, der meinen Pulsschlag stets schneller werden ließ und ich war unglaublich gespannt auf das, was wir hier alles erleben und sehen würden.

Nach anfänglichen Orientierungsproblemen finden wir ins Zentrum hinein und erreichen den Mittelpunkt der Stadt, einen Platz namens Djemaa el-Fna. Das orientalische Flair der Stadt leidet mächtig unter dem Verkehr, der zu 80 % aus Mopeds, 10 % Fahrrädern und 10 % Autos besteht. Was sich hier abspielt übertrifft noch bei Weitem das Leben in Tanger. Hier schlägt der eigentliche Puls Marokkos. Ein buntes Treiben bis hinein in die kleinsten Gassen. Man braucht nur stehen zu bleiben und zuzusehen und es kommt garantiert keine Langeweile auf.

In dem Durcheinander haben wir echte Probleme das Hotel zu finden, für das wir uns entschieden hatten, wofür auch all die guten Ratgeber auf der Straße verantwortlich sind, die uns immer wieder in unterschiedliche Richtungen schicken, was wir ja auch schon aus anderen Ländern kennen. Wir erhalten mit viel Glück das letzte freie Zimmer im Assil. Auch hier ist alles im orientalischen Stil und wir fühlen uns auf Anhieb wohl.

Eine kurze Dusche und schon geht es los zur Djemaa el-Fna. Hier wird es langsam immer voller und viele Straßenrestaurants in Form von kleinen Ständen mitten auf dem Platz und Orangensaftverkäufer, bereiten sich hier auf die Zeit ab Sonnenuntergang vor, denn dann geht hier im wahrsten Sinne des Wortes die Post ab. Es darf wieder gegessen und getrunken werden.

Bis dahin vertreiben wir uns die Zeit, indem wir einfach über den Platz schlendern, während uns tausende von Eindrücken regelrecht erschlagen. Manni wird Opfer eines Affendompteurs, der ihn zu sich heranholt und ihn in seine Show mit einbindet. Der Affe macht seine Kunststücke, während er auf Mannis Schulter hockt und sich lässig auf seinem Kopf abstützt. Die Leute belustigt es, und Manni spielt seine Rolle wirklich gut. Die beiden taten so als seien sie alte Kumpel. Woran das bloß liegt?

Es ist kurz vor halb sieben und die Sonne geht jeden Moment unter. Es ist, als läge ein Countdown in der Luft und die Männer an ihren Ständen werden immer hektischer und nervöser, denn nun geht es darum möglichst schnell seine Tische mit Touristen zu besetzen, denn bei denen wird das Geld verdient.

Alle umwerben uns mit einer Freundlichkeit, als seien wir der Maharadscha höchst persönlich. Irgendwann schlagen wir zu und setzen uns an einen der Tische. Wir bestellen und erhalten jede erdenkliche Aufmerksamkeit. Sobald das Essen auf dem Tisch steht, ist man jedoch Luft für den „Kellner", der nur noch Augen für seinen nächsten Geldbringer hat. Will man etwas nachbestellen oder um Salz bitten, keine Chance.

Man wird schlicht und einfach ignoriert. Irgendwann reicht es mir und ich verweise lautstark auf unsere Anwesenheit und unseren Wunsch, der fast ein wenig genervt zur Kenntnis genommen wird.

Typisch Marokko! Zumindest da wo viele Touristen sind. Ansonsten haben wir die Marokkaner immer als höflich und liebenswert kennen gelernt, aber an Orten wie diesem zählt nur eines, das Geld. Um da heran zu kommen ist den Leuten hier alles recht, selbst auf die Gefahr hin sich einen schlechten Ruf bei den Touris zu holen. Kommt man zum Beispiel an einer Gruppe von Musikern vorbei, darf man im Prinzip nicht stehen bleiben, weil man sofort attackiert wird mit der Forderung für das so genannte Spektakel zu bezahlen und das meistens nicht nur einmal.

Viele gehen dann sofort weiter, weil ihnen das unangenehm ist. Würde man in Ruhe ein wenig verweilen können, würden die Touristen nicht nur bezahlen, sondern das vielleicht auch mit entsprechender Großzügigkeit, weil man gut unterhalten wurde. Das verstehen die Menschen hier nicht, weil sie die Mentalität der Touristen nicht respektieren, sondern, ich wage einmal die Aussage, sie in Wirklichkeit verachten und auf die Geldbringer reduzieren, die so blöd sind, dass sie sich ständig über den Tisch ziehen lassen.

Wer das mit sich machen lässt, ist in den arabischen Ländern ein Schwächling und wird gesellschaftlich nicht akzeptiert. Das ist auch der Grund, warum beim Handel um irgendwelche Waren immer bis zum Letzten gefeilscht wird. So bewahren sich beide Handelspartner den gegenseitigen Respekt.

Durch die vorgenannten Gründe wird es an unserem Tisch immer lauter, weil das Werben um neue „Opfer" immer stimmgewaltiger wird und wir ziehen es vor einen Orts-wechsel zu machen.

Einen frisch gepressten Orangensaft darf man sich hier auf gar keinen Fall entgehen lassen. Er ist so köstlich, dass man einfach nicht genug davon bekommen kann und das sagt jemand, der sonst nicht all zu viel auf Orangensaft gibt. Ein halber Liter kostet gerade mal 7 Dirham, umgerechnet ca. 65 Cent, und er ist wirklich jeden Cent wert. Wer nicht aufpasst, zahlt auch locker das Dreifache.

Nun sehen wir uns um, was sonst noch alles so geboten wird und durchstreifen eine bunte Welt des Orients. All das, was ich erwartet hatte fand ich weitestgehend auch vor. Die vielen Händler, Schausteller und Schlangenbeschwörer, Trommler und Geschichtenerzähler, Glückverkäufer und natürlich eine Vielzahl von

Gruppen, die arabische Musik spielten. Es war einfach unglaublich und alle Eindrücke hier wiederzugeben ist einfach nicht möglich. Hinzufahren und Marrakesch zu erleben, ist die einzige Möglichkeit sich selber eine Vorstellung zu machen.

Später sitzen wir in einem Straßencafé und versinken noch einmal in Gedanken, während wir das Leben an diesem Ort bestaunen. Kutschen die man mieten kann fahren an uns vorbei und auf dem Platz tobt das Leben in einem Meer von weißen Glühlampen, von denen an jedem Stand welche angebracht sind. Sie geben diesem Ort den eigentlichen Glanz.

Wir verbringen noch ein wenig Zeit mit der Planung der nächsten Tage, denn in genau drei Tagen müssen wir am Flughafen in Agadir sein. Dabei führt unser Weg über den Hohen Atlas, den wir mit Bergen jenseits der 4000 Meter als echte Herausforderung sehen und auf keinen Fall unterschätzen dürfen. Sind wir erst einmal mitten in den Bergen unterwegs und es sollte etwas schiefgehen, muss man einfach damit rechnen es nicht mehr rechtzeitig zum Flughafen zu schaffen. Ich denke lieber erst gar nicht darüber nach, denn wenn man das tut und Zweifel bekommt, fährt man erst gar nicht los und wir wären mit Sicherheit auch nicht mit dem Fahrrad in Marokko unterwegs.

Trotzdem plagten uns Zweifel, ob wir uns da nicht ein wenig überschätzten. Für mich war dieser Abschnitt aber das dritte große Highlight unserer diesjährigen Tour und Manni sah das genauso.
Es war schließlich eine Entscheidung aus dem Bauch heraus und der Hohe Atlas sollte nur kommen. Ohne hier über die Pässe gefahren zu sein wäre nur das halbe Abenteuer gewesen und diese Erkenntnis war die treibende Kraft, die bei uns schließlich auch die letzten Zweifel auslöschte.
An dieser Stelle muss ich, wie in jedem Jahr, auf unseren epochalen 59 er Jahrgang verweisen. Allein das ist schon Verpflichtung genug hier keine halben Sachen abzuliefern.

20.09.
Regen in Marrakesch bei 22 Grad und zum ersten Mal fiel unser alter Spruch.
„Wenn wir das Zuhause im Club erzählen, glaubt uns das garantiert keiner!"

Satte 33-36 Grad war die Prognose für Marrakesch um diese Jahreszeit und genau das war der Grund, weshalb wir uns immer etwas

Skepsis bewahrten, denn bei solchen Temperaturen in „der Wand zu hängen" ist schon ein echtes Abenteuer und grenzt an Selbstzerstörung.

Unsere Entscheidung stand, Regen hin oder her, wir machten uns auf den Weg in Richtung Atlasgebirge und waren sicher, dass Allah uns schon helfen würde.

40 Kilometer ging es permanent leicht bergauf mit stetigem Gegenwind, der uns den Regen in die Augen trieb. Die Straße hatte einen grauenvollen Belag und ging immer nur gerade aus ohne ein wenig Abwechslung zu bieten.

Genau an dieser Stelle kam bei mir wieder die Frage auf, was ich hier eigentlich mache und für wen eigentlich die ganze Quälerei? Wie kann man so blöd sein, sich all das freiwillig anzutun? Weitergetrieben wurde ich jedoch von der Erkenntnis früherer Touren, dass solche Situationen immer nur eine Momentaufnahme sind und sich das Blatt oft sehr schnell zum Positiven wenden kann.

Tatsächlich rissen die Wolken wie von Geisterhand befohlen auf, als wir die ersten Berge erreichten. Der Regen hörte auf und vor uns öffnete sich eine traumhafte Berglandschaft mit kahlen Hängen und grünen Tälern. Schwärmerei, Jubel und Euphorie kamen auf und wir waren wieder „voll da"! Die Steigungen sollten nur kommen, wir würden uns schon nicht klein kriegen lassen. Mit dieser Einstellung tauchten wir in den Atlas ein und das Abenteuer konnte beginnen. Falleraaa!!!

Wir durchfahren die ersten kleinen Orte und werden überall von den Einheimischen begrüßt. Wir unterhalten uns auch mit Kindern auf der Straße, die auf dem Weg zur Schule sind, denn sie sind neugierig auf unsere Räder und betrachten uns wie Exoten. Ab und zu lassen wir dann schon einmal etwas aus unserem Süßigkeiten-Arsenal springen und ihre Augen werden zu großen dunklen Kullerbällen.

Die Felsen haben hier eine rötliche Färbung, die durch die Feuchtigkeit, die noch auf den Hängen liegt, sehr intensiv ist. Es geht immer weiter bergauf und die Gegend wird deutlich einsamer und wenn man anhält und die Ohren spitzt auch immer leiser.
Ich genieße diese Einsamkeit und denke daran zurück, wo wir uns noch vor
12 Stunden aufgehalten hatten und was man in einer Woche alles erleben kann.
Der absolute Wahnsinn.
Irgendwann erreichten wir einen Ort und kauften auf dem Straßenmarkt Wasser, Bananen, Brot und eine Honigmelone ein, um ringt von einer Traube Menschen. Sie waren teilweise nur

neugierig, andere jedoch waren mit der gleichen Penetranz wie ihre Kollegen in Marrakesch ausgestattet und versuchten uns in ein Verkaufsgespräch zu verwickeln. Sie rückten uns dabei derart auf die Pelle, dass es für mich in Stress ausartete und ich Manni Zeichen gab, er möge sich ein wenig mit dem Einkauf beeilen, während ich genug damit zu tun hatte unsere Räder im Auge zu behalten.

Wir entkommen nur knapp und genießen wieder die Stille um uns herum, als wir eine kleine Bergkuppe passieren. An einer Brücke, die an den Seiten durch eine Mauer begrenzt ist halten wir an und Manni deckt auf einer der Mauern mal wieder den Tisch. Wir legen dann immer alles Essbare bis hin zu unseren Dopingmitteln (Vitamine, Magnesium, Traubenzucker, Powerriegel) dekorativ zusammen und machen davon ein Foto, bevor dann „das große Fressen" beginnen kann.
Ich mache noch ein Selbstauslöserfoto um unsere gute Stimmung festzuhalten und schwärme Manni während des Festmahls vor, wie hervorragend sich meine neuen Reifen bewähren. Sie sind rundum verstärkt und kommen mit weniger Luftdruck (6 bar) aus, weil sie eine kleine Gummierhöhung auf der Lauffläche haben, und deshalb der Reifen nicht durch den geringeren Luftdruck zu breit aufliegt.

Er ist durch den geringeren Druck weicher bei Unebenheiten und somit viel komfortabler.

Radlergespräche..........

Wir haben im weiteren Verlauf unserer Fahrt das Glück, immer dann Schatten zu haben, wenn es bergauf geht. Bei den Abfahrten schaut dann die Sonne heraus und gibt uns ein Gespür dafür, was uns unter normalen Witterungsverhältnissen hier blühen würde. Dazu weht teilweise ein kräftiger Gegenwind. Nun packt uns auch mehr und mehr die Lust zu fotografieren, sodass wir nicht gerade viele Kilometer machen und am Ende wieder unsere so genannte „Punktlandung" (Eintreffen bei Sonnenuntergang) hinlegen.

Je weiter wir in den Atlas hineinfahren, desto spektakulärer die Ausblicke und einsamer die Gegend. Sich dann auch noch zu vergegenwärtigen, dass wir nur knapp von den westlichen Ausläufern der Sahara entfernt sind, gibt einem erst recht den Kick und das Bewusstsein, wo wir uns hier eigentlich befinden.

Wir peitschen uns mal wieder verbal in eine Euphorie hinein, wie wir es oft und gerne tun, wenn alles passt und ein Spruch jagt den anderen, auch in Bezug auf unsere Leistung, bis wir uns wie Helden fühlen. Das macht immer gute Laune und spornt an.

Unterstützt werden wir dabei oft von Kindern, die am Straßenrand stehen und uns zujubeln, als hielte die Tour de France gerade Einfahrt in ihren Ort. Ich strecke dann immer meine Hand aus, und alle die gut genug zielen können klatschen sie ab und werden diese Begegnung wohl Zuhause zum abendlichen Thema machen, denn sonst wird hier nicht allzu viel passieren. Auch die Erwachsenen grüßen uns fast alle und winken freundlich.

Unsere so genannte Punktlandung fand in einem kleinen Berberdorf statt mit ca. 200 Einwohnern. Es war kurz vor Sonnenunter-gang und wir kamen deshalb natürlich zu einem denkbar ungünstigen Zeitpunkt. Als wir den Ort in Augenschein genommen hatten war klar, dass unsere Unterkunft etwas ganz Besonderes sein würde. Bei jedem Haus, wo wir nach einem Hotel fragten, bekamen wir zur Antwort, dass wir genau richtig seien und man Zimmer vermieten würde.

Bei einem Anbieter hatte ich mir dann auch die Örtlichkeiten ansehen wollen, und ein kleines Mädchen führte mich hinter das Haus. Es ging irgendwie in Richtung Keller und spätestens als ich an Schweineställen vorbeikam, war für mich klar, dass ich hier unter Garantie nicht die Augen schließen würde, es könnte das letzte Mal gewesen sein. Nur ein einziges Haus hatte ein kleines schmutziges und unbeleuchtetes Transparent mit der Aufschrift „Hotel".

Wir stehen da und überlegen uns, was zu tun ist, obwohl wir beide genau wissen, dass wir gar keine Alternativen haben.

Ich sehe mir das Zimmer in unserem vermeintlichen Hotel an, in dem 3 alte Stahlbetten stehen, die offensichtlich aus der vorletzten Jahrhundertwende stammen. Auf ihnen liegen alte Matratzen, die lediglich mit Gras oder Stroh gestopft sind und wohl noch nie irgendwie gereinigt oder gar neu bezogen worden sind. Zwei, drei alte Decken, die ähnliche Zeiten wie die Matratzen hinter sich haben, liegen in einer Ecke herum. Der ganze Raum ist vielleicht 3,50 x 2 Meter groß und wirkt wie ein ehemaliger Stall, da er zwei Stufen niedriger liegt als der Rest der Etage.

Ein Waschbecken und eine Stehtoilette finde ich auf dem Flur.

Ich komme nach draußen und sehe Manni tief in die Augen. Mit einem Grinsen steht er da und erwartet meinen Katastrophenbericht. Wir stufen unsere Unterkünfte immer von 5-Sterne bis −5 Sterne ein.

Eine −1 oder −2 Bewertung hatte es schon mal früher gegeben. Gemessen an den damaligen Zimmern überlege ich mir, dass ich hier wohl in neue Dimensionen vorstoßen muss. Ich sage Manni: „Da müssen wir jetzt wohl durch. Halte dich fest, das Zimmer liegt im −4 bis −5 Sternebereich." Die −4 sollte ihm noch ein wenig Hoffnung geben. Manni antwortete nur kurz entschlossen: „Na gut dann bleiben wir hier, was Anderes bleibt uns sowieso nicht übrig."

Wir wuschen uns ein wenig am Waschbecken, damit wir wenigstens das Gefühl hatten nicht völlig zu verwildern und bestellten unser Abendessen bei unserem Hotelier. Er war schätzungsweise 55 Jahre alt, sah aber aus wie 70. Ein großer stattlicher Muselmann mit breiten Schultern und auffällig langen Fingern. Seine buschigen Augenbrauen gingen immer auf und ab, wenn er sprach und irgendwie mochte ich das an ihm. Er versuchte sehr professionell zu wirken, sah dabei aber eher ein wenig hilflos aus. Was er uns genau kochen ließ, wussten wir nicht, nur, dass es wohl noch eine Stunde dauern würde war herauszuhören. Vielleicht muss erst noch ein armes Lämmlein dran glauben, ging mir durch den Kopf. Mein Magen knurrte. Draußen an der Straße standen zwei Metalltische und einige unbequeme Stühle herum. Wir setzten uns und mussten beide ein wenig über unsere derzeitige Situation lachen, erst recht, wenn wir an die uns bevorstehende Nacht dachten. Zu uns setzten sich noch zwei bis drei junge Männer, die wir zuvor bereits kennen gelernt hatten. Mit einem von ihnen, Brahim, hatte ich mich zuvor schon ein wenig angefreundet. Es dauerte nicht lange und alle waren dabei sich einen Joint zu drehen und ein lieblicher Duft zog durch die Nacht.

Außer uns waren noch zwei Engländerinnen, neunzehn und zwanzig Jahre alt, in unserem „Hotel" untergekommen, die sich zu uns mit an den Tisch setzten. Sie reisten mit dem Taxi oder mit dem Bus auf einer etwas anderen Route als wir. Sie hier anzutreffen im tiefsten Land der Muselmänner, ohne männliche Begleitung war schon kurios. Man kann sich kaum vorstellen, welches Aufsehen sie in diesem Ort verbreiteten, denn es ist nach dem hiesigen Frauenbild der Männer, aber auch der Frauen selber, undenkbar sich alleine und dann auch noch in dem Alter auf eine solche Reise zu begeben. Die Jungen an unserem Tisch machten keinen Hehl daraus, dass die Mädels ihnen wohl gefallen könnten.

Wir hatten alle eine nette Unterhaltung und ich glaube, dass es den beiden Mädchen schon sehr recht war, dass sie nicht allein im Hotel schlafen mussten.

Unser Essen war durchaus o. k. und bestand aus Kartoffeln, etwas Gemüse und ein wenig

Schafsfleisch, hätte aber ruhig etwas mehr sein können.

Es war schon spät und kühlte sich draußen deutlich ab, sodass wir uns unserem nächtlichen Abenteuer stellen wollten und suchten unser Etablissement auf.
Die Frage war, wie schläft man hier, ohne das Bett und die Wolldecke berühren zu müssen.
Zudecken kam für mich nicht in Frage und wir kramten erst einmal unsere langen Sachen hervor um Arme und Beine einzuhüllen. Darüber zog ich meine Regenjacke an. Das vermeintliche Kopfkissen deckte ich mit meinem verschwitzten Trikot ab, denn ein sauberes wollte ich für diesen Zweck nicht opfern. Schließlich legte ich mich kerzengerade auf den Rücken um mich ab da nur noch unwohl zu fühlen. Manni deckte sich mit einer der Decken zu. Ich konnte mich dazu jedoch nicht durchringen und lag wie eine Mumie auf dem Bett. Ich stellte mir vor, wie viele Muselmänner hier schon vor mir genächtigt hatten und grinste mir im Dunkeln heimlich einen ab.

Die Nacht ist gespickt mit Mückenjagd, was ja bekanntlich immer mein Job ist, weil Manni davon angeblich nicht viel mitbekommt. Die ganze Nacht bis schätzungsweise 4:00 Uhr wird direkt über unserem Zimmer Billard gespielt, wobei alle paar Minuten die Kugel vom Tisch fällt und auf den Boden donnert. An Schlaf ist nicht zu denken. Das Haus ist obendrein derart hellhörig, dass wir fast jedes Wort hören können. Nachdem das Spiel endlich zu Ende ist, kehrt Ruhe ein für ungefähr eine halbe Stunde. Es kommt was kommen muss und es vereinen sich schließlich in den frühen Morgenstunden, ich schätze mal so gegen halb fünf, der Muezzin und der Hahn, in dem sie uns ihre hohe Kunst des Krächzens präsentieren.

21.09.
Um 6:30 Uhr ist für uns die Nacht gelaufen, denn ich habe das Gefühl, dass es am ganzen Körper juckt. War aber größtenteils nur ein Gefühl, denn ich musste hier einfach nur raus. Unseren Herbergsvater hatte ich am Abend vorher gefragt, wann wir frühstücken könnten und ihm war es einfach egal gewesen.
Diese Zusage nehme ich jetzt zum Anlass den guten Mann einmal aufzuspüren und gehe nach oben in das Gastzimmer. Vorsichtig sehe ich mich um im noch halb dunklen Raum. „Wo im Haus soll ich ihn nun suchen?", frage ich mich und schleiche weiter.

Irgendwann stehe ich schließlich vor dem Billardtisch und unser Muselmann liegt oben drauf wie aufgebahrt. Seine nackten Füße hängen ein wenig über den Tisch hinaus und außer einer alten Jacke unter dem Kopf liegt er in kompletter Montur mit versteinerter Miene auf dem knochenharten Tisch.

Ich spreche ihn an mit „Monsieur". Keine Reaktion, er liegt da, als sei das seine letzte Nacht gewesen. Immer lauter spreche ich zu ihm, bis seine buschigen Augenbrauen an-fangen sich zaghaft zu bewegen. Dann plötzlich schießen sie förmlich nach oben und die Augen öffnen sich einen kleinen Spalt. Er braucht zwei bis drei Minuten, bis er endgültig ansprechbar ist und verspricht mir ohne Zögern das Frühstück vorzubereiten.

Ich berichtete Manni von meiner erfolgreichen Aktion und wir packten schon mal unsere sieben Sachen ein. Unser Frühstück bestand aus einem relativ flüssigen Omelette, denn hier kochte der Chef nun notgedrungener Weise selber und außerdem gab es viel Weißbrot mit einer großen Tasse Kaffee. Es sollte reichen und wir machten uns auf den Weg, nachdem wir unser Abschiedsfoto vor unserem „Hotel Spezial" im Kasten hatten.

Es war frisch an diesem Morgen und wir hatten einen stahlblauen Himmel und absolute Windstille. Über unserem Tal lag eine friedliche

Ruhe, denn um diese Zeit während des Ramadans, lagen die meisten Menschen noch im Bett. Ich liebe diese morgendliche Stimmung und freute mich richtig auf unseren heutigen Streckenabschnitt, der uns aber mit Sicherheit auch einiges abverlangen würde, denn wir mussten in Richtung Süden nach Taroudannt über eine, wie es in unserem Reiseführer geschrieben stand, der spektakulärsten und nervenaufreibendsten Straßen Marokkos bis über den Tizi N`Test, einen Pass auf 2100 Metern Höhe, wo im Winter ein Meter Schnee keine Seltenheit ist.

Außerdem wurde dringend vor sich schnell wechselnden Witterungsverhältnissen gewarnt, die rasch zu einem gefährlichen Abenteuer werden könnten.

Egal! Wir waren gut drauf, fit und das Wetter war fantastisch. Nach den vielen Pässen, die wir im Jahr zuvor in den Pyrenäen gefahren waren, gingen wir unsere heutige Etappe eher entspannt an und profitierten von unseren Erfahrungen.

Nach ungefähr 10 Minuten Fahrt, immerhin doch schon, fällt Manni auf, dass er seine Handschuhe vergessen hat und entschließt sich wieder zurückzufahren. Zwei Tage zuvor hatte er bereits den Verlust seines legendären IPA-Trikots (gelbe Leuchtfarbe) verkraften müssen, was ohnehin schon schwer auf ihm lastete. Er hatte es zuvor gewaschen und dann zum Trocknen hinten während der Fahrt am Fahrrad festgeknotet. Irgendwann war es weg.

Ich warte nun in einem kleinen Ort, wo das Leben ganz zögerlich erwacht und beobachte die Szene. Alle machen einen etwas verkaterten Eindruck und die Muselmänner reiben sich noch den Schlaf aus den Augen.

Nur wenige Schritte von mir entfernt sehe ich eine kleine KFZ-Reparatur- Werkstatt.

Interessant ist für mich die dortige Altölentsorgung, die ich mir etwas genauer ansehe. Auf eine kleine Minigrube, die direkt am Hang gebaut ist, werden hier offensichtlich die Autos gefahren und der Ölwechsel durchgeführt. Das Altöl und die gebrauchten Ölfilter samt Aller sonst noch verölten Lappen etc. werden dann direkt den Hang hinuntergekippt und somit augenscheinlich kostengünstig entsorgt. So einfach ist das in Marokko.

Manni taucht wieder auf, hat seine Handschuhe allerdings nicht gefunden und ist ein wenig durch den Wind. „Ich kann es mir einfach nicht erklären", sagt er und sieht dabei ziemlich nachdenklich und verstört aus. „Wenn du sie nicht gefunden hast, müssen sie sich letztlich irgendwo in deinen Packtaschen verkrümelt haben", antworte ich. Ich sollte Recht haben, denn in seinen Packtaschen herrscht schon mal das ein oder andere Chaos und irgendwann im Laufe des Tages tauchten sie dann auch tatsächlich wieder auf. Da strahlte der Manni wieder.

Der weitere Verlauf unserer Strecke war von einer atemberaubenden Schönheit, die mich die Anstrengung teilweise steiler Abschnitte völlig vergessen ließ. Ich keulte die Serpentinen hinauf und war nicht mit mir selbst, sondern mit dieser unglaublichen Landschaft beschäftigt, die in dieser einsamen und völlig ruhigen Morgenidylle etwas Geheimnisvolles verbarg. Ich hatte das Gefühl, als seien wir die Einzigen weit und breit.

Einen Augenblick werde ich nie vergessen und er war für mich auf unserer diesjährigen Tour wohl der Schönste. Wir hatten angehalten um eine, in der Ferne liegende, alte Moschee zu betrachten, die Moschee von Tin Mal aus dem Jahre 1156. Sie thronte mystisch auf der gegenüber liegenden Seite auf einem Felsmassiv und schien das gesamte Tal zu beherrschen.
Eine entspannte Ruhe lag in der noch frischen Morgenluft. Ich war einen Augenblick lang regelrecht im Orient versunken und stellte mir gerade vor, dass sich hier im Prinzip kaum etwas seit damals, als die Moschee gebaut worden war, verändert hatte. Ich war in der Stille, die mich

umgab immer noch in Gedanken und wurde geweckt durch den Ruf eines Esels, der von den umliegenden Bergen als Echo mehrmals wiedergegeben wurde. Dieser Augenblick versetzte mich Jahrhunderte zurück und es war ein unbeschreibliches Gefühl genau in diesem Moment hier zu sein.

Solche Augenblicke sind selten im Leben und man muss ihnen besondere Aufmerksamkeit schenken, denn es gibt nicht viele von ihnen und ich betrachte sie als eine echte Kostbarkeit.

Wir klettern weiter die Serpentinen hinauf bei strahlendem Sonnenschein und der Himmel erhält hier in der Höhe seine stahlblaue Farbe. Nur selten kommt einmal ein Auto oder ein Fuhrwerk mit einem Esel vorbei und ich entdecke selbst hier oben noch üppige Oleanderbüsche, die in voller Blüte stehen.

Plötzlich höre ich lautes Kindergeschrei unterhalb unserer Straße und wir halten an.

Ungefähr achtzig Meter unter uns spielen ein paar Kinder, die uns entdeckt haben und laut rufend durch die Büsche den Berg zu uns hinaufrennen. Wir warten natürlich, damit ihre Mühe nicht umsonst ist.

Völlig aus der Puste und mit Schweiß auf der Stirn kommen sie angerannt und stehen wie die Orgelpfeifen aufgereiht vor uns. Ich mag die Kinder hier, denn sie verhalten sich völlig natürlich und sind nur von Neugierde getrieben, weil sich hier ansonsten auch wirklich nichts Aufregendes tut. Staunend stehen sie vor unseren Rädern und fangen an zu erzählen. Wir verstehen nichts, denn die Berber haben hier ihre eigene Sprache. Wir überlegen, auf was wir verzichten und ihnen geben können.

Ein paar Traubenzucker lassen sich schon entbehren und ich opfere meinen einzigen Kugelschreiber, den ich abends immer für meine Notizen benutzt hatte.

Alle waren überglücklich und riefen uns noch hinterher als wir weiterfuhren.

Etwa eine halbe Stunde weiter steht ein ca. 12-jähriges Mädchen am Straßenrand, die ihren kleinen Bruder in einer Art Rucksack auf dem Rücken trägt. Auch hier halten wir an und spendieren ein komplettes Bounty. Die Mutter steht etwas unterhalb zwischen ein paar Büschen und beobachtet unser Treffen. Auf meine Frage, ob ich ein Foto machen darf, willigt sie ein und das Mädchen schaut ein wenig verschüchtert in meine Kamera.

All diese kleinen Begegnungen bringen mir Marokko ein kleines bisschen näher.

Kurz vor der Passhöhe gönnten wir uns eine Pause mit Melone und allem, was sonst noch aufzutreiben war. Manni deckte den Tisch wie üblich, der dann wie immer fotografiert wurde. Von hier aus hatten wir einen Überblick über unsere gesamte zurückgelegte Strecke der letzten zweieinhalb Stunden.

Unglaublich, was wir da so abgeradelt hatten und wie viele Windungen die Straße machte um sich an den Hängen hochzuschrauben. Trotzdem waren wir immer noch ziemlich fit und freuten uns schon auf den Tizi N'Test, der nicht mehr weit sein konnte.

Die letzten Kilometer bis zum Pass verliefen immer steiler und „der Bach lief", denn selbst hier oben hatte die Mittagssonne ihre Kraft und wir konnten froh sein, früh aufgestanden zu sein und uns somit um diese Zeit schon fast auf Passhöhe zu befinden.

Irgendwann kamen wir an ein großes Schild mit einer Höhenangabe und waren unsicher, ob es sich schon um die Passhöhe handelte. Etwas mehr hatten wir schon erwartet, ein Restaurant oder ähnliches. Sicherheitshalber machten wir wie üblich unsere Siegerfotos, weil es nun wieder bergab ging.

Es kamen dann doch noch ein paar Steigungen und endlich hatten wir unser Ziel erreicht und waren am Tizi N'Test angekommen. Die Keulerei hatte endlich ein Ende und mit ein wenig Genugtuung gönnten wir uns hier oben zwei Tassen Kaffee und ein paar Kekse, bevor wir uns an die Abfahrt machen wollten. Wir waren uns sicher, dass unsere Entscheidung, den Atlas zu überqueren, goldrichtig war und es ein nicht wieder gut zu machender Fehler gewesen wäre, wenn wir gekniffen hätten.

Die Abfahrt begann mit sehr schwierigen Straßenverhältnissen. Die Fahrbahn war an vielen Stellen kaputt und manchmal fuhren wir nur noch über Schotter. Je weiter wir kamen, desto besser wurde sie aber wieder. Das galt übrigens auch für die Temperaturen. Sie stiegen unaufhörlich und aus dem Tal fegte ein starker und heißer Wind zu uns herauf. Hier auf der Südseite war das Klima völlig anders und wir konnten uns ausmalen, was es bedeuten würde, von dieser Seite den Pass anzugehen.

Die Aussicht reichte bis in die Souss-Ebene, die unser nächstes Ziel war. Wir hielten alle paar hundert Meter an und fotografierten uns einen Wolf, denn die Kulisse, die sich uns bot ist mit Worten einfach nicht zu beschreiben. Die Südseite scheint deutlich steiler zu sein, so zumindest unser Eindruck und hier war auch die Vegetation anders. Die Südhänge waren knochentrocken und flimmerten in der Mittagshitze, während es Nordhänge mit großen Waldabschnitten gab. Immer wieder säumten Palmen unseren Weg und nun hatten wir das wirkliche Gefühl auf arabischem Boden zu sein. Irgendwann stellt sich Manni mit stolz geschwellter Brust unter eine Palme und legte einen markanten Weltentdeckerblick auf. Ich machte davon ein Foto und fortan hatte er den Namen „Manni von Arabien".

Auch hier, wie schon bei all den Abfahrten in den Pyrenäen, hatten wir mal wieder den typischen „Abfahrtseffekt". Will heißen, dass wir jedes Mal bei den Abfahrten kaum glauben können, das alles vorher hoch gestrampelt zu sein. Ziehen wir mal die Zeit für die Fotos, die wir gemacht haben, ab, dann dauerte die Abfahrt ca. 1,5 Stunden. Immer nur bergab mit teilweise bis zu 60 km/h. Ein absolutes Wahnsinnserlebnis hier in der Nähe der Sahara.

Wir kommen der Souss-Ebene immer näher und es wird brütend heiß. Zwei Jungen auf einem Esel kommen uns entgegen und rufen uns etwas zu. Angeblich hätten sie kein Wasser mehr. Manni von Arabien nahm das zum Anlass mir zu erklären, dass man sich in der Wüste gegenseitig helfen müsse und ich doch mal meine Reserveflasche, die gerade noch einen halben Liter beinhaltete, herausrücken soll.

Ich denke nur, nun ist er völlig durchgeknallt! Er verteilt mein Wasser, worauf die Jungen nach etwas Essbarem fragen. Selbstlos gibt Manni von Arabien sein letztes, völlig vertrocknetes Brot her, was eh nicht mehr herunter zu kriegen war und die Jungen fragen schließlich nach Geld und deuten am Ende an, dass sie auch wohl mit unseren Rädern vorliebnehmen würden.

Da endlich glaubte Manni meinen Worten, dass er die ganze Zeit auf den Arm genommen wurde, denn mir war klar, dass die beiden Bettelkünstler vor halb sieben am Abend sowieso nichts essen und trinken durften. Mein halber Liter war weg. Einen kleinen Rest hatte ich noch in meiner Fahrradflasche und bei der Hitze war das weiß Gott nicht viel.

Es geht weiter und wir fahren zeitweise hinter einem LKW her, der ganz oben auf dem Dach bestimmt an die zehn junge Rinder transportiert. Sie stehen da in schwindelnder Höhe, während der LKW mit Tempo durch die Kurven donnert und die Tiere kaum stehen bleiben können. Ihre Augen sind weit vor Angst aufgerissen und ein Rind liegt bereits regungslos am Boden. Wieder stellt sich mir die Frage, welchen Bezug die Menschen hier zu Tieren haben. Aber mal ganz ehrlich, in Europa spielen sich beim Tiertransport teilweise auch dramatische Szenen ab. Es ist eben immer leicht mit dem Finger auf andere zu zeigen.

Auf der Straße war eine Agame (Echsenart ca. 30 cm lang und hellgrau), die sich nicht von der Stelle rührte. Manni, trotz des namentlichen Zusatzes

„von Arabien" sah sie schlicht und einfach nicht und nagelte haarscharf an ihrem Kopf mit vierzig Sachen vorbei. Unsere Abfahrt war eben gespickt mit allem, was man sich nur vorstellen konnte und in jeder Hinsicht ein echtes Erlebnis.

Das sollte sich auch so fortsetzen. Das Gefälle nahm langsam ab und wir erreichten die Souss-Ebene, wo die Hitze brütete und uns ein heftiger und heißer Gegenwind direkt auf die Zwölf blies.

Je weiter wir in die Ebene gelangten, desto mehr flimmerte die Landschaft vor unseren Augen bei Temperaturen von 33 Grad, die sich durch den starken Gegenwind aber erheblich heißer anfühlten. Wir fuhren auf einer Straße, die kilometerlang nur gerade ausging und durch eine völlig trockene Steppe führte.

Ich muss gerade daran denken, dass Manni mein letztes Wasser weggegeben hat und ich schon seit einiger Zeit angefangen habe zu rationieren. Irgendwann ist die Flasche leer und ich verspotte ihn auf eine lustige Art und Weise, indem ich ihm zurufe: „Wir sind in der Wüste und Manni von Arabien gibt tatsächlich meinen letzten Tropfen Wasser weg." Wir lachen zwar beide, aber es kommt langsam eine gewisse Beklemmung auf, denn ich fahre mittlerweile schon eine Zeit lang „trocken" und das bei nicht unerheblicher

Belastung, denn der Gegenwind ist ein übler Gegner, der uns zu wechselndem Windschattenfahren zwingt, damit der Puls nicht zu hochjagt.

Auch Mannis Reserve schrumpft nun. Er trinkt sowieso immer wesentlich mehr als ich und ich rechne mir deshalb gerade aus, dass meine Überlebenschancen wohl besser sein müssten als seine. Wie soll ich es nur seiner Familie beibringen? Gesprochen wird nicht mehr allzu viel in der Hoffnung, dass bald Häuser auftauchen müssten.

Endlich waren sie am Horizont zu sehen und wir waren gerettet. Wir legten einen Schlag zu und die Stimmung war wiederhergestellt. Nach ein paar hundert Metern traute ich meinen Augen nicht, als ich sah, wie unsere vermeintlichen Häuser auf der flimmernden Straße dahin schmolzen und schließlich nichts mehr von ihnen übrig war. Das hatte gesessen und der Frust war groß.

Wir sollten noch zwei Mal eine solche Fata Morgana erleben und jedes Mal, wenn sie wieder verschwand, sank unsere Stimmung erneut. Nach Ca. 27 Kilometern in der Ebene tauchte endlich eine Tankstelle auf der linken Seite auf, die obendrein einen kompletten Einkaufsmarkt bereitstellte. Eben noch in der Halbwüste ohne Wasser kurz vor Mannis

Verdursten und von einem auf den andern Moment wieder der volle Überfluss. Die Situation erinnerte mich ein wenig an die Geschichte mit der Autobahnraststätte, wo wir ein ähnliches Kontrastprogramm schon einmal erlebt hatten.

Der erste Liter Wasser stürzte um Nu den Hals hinunter. Dass Wasser so köstlich sein kann, hätte ich nicht gedacht. Wir füllten unsere Flaschen auf und klemmten uns jeder noch 2 Flaschen mit drei Litern Wasser hinten auf unsere Räder um ja kein Risiko mehr einzugehen.

Wir hatten nun noch ca. 50 Kilometer vor uns bis Taroudannt, die nicht einfach werden würden, denn es war trotz der vorangeschrittenen Zeit immer noch sehr heiß und der Gegenwind, der von Anfang an unser ständiger Begleiter war, hatte kein Erbarmen mit uns. Wir waren wild entschlossen diese Strecke zügig durchzufahren, denn es war bereits nach 16:00 Uhr und die Zeit wurde mal wieder knapp. Schon nach vielleicht 10 Minuten hatten wir unseren Rhythmus gefunden bei einer Geschwindigkeit von immerhin 27 km/h, was bei dem Gegenwind schon heftig war und uns ständig an der Flasche nuckeln ließ.

Im 2-Minutentakt wurde abwechselnd Windschatten gefahren, sonst wäre dieses

Tempo bei dem Wind nicht auf Dauer durchzuhalten gewesen.

Ungefähr 25 Kilometer rechts von uns der Ausläufer des Atlas und 25 Kilometer links von uns der so genannte Antiatlas, der genau das gleiche Erscheinungsbild hatte und wir genau ab durch die Mitte. Wir spulten die Kilometer konsequent ab und waren trotz zweier kurzer Pausen schon gegen 18:00 Uhr in Taroudannt. Was für eine Leistung und das meine ich jetzt ganz im Ernst. Dieser Abschnitt hatte es in sich gehabt und ohne viele Worte haben wir rund zwei Stunden unseren 2 Minutentakt durchgezogen und dass nach allem, was bereits hinter uns lag samt Tizi N`Test. Ich lobte unser beider Leistung mit ein wenig Stolz und Manni fragte mich: „Wie fit bist du erst, wenn du richtig durchtrainiert bist?" Dass ich bald 2 Monate vor unserer Tour kaum etwas für die Kondition tun konnte, wusste er ja auch. Ich antwortete nur: „Naturtalent" und grinste mir einen weg. Wir waren zwar platt an diesem Abend aber auch rundum zufrieden. Was will man mehr!

Unser Reiseführer hat uns auf ein bestimmtes Hotel aufmerksam gemacht, das aber nur schwer zu finden ist, denn es liegt sehr versteckt in einem Hinterhof, zu dem nur ganz schmale und dunkle Gassen führen, in denen man kaum noch die Hand vor Augen sieht.

Ich gehe wie üblich hinein um die Lage zu peilen und bin schlicht begeistert von der ganzen orientalischen Ausgestaltung der Räume, bis hin zu einem offenen Innenhof, der einen kleinen botanischen Garten beherbergt. Ich will nicht übertreiben, aber unser Zimmer hätte das eines Maharadschas sein können, so aufwendig sind die Wände und die Decke bearbeitet. Auch das Himmelbett, was dort steht, passt genau zum übrigen Ambiente. Ich frage den Hausherrn, ob er uns einen guten Preis machen könne und wir verhandelten einen Betrag von umgerechnet 40 Euro einschließlich Frühstück. Normaler Weise kostet das Zimmer das Doppelte und ich brauche nicht lange zu überlegen.

Draußen steht Manni von Arabien mit fragendem Blick. Ich gebe ihm zu verstehen, dass hier das Paradies auf uns wartet, was wir uns nach der letzten Nacht auch ein wenig verdient hatten.

Das Beste aber ist die Dusche. Nach der letzten Übernachtung und der schweißtreibenden Fahrt des Tages, ist es die wahre Freude sich von oben bis unten gründlich abzuseifen und ich genieße es.

Wir verbringen den Abend auf dem zentralen Platz von Taroudannt und verzehren ein paar Leckereien in einem der vielen Restaurants. Es reicht hier, einfach nur so zu sitzen und sich umzusehen. Hier ist wirklich immer etwas los und Langeweile kommt erst gar nicht auf. Ein quirliges Durcheinander vieler Menschen, ohne dass es in irgendeiner Weise hektisch auf mich wirkt und ich fühle mich hier sauwohl.

Ein Schuhputzer, vielleicht 15 Jahre alt, bearbeitet mich so lange, bis ich einwillige und er sich an meine Sandalen heranmacht. Mir ist das ehrlich gesagt ein wenig unangenehm, denn diese Tätigkeit ist bei uns ja nun mittlerweile völlig unbekannt, und ich empfinde das als eine Art Erniedrigung für den Schuhputzer, wenn er auf der Straße kniend vor mir hockt und mir die Schuhe putzt, während ich dort wie ein Bonze in meinem Stuhl sitze und genüsslich an meinem Bierchen schlürfe. Aber ich weiß natürlich, dass diese Arbeit hier völlig normal ist und zum Alltag gehört und damit auch ein Lebensunterhalt bestritten werden kann.

Er ist ausgesprochen nett und wir unterhalten uns ein wenig. Hier sprechen übrigens fast alle Leute wieder fließend Französisch. Dass er für seine Arbeit 5 Dirhams verlangt, also ungefähr 45 Cent hatte er mir bereits am Anfang gesagt und das war sie auch wert. Während unseres Gespräches gestand er mir auf Nachfragen dann aber, dass er meistens nur ein bis zwei Dirham erhält und er gelegentlich auch schon mal aus Werbungsgründen ohne Bezahlung putzt. Ich gebe ihm 10 Dirhams und seine Augen glänzen. Meine Sandalen übrigens auch.

Wir machten schließlich noch einen kleinen Spaziergang durch den Ort und fielen schon bald über unsere Betten her im Schlafgemach des Maharadschas. Für mich persönlich war dieser Tag der schönste von allen, trotz der Strapazen und der Hitze am Ende unserer Etappe. So hatte ich mir unser Abenteuer vorgestellt.

22.09.
Wir hatten prächtig geschlafen. Selbst der Muezzin hatte uns mit seinem zärtlichen Weckruf nicht erreichen können. Es war ruhig in unserem Hotel und ich glaube, wir waren auch die einzigen Gäste. Daher wohl auch der Vorzugspreis, denn unser Hotelier hatte sicher Befürchtungen gehabt zwei arme Radfahrer zu vertreiben, wenn er uns seinen regulären Preis nennen würde und freute sich nun, dass wir da waren.

Er hatte mitten im Innenhof einen großen Tisch gedeckt, der zwischen den vielen Pflanzen wie ein Plätzchen im Paradies wirkte und zunächst alles mit einem kobaltblauen Tuch abgedeckt. Als wir uns an den Tisch gesetzt hatten, zog er das Tuch weg und wir staunten nicht schlecht. Fast in derselben Farbe wie das Tuch zuvor, war der Tisch mit orientalischem Geschirr eingedeckt gewesen und er hatte auch gut für unseren Radlerappetit vorgesorgt. Über uns streiften die ersten Sonnenstrahlen die Bananenstauden des botanischen Gartens und zeigten uns an, dass uns wieder ein herrlicher und sonniger Tag bevorstehen würde.

Von unserem Hotel machten wir noch eine ganze Reihe Fotos, denn der Aufwand und die Originalität der Einrichtung suchten wirklich ihresgleichen. Wer Interesse an dem Hotel hat und zufällig einmal in der Gegend ist, kann sich vorher unter www.riadmaryam.fr informieren.

Wir verabschiedeten uns von unserem ausgesprochen liebenswerten Herbergsvater, der zu jeder Zeit immer sehr zuvorkommend war und versprachen sein Hotel auf jeden Fall weiter zu empfehlen. Ist ja auch bereits geschehen, wie man sieht, denn Versprechen müssen ja nun mal gehalten werden.

In der morgendlichen Stimmung und gut ausgeruht, sind wir wieder voll im Saft. Vom Vortag ist nichts mehr zu spüren und wir haben nicht einmal leichte Muskelverhärtungen, mit denen wir uns herumschlagen müssen.

Es geht in westliche Richtung weiter auf die Küste zu nach Agadir, von wo aus wir wieder nach Hause fliegen werden.

Wir haben zwar nur 85 Kilometer vor uns, aber rund 30 Kilometer vor Agadir ist die Luft raus. Die psychologische Kriegsführung unserer Gehirnzellen setzt ein und lässt unsere Willenskraft dahin schmelzen. Die Beine kommen einem plötzlich schwer vor und die Straße ist irgendwie langweilig und will kein Ende nehmen. Ein Abschnitt von nur 5 Kilometern bis zum nächsten Ort dauert eine gefühlte Ewigkeit. „So kann es nicht weiter gehen", spricht eine innere Stimme und wir haben eine tolle und gleichzeitig verrückte Idee.

Die Gegend hier ist derart vertrocknet und sieht stellenweise wirklich aus, als seien wir bereits in der Wüste. Hier werden wir erst einmal ein paar regelrechte Survivalfotos schießen um unserer Nachwelt zu belegen, dass es durchaus gerechtfertigt war, Namen wie „Manni von Arabien" zu kreieren.

Wir fuhren von der Straße ab und stapften mit unseren Rädern einen Hang hinunter, hin zu einem ausgetrockneten Flussbett, das durch seine schroffe und kantige Ausgestaltung schon ausgesprochen wüstenhaft wirkte und uns genau die richtige Kulisse bot. Abwechselnd fotografierten wir uns beim Fahrradfahren auf dem trockenen und lebensfeindlichen Gelände und legten dabei einen markanten Blick auf, der Erfahrung, Unerschrockenheit, und unsere Wüstentauglichkeit unterstreichen sollte. Wir hatten dabei eine Menge Spaß und hatten plötzlich sogar einen Zuschauer, der oben auf der Straße stand und uns verwundert zusah. Er muss wohl gedacht haben, wie verrückt Touristen sein können und dass unser Fall in die Kategorie „hoffnungslos" einzustufen ist. Egal, wir hatten unsere Fotos auf jeden Fall im Sack und wieder bessere Stimmung. Nur das Ergebnis zählt.

Es ist mittlerweile ziemlich heiß geworden und die Straße flimmert schon wieder wie am Tag zuvor und verläuft nur gerade aus bis an den Horizont. Dieses Schauspiel muss ich einfach festhalten und halte an. Während Manni von Arabien langsam auf mich zufährt, lege ich mich kurz flach auf den heißen Asphalt und schieße ein Foto unmittelbar vom Boden aus. Danach springe ich wie der Blitz wieder auf, weil der heiße Asphalt kaum mehr als ein paar Sekunden zu ertragen ist.

So vertreiben wir uns zwischendurch ein wenig die Zeit und versuchen unseren Motivationseinbruch in den Griff zu bekommen. Es ist immer wieder das Gleiche.

Geht eine Tour zu Ende ist von einem auf den anderen Moment die Luft raus und man beginnt den tollen Erlebnissen der vergangenen Tage hinterher zu trauern.

Mit dem kleinen Rest unserer noch verbliebenen Willenskraft erreichten wir schließlich unser letztes Etappenziel, den Flughafen von Agadir und machten unser obligatorisches Siegerfoto. Nur noch ein kleiner Sprung dachte ich und wir sind wieder in Deutschland. Kaum zu glauben, wenn man überlegt, wie wir uns abgestrampelt hatten um nur einen kleinen Strich auf der Landkarte abzufahren. Aber der war mit Sicherheit aufregender und abwechslungsreicher als ein gut vierstündiger Rückflug, soviel steht fest.

Nachdem wir unseren Abflug und sonstige Formalitäten gecheckt hatten, fuhren wir mit einem Taxi, das auch unsere Räder im Kofferraum mitnahm, nach Agadir.

Wir genossen den Rest des Tages am Strand bis die Sonne im Meer versank und gingen anschließend essen. Danach fuhren wir zurück an den Strand, flegelten uns auf zwei Liegen und betrachteten rund zwei Stunden lang die Sterne. Jeder von uns war mit sich selber beschäftigt, sodass es auch nichts zu besprechen gab und wir genossen die letzten Stunden unserer diesjährigen Tour in Marokko.

Wir hatten ja bereits schon lange vor Antritt unseres diesjährigen Abenteuers Überlegungen angestellt, was wir wohl im nächsten Jahr machen würden. Die Dolomiten mit all ihren fantastischen Bergpässen hatten wir bereits favorisiert, aber nun bin ich mir gar nicht mehr sicher, ob es dabeibleiben wird. Ich könnte mir vorstellen, dass wir in einem Jahr schon wieder so wüstenhungrig sind, dass es uns erneut hierher verschlägt und wir uns noch weiter an die Sahara heranarbeiten werden. „Wie siehst du das, Manni von Arabien?"

„Es war mal wieder ein tolles Erlebnis, mit dir Marokko zu erleben und ich freue mich einen Freund zu haben, mit dem ich solche ausgefallenen Abenteuer gemeinsam machen kann. Ich hoffe, dass wir noch einige verrückte Touren unternehmen werden und zähle auf dich."

Route des Grandes Alpes 2009
von Lausanne nach Nizza

Wer davon ausgeht, dass dieser Bericht an die amüsanten orientalischen Erlebnisse unserer Marokkotour 2007 anschließt, wird schon bald feststellen, dass es hier um ganz andere Beobachtungen und Erfahrungen geht.

Während unsere Nächte in Marokko teilweise chaotische Ausmaße angenommen hatten, waren sie in diesem Jahr meistens von totaler Erschöpfung und Müdigkeit geprägt.

Während wir in Marokko durch die Lebens-weise der Menschen in den Bann gezogen wurden, waren wir dieses Mal mit uns selbst beschäftigt. Mentale Stärke, Ausdauer und Konzentration waren gefragt um die teilweise stundenlangen Berganfahrten durchzuhalten, die uns bis auf über 2800 Meter Höhe hinauftrieben.

Nein, in diesem Jahr waren wir nicht auf den Spuren orientalischer Lebensweisen mitten im Ramadan, wo sich zu jeder Zeit der Muezzin zur Stelle meldete und das zur unmöglichsten Tageszeit und an den unglaublichsten Orten.

Keine „Muselmänner", wie wir sie immer liebevoll nannten, die sich im Café neben uns einen Joint drehten und keine Eselfuhrwerke, die manchmal so zahlreich waren, dass sie schon mal zum Verkehrsproblem werden konnten.

Dieses Mal waren wir auf den Spuren von Murmeltieren mitten im Hochgebirge, wo sie gerne mal hinter uns her pfiffen, als hätten sie schon lange keine kernigen Radfahrer mit strammen Waden mehr gesehen. Drogen gab es nur in Form von Powerriegeln und Vitaminkapseln unter Beimischung von Magnesium und statt der Eselfuhrwerke wurden vor allem die Motorradfahrer zur echten Plage.

Unsere diesjährige Tour war eigentlich schon für 2008 vorgesehen. Ich war schon im Frühjahr ziemlich fit und hatte jede Menge Trainingskilometer bereits im Sattel verbracht, als sich eines Tages Schmerzen im Lendenwirbelbereich bemerkbar machten, die schließlich so massiv geworden waren, dass ich mit dem Training aufhören musste.

Eine Kernspintomographie brachte schon bald die ungeliebte Gewissheit, dass es sich um einen klassischen Bandscheibenvorfall handelte. Kurz vor Beginn unserer Tour musste ich dann endgültig absagen, was natürlich nicht nur für mich, sondern auch für Manni, mit dem ich diese Tour machen wollte, eine große Enttäuschung war.

Ich arbeitete hart daran, die Beschwerden schnell in den Griff zu bekommen und schon im Herbst war klar, dass unsere Tour über die Alpen nicht gestrichen, sondern nur um ein Jahr verschoben wurde.

Mit Genugtuung beobachtete ich den Wetterbericht zu der Zeit, während der wir uns durch die Berge hätten quälen wollen, denn es zeigte sich, dass wir einige kräftige Duschen kassiert und für die erhofften Aussichten viel Fantasie gebraucht hätten.

So konnte ich mich ein wenig damit trösten, dass uns das Wetter einen Strich durch die Rechnung gemacht hätte. Dazu fällt mir dann auch sofort ein beliebter Spruch meiner Mutter ein, den sie damals auch prompt loswerden musste.

„Wer weiß, wofür das alles gut ist, das sollte alles so kommen."
Muttersprüche!
In diesem Jahr sah es deutlich besser um meine Gesundheit aus. Ein paar „Zipperlein" gab es natürlich wie immer. Ich denke, das hat auch niemand anders erwartet, zumindest diejenigen nicht, die meine vorherigen Berichte gelesen haben.

Das ist nun einmal so, wenn man hart auf die 50 zugeht und ich erspare es mir nun auf Details einzugehen.

Auch in diesem Jahr konnte es Manni wieder nicht lassen, mir Berichte zu zuspielen, die einem schon das Fürchten lehren konnten. Dort stand dann sinngemäß, dass eine solche Alpenüberquerung erstklassiges Material erfordert und man bereits Monate vorher mit einem intensiven Training beginnen sollte. Mehrere tausend Kilometer seien dringend geboten.

Ich hingegen hatte mich schon frühzeitig darauf festgelegt mit meiner „Alten Kuh" zu fahren (20 Jahre alt, Stahlrahmen und Gepäckträger mit Packtaschen) und begnügte mich mit gerade einmal 1380 Trainingskilometern, wovon allein die diesjährige IPA-Tour mit 650 km zu Buche schlug.

Mit anderen Worten, alles war wieder wie immer. Für ausreichende Vorbereitung war wieder keine Zeit gewesen und es galt wie fast jedes Mal das Motto: Augen zu und durch, es wird schon irgendwie gehen.

Am Samstag den 22.08. ging es um 8:30 Uhr vom HBF Osnabrück in Richtung Schweiz nach Lausanne los. Die Bahnfahrt war ermüdend lang, denn wir hatten bestes Wetter und den Tag im

Zug zu verbringen war nicht ganz einfach, trotz der schönen Streckenführung am Rhein entlang.

Etwas Abwechslung brachte eine Gruppe junger Schweizer, die mit viel „Bölkstoff" ausgestattet waren und für ordentliche Stimmung im Zug sorgten, obwohl es sich um einen sogenannten „Ruhewagon" handelte. Das schien aber niemanden zu beeindrucken.

Uns war das egal, denn wir dachten schon längst an die Berge.......

Lausanne lag uns endlich zu Füßen und wir stürmten in unser diesjähriges Abenteuer. Einen kurzen Augenblick lang dachte ich an unsere Marokkotour und führte mir vor Augen, dass das schon wieder 2 Jahre her war. Wie ist das möglich?

Die Räder surrten als wir durch die Stadt bergabfuhren, bis wir nach kurzer Zeit an der Promenade des Genfer Sees ankamen.

Von nun an war Manni in Hochstimmung, so wie ich das von allen anderen Touren her kenne. Er katapultiert sich in eine Euphorie, die ansteckend ist. Als aller erstes werden Fotos gemacht und das in den besten Posen, die unsere Motorik so zu bieten hat. Brust raus, Bauch rein, Schultern nach vorn und die Oberschenkel mit angemessener Kontraktion präsentiert. Diese Situation stellt so zu sagen den Startschuss einer jeden Tour dar und ist deshalb auch unverzichtbar.

Über weite Strecken konnten wir direkt am Seeufer fahren und das bei einem Volltreffer in Sachen Sonnenuntergang. Der See schillerte in einem warmen Silberton, bis wir in das Rhonetal nach Martigny abbiegen mussten.

Aufgrund der zahlreichen Fotoshootings und diverser Videoaufnahmen, für die ich zuständig war, raste die Zeit davon und es brach der Abend herein, als wir endlich unser Hotel, ungefähr 30 Kilometer vor Martigny bezogen. Alles sehr beschaulich und ruhig, bis wir in eine kleine Seitenstraße gelangten, wo eine Art Volksfest für die Einwohner stattfand.... und wir mitten drin.

Mit thailändischem Pfannengemüse und ein paar Bierchen genossen wir die ausgelassene Stimmung, die an das tiefste Italien erinnerte. Die Leute saßen in kleinen Gruppen zusammen oder gingen tanzen und eine gigantische Kinderschar erfüllte die Straßen mit Leben. Wir setzten uns einfach nur hin und staunten. Vergleiche zu unseren Ortsfesten waren in diesem Moment fehl am Platz.

Zurück am Hotel gingen wir noch in ein Straßencafé und wurden Zeugen übermäßiger Hormonausschüttungen, wenn ab und zu ein tiefliegender 3er BMW oder Golf GTI mit aufgemachtem Schalldämpfer langsam in den Ort hinein rollte. Der Fahrer mit lässig heraushängendem Arm betrachtete aufmerksam die Szene, um dann im richtigen Moment mitten im Ort ordentlich Gas zu geben und das Donnern eines Panzers erklingen zu lassen. 10 Minuten später gab es dann die gleiche Vorstellung aus der anderen Richtung.

Zurück im Hotelzimmer packte ich meine Packtaschen komplett um. Die ersten 40 Kilometer hatten gezeigt, dass bestimmte Sachen nicht schnell genug griffbereit waren. Bei unseren Touren wird eben nichts dem Zufall überlassen, wenn man von dem mangelhaften Training einmal absieht. Endlich liege auch ich im Bett und denke über die Pässe nach, die uns alles abverlangen werden. Namen wie Galibier, Izoard, Iseran und Bonette sind die absolute Krönung aller Alpenpässe und stehen deshalb regelmäßig auf der Tagesordnung der Tour de France. Vor wenigen Jahren noch hätte ich dankend abgewinkt, geht mir gerade durch den Kopf. Wieso machen wir das nun? Will man sich selber beweisen, ist es nur der sportliche Kick oder einfach nur die Lust auf ein neues und ungewisses Abenteuer, das uns jedes Jahr wieder umtreibt und auf den Asphalt schickt? Wahrscheinlich von allem etwas denke ich mir und höre, dass Manni schon längst unter der Decke am schnauben ist.

Sonntag der 23.08. und der Himmel ist stahlblau. Das erste Morgenlicht streift die Bergspitzen und die Luft ist angenehm kühl. In der Ferne ertönt eine Kirchenglocke, die auf sich aufmerksam macht und die sonntägliche Stimmung ist perfekt.

Wir bekommen Frühstück am offenen Fenster und so reichhaltig, wie wir es auf dieser Tour nicht wiederbekommen würden. Besser kann der Tag nicht beginnen und unsere euphorische Phase beginnt schon wieder von neuem. Es folgen dann Sprüche wie: „Der Pass soll man kommen" und all die anderen kleinen Mutmacher, die wir noch so auf Lager haben um unseren Adrenalinspiegel ein wenig zu steigern.

Ein routinemäßiger Check der Räder und es kann endlich losgehen. Fast die ganze Zeit fahren wir direkt neben der Rhone auf einem Deich entlang machen pausenlos Witze und genießen die ausgelassene Stimmung. Je mehr wir uns den Bergen vor uns nähern, desto wilder wird der Fluss und der Speicherchip von Mannis Fotoapparat beginnt sich zu füllen.

So ca. alle 1500 Meter fängt Mannis Rad an zu bimmeln. Ein Gummi zur Befestigung des ultraleichten Schutzbleches schlägt dann plötzlich gegen die Speichen des Hinterrades. Ich höre dann immer das gleiche: „Fahr schon mal langsam weiter. Ich komme gleich nach." Ich lache mich dann jedes Mal weg, weil das Spielchen am Vortag auch schon stattfand und ich damit drohte das liebe kleine Gummi irgendwann abzuschneiden. Das tat Manni nun etwas später selber und die ständigen Unterbrechungen hatten ein plötzliches Ende.

La Forclaz: 4 Sterne, Höhe 1528m, Länge 13,3 km, Höhenunterschied 1058 m, mittlere Steigung 7,9%, maxi-male Steigung 9%

Natürlich hatten wir schriftliche Informationen zu allen Pässen dabei. Insbesondere die Beschreibungen aus einem Buch über die Tour den France waren oft hilfreich und wurden natürlich vor dem entsprechenden Pass gelesen. Auffällig war beim Forclas die Bemerkung, dass die Steigung überall etwa 8% beträgt und es deshalb praktisch keine Erholungsmöglichkeiten gibt.
Diesen Satz hatte ich mir wohl gemerkt und wollte deshalb auf keinen Fall zu schnell an den Berg herangehen.
Die Sonne stand schon relativ hoch und fing an dem Südhang, den wir nun heraufkletterten, mächtig einzuheizen. Nach der ersten Kehre, die ich noch mit frischem Elan erreichte verzichtete ich bereits auf meinen Helm, was ich aber auch

schon in den Pyrenäen so gehandhabt hatte. Mit übermäßiger Hitze komme ich nun mal nicht so gut zurecht.

Bei den folgenden Kehren geriet mein ach so gepriesener Elan allerdings schon in die Defensive, denn mein Kopf war heiß und der „Bach lief", im Radlerjargon. Die Sonne brannte gnadenlos und hinterließ bei mir erste Spuren.

Nur selten gab es mal ein kleines Lüftchen von vorne, dass uns Abkühlung brachte aber ich genoss es jedes Mal wie eine kühle Dusche.

Wir waren gezwungen oft in den Wiegetritt zu gehen um auf andere Muskelpartien zu wechseln. Nur so konnte man eine kleine muskuläre Erholung herstellen, wenn der Pass nun mal so etwas nicht zu bieten hatte. Der Satz, es gäbe praktisch keine Erholungsmöglichkeiten stimmte haargenau. Zum lockeren Einfahren hatte ich mir etwas Anderes vorgestellt und schon gar nicht einen 4-Sterne-Südhang bei stahlblauem Himmel, auf dem pausenlos Motorräder an mir vorbei donnerten. Sie wurden hier zur echten Plage.

Ich habe das Gefühl, dass die Steigung zunimmt und mein Gepäck sich, wie von Geisterhand, vermehrt. Ich nehme noch etwas Tempo raus, da mein Puls oft die 150 sprengt. Manni fährt voraus und ich betrachte seine prächtigen Waden. Die Kontraktion der Muskeln sieht wirklich nicht schlecht aus und ich denke wieder darüber nach, ob meine Vorbereitung wirklich ausreichend war.

Dieser Pass wird zur echten Quälerei für uns beide, wobei Manni mit der Sonne wie immer kein Problem hat. Ich werde es noch später erleben, wie er am Col de Vars in der prallen Mittagssonne mit Unterhemd, Trikot, Weste und Halstuch fährt um irgendwann festzustellen, dass es doch etwas wärmer geworden ist und das Halstuch vielleicht eine Spur zu viel des Guten sein könnte, während bei mir schon lange wieder der Bach läuft.

Abgesehen von zwei kleinen Pausen versuchen wir unseren Rhythmus zu finden und zu halten. Mit dem Finden habe ich zumindest schon meine Probleme. Wie Manni sich wirklich fühlt erfährt man eigentlich nie so recht. Wenn er unter Belastung steht, redet er nicht mehr all zu viel. Das geht mir dann aber ähnlich.

Endlich! Der erste Pass war geschafft und ich war froh, dass diese Etappe nun hinter uns lag, denn mit einer derartigen Quälerei hatte ich nicht gerechnet. Selbst auf der Passhöhe war es immer noch so warm, dass wir für die Abfahrt keine langen Sachen anziehen mussten. Wir genossen kurz die Aussicht und schon ging es los.

Die Erholung während der Abfahrt tat gut und war auch nötig, denn ohne darauf vorbereitet gewesen zu sein, kam gleich danach ein zweiter

Pass, der gar nicht in unserer Karte eingezeichnet war. Das Schwitzen ging also gleich weiter und wir hatten keine Wahl, denn eine andere Strecke gab es nicht für uns.

Der Rhythmus war nun aber schon leichter zu finden, zumal dieser Pass auch kurze Erholungsphasen zuließ. Außerdem hatten wir nun etwas mehr Wind von vorne, da wir genau in Richtung Süden fuhren. Die Passhöhe wurde erreicht bei 1461 m. Hier erfuhren wir auch seinen, für uns bislang unbekannten Namen. Es war der Col des Montets.
Nun erwartete uns eine Abfahrt der Superlative. Nachdem wir bergab herrliche Landschaften durchstreift hatten, gerieten wir irgendwann auf die N 902 nach Chamonix und hier hatten wir unseren ersten richtigen „Ritt". Mit durchschnittlich 60 km/h flossen wir im Verkehr der Autos mit, legten uns in die teilweise scharfen Kurven hinein und ließen es mal so „richtig krachen". Möglichst flach am Wind liegend ließen wir die Landschaft an uns vorbei rauschen und konzentrierten uns in erster Linie auf die Fahrt selber. Ein übersehener Stein auf der Fahrbahn könnte das Ende unserer diesjährigen Tour sein und böse Folgen haben. Trotzdem hatte ich Spaß wie ein 16-jähriger und bekam den Hals nicht voll. Nach jeder Kurve kam ein neuer Kick und regelmäßig nahm ich meinen

Tacho ins Visier, der mich ab und zu schon ermahnte, dass Tempo ein wenig zu drosseln, denn da stand ab und zu auch mal eine 7 als erste Ziffer.

Als wir in Chamonix eintrafen kam dann natürlich der obligatorische Spruch:

„Was für ein Ritt!"

Für die Strapazen zuvor hatten wir auf jeden Fall eine angemessene Entschädigung erhalten. Um das Highlight abzurunden gönnten wir uns eine gute Portion Spaghetti im Straßenrestaurant mit Blick auf den Mont Blanc. Die anschließende Fahrt mit der Seilbahn hinauf auf Europas höchsten Berg mit immerhin 4810 Metern war natürlich Pflicht und ein einmaliges Erlebnis bei blauem Himmel.

Wir unterhielten uns über das Abtauen der Gletscher und Manni als neuer, alter Berg-wanderer, denn seit einem Jahr geht er diesem Hobby nun nach, brachte zum ersten Mal den Spruch:

„Der Gletscher ist in einem erbärmlichen Zustand und weint."

Diesen Schnack musste ich mir ab nun bei jedem Gletscher wortgenau erneut anhören, sobald irgendwo einer auftauchte.

Mannisprüche!

Nach einer kurzen Kaffeepause ging es weiter nach Megève, unserem Tagesziel.

Irgendwann bog unser Weg nach links ab und stieg steil an. Damit hatte nun wirklich keiner von uns beiden mehr gerechnet. Mein Busenkumpel war der Meinung, dass da nicht viel kommen könne, da in der Karte nichts Auffälliges eingezeichnet war.

Aber das kannten wir doch bereits und ich machte mir die Mühe ein Anwohnerpaar zu fragen, wie lang die Steigung denn sei, die uns hier erwartete.

10 Kilometer war die Antwort, doch Manni war der Meinung, dass ich das falsch verstanden hätte und die Leute wahrscheinlich auch gar nicht hier wohnen würden.

Ich spreche fließend Französisch und soll die Antwort nicht verstanden haben? Mehr als zwei Mal hatte man mir die 10 Kilometer Steigung bestätigt und ich habe es nicht verstanden?

Alles klar, Manni wollte unbedingt noch nach Megève und ich eigentlich auch. Also machten wir uns auf den Weg und erlebten am Abend noch unseren dritten Pass mit schätzungsweise 800 Höhenmetern. Ich wunderte mich dann trotzdem, wie gut wir damit noch zu Recht gekommen waren, denn ohne nennenswerte

Pause spulten wir unser Ding ab und kamen kurz vor Einbruch der Dunkelheit, also mit einer „Punktlandung" an.

Leider vertrödelten wir viel zu viel Zeit mit der Hotelsuche, sodass es immer später und auch dunkler wurde. Endlich hatten wir dann irgendwann unser Quartier und es war schon fast stockfinster. Eine kurze Dusche und ab zum Essen war die Devise, denn unsere Mägen waren klinisch tot. Ich kann mich nicht daran erinnern, ob ich jemals schneller einen Salat in mich hineingestopft hatte als an diesem Abend. Selbst mein Busenkumpel, der auch schon mal hinlangen kann brach in Gelächter aus, als er sah, in welcher Rekordzeit mein Teller leer war. Beim anschließenden Risotto ging es schon etwas ruhiger zu und das Leben in meinem Magen kehrte langsam wieder zurück.
Ich liege im Bett und mir gehen noch tausend Sachen durch den Kopf. Manni ist schon wieder am schnauben und zuckt gelegentlich heftig.

Montag der 24.08. und Manni wacht wie gerädert auf. Auf meine Frage, was mit ihm los sei, antwortet er: „Ich hatte einen totalen Alptraum". Natürlich bohre ich nach und will wissen, was da genau abging in der Nacht. „Ich hatte geträumt, ich fuhr einen Berg hinauf", bekam ich zur Antwort. „Und, hast du ihn geschafft"?

„Nein" erfuhr ich und er rang sich dabei ein gequältes Grinsen ab.

Wir packten und ich sah, dass Männe vollkommen neben sich stand. Da war Aufbauarbeit zu leisten.

Ohne Frühstück radelten wir uns locker ein bei einem taufrischen Morgen und der Sauerstoff frischte Mannis mentales Zentrum wieder auf. Wir kauften unser Frühstück ein und machten schließlich Pause an der Ortskirche von Flumet, von wo aus wir unseren nächsten Pass heute in Angriff nehmen würden.

„Alles klar Herr Kommissar? Baguette, Claudette, Janette et le Camembert?" Das ist so einer unserer Sprüche, wenn wir selber Frühstück organisiert haben. „Nur der Camembert ist ziemlich weich", wie ich bemerke. Manni sieht auf die Unterseite der Verpackung und sagt: „Kein Wunder, Ablaufdatum 11.2008".

Einen Moment lang hatte ich mich tatsächlich verar…. lassen, bis mir klar war, dass der Käse dann wohl schon dünn wie Seifenlauge gewesen wäre. Er war übrigens ausgezeichnet!

Der Col des Saisies, Höhe 1650 m, 3 Sterne, Länge 14,5 Km, Höhenunterschied 780 m, mittlere Steigung 7% und maximale Steigung 9% stand nun auf unserem Plan.

Ohne die Möglichkeit sich warm zu fahren, überquerten wir die malerische und sehr tiefe Arly-Schlucht auf einer alten Brücke durch einen Torbogen hindurch. Das Tor zur Hölle ging mir durch den Kopf, denn dahinter ging es von null auf hundert steil bergauf.

Ich fing an diesem Morgen sehr früh an in den Wiegetritt zu gehen, was sich als gar nicht schlecht herausstellte. Es gab sehr steile Abschnitte und ich fand so schneller meinen Tritt.
Während Manni am Vortag etwas höheres Tempo gegangen war als ich, fuhren wir heute viel besser zusammen.

Die morgendliche Frische und der schattige Nordhang waren perfekt für mich und ich konnte endlich meinen ersten Pass genießen. Die Aussichten wurden immer malerischer, ja fast kitschig und lenkten uns von der permanenten Anstrengung ab.
Für Gespräche während der Fahrt war auch Zeit und ehe wir uns versahen hatten wir die Passhöhe erreicht.

Was soll ich sagen? Vom Vortag nichts mehr zu spüren, der Elan war wieder da!

Alles lief nach unserem idyllischen Frühstück wie geschmiert.

Wir gönnten uns auf der Höhe einen Kaffee und lernten einen Mann um die 40 kennen, der dieselbe Strecke nach Nizza auf dem Plan hatte wie wir. Der entscheidende Unterschied war aber der, dass er von seiner Familie begleitet wurde, die für ihn das Gepäck im Auto mitnahm. Was für ein Luxus!

Bei strahlendem Sonnenschein machen wir uns an die Abfahrt und erleben ein grünes Paradies auf der Südhangseite. Ich lass es einfach nur rollen, genieße die Aussicht und bin mit meiner Situation zufrieden. Was will man mehr?

Die gute Stimmung treibt mich dazu erstmalig während der Fahrt Videoaufnahmen zu machen, was erst einmal einer gewissen Übung bedarf und auch mit Vorsicht zu genießen ist. Dabei ziehe ich fast permanent die Bremse und behalte die entgegenkommenden Fahrzeuge im Auge.

Es ist Mittag und der nächste Pass steht an.

Cormet de Roselend, Höhe 1968 m, 3 Sterne, Länge 22,5 km Höhenunterschied 1239m, mittlere Steigung 6,7%, maximale Steigung 9%

Dieser Pass stand zum ersten Mal 1979 auf dem Programm der Tour de France und wurde seit dem 7 Mal überfahren. Dieser Pass sollte ein echter Geheimtipp sein, da er kaum befahren wird und landschaftlich sehr schön sei. Davon wollten wir uns überzeugen und gingen ihn an.

An diesem Tag passt bisher alles, denn auch hier komme ich super zurecht. Zwischendurch gibt es immer wieder flachere Abschnitte, die für eine kurze Erholung gut sind. Durch die höheren Mittagstemperaturen fließt natürlich wieder der Bach und ich beobachte, um mir zwischendurch ein wenig die Zeit zu vertreiben, wie mir der Schweiß von der Nase genau auf den Rahmen meines Rades tropft. An einigen Stellen hat sich bereits eine Salzkruste gebildet. Für solche Beobachtungen hat man Zeit, wenn es über Stunden bergauf geht.

Was mich wirklich nervt ist die Tatsache, dass mir ständig Schweiß in die Augen läuft, was unangenehm brennt. Ich grüble darüber nach, ob ich mir für künftige Touren ein Stirnband zulegen soll. Das darf dann natürlich nicht zu breit und zu dick sein, weil mir dann vielleicht schon wieder ausreichend Kühlung auf der Stirn fehlen könnte. Ist das Material jedoch zu dünn, kann es wieder nicht genügend Schweiß aufnehmen.

Mit was für Problemen schlage ich mich hier herum, frage ich mich und gehe wieder in den Wiegetritt.

Nach ungefähr 1,5 Stunden, die mit einer 5 Minutenpause garniert war, denn länger dauern unsere Pausen fast nie (2 bis 5 Minuten) um nicht aus dem Tritt zu kommen, erreichten wir den Stausee auf ca. 1500 m Höhe, der ein 13 Kilometer entferntes Kraftwerk in La Bathie mit Wasser versorgt.
Das Türkis dieses Sees schlug alles was ich bisher gesehen hatte. Es war so hell und gleichzeitig kräftig, dass es so künstlich wirkte, als hätte ein Maler seiner Fantasie übermäßigen Freigang erlaubt.

Hier mussten wir noch ein wenig bleiben und beschlossen eine Mittagspause mit Salat und einem Panaché (Alster), bei direktem Blick auf den 320 ha großen See, der zu den schönsten zählt, die ich bisher gesehen habe. In Anbetracht der noch vor uns liegenden heutigen Strecke fragte ich die Bedienung, wie lange das mit dem Salat wohl dauern würde, denn hier lief offensichtlich alles in Zeitlupe ab. Die Antwort gab sie mir mit einer prompten Gegenfrage: „Sind Sie im Urlaub oder was?"
Manni kriegte sich nach dieser Antwort gar nicht mehr ein vor Lachen und sprach noch Tage

später davon. Ich hingegen wollte doch nur unseren Zeitplan nicht aus den Augen verlieren.

Wie sich später noch herausstellen sollte, kam meine Frage nicht ganz zu Unrecht.

Frisch gestärkt geht es weiter und es fällt nun schwer nach der langen Pause wieder den Kreislauf auf Touren zu bringen und seinen Tritt zu finden. Wir durchfahren Almen, die mit zahlreichen Bächen durchzogen sind und kommen schließlich an einem gewaltigen, vor sich hin donnernden Wasserfall vorbei, der in den See mündet.
Ein bisschen mehr Zeit wäre gut gewesen, denn wir hätten große Lust auf ein kühles Bad gehabt.

Vor uns liegt die letzte große Rampe bis zum Gipfel auf 1968 Meter. In der Höhe ist es nicht mehr so heiß und wir steigen schnell. Eine Kehre nach der anderen bringt uns höher und höher in das Felsmassiv hinein, bis das Ziel schließlich erreicht ist und wir hier zum ersten Mal von anderen Touristen Applaus erhalten. Endlich mal jemand, der unsere Leistung zu würdigen weiß, waren wir uns einig. Wir machten unsere obligatorischen Siegerfotos vor der Tafel mit der Höhenangabe und zogen uns lange Sachen für die Abfahrt an.

Damit darf man nicht zu lange warten, denn in den dünnen Trikots kühlt man sehr schnell aus und für die Abfahrt ist unbedingt eine winddichte Jacke erforderlich.

Hier hatten wir nun zum ersten Mal wieder unseren sogenannten „Abfahrtseffekt", nämlich nicht glauben zu können, was man da vorher alles heraufgefahren ist und die Abfahrt kein Ende nehmen will.
Ich machte am Straßenrand Videoaufnahmen von Manni, der in voller Fahrt den Berg hinunter fegte und wir waren mal wieder in unserem Element.
Über weite Strecken durchfuhren wir ein völlig unbewohntes Tal mit fast mediterranem Einschlag und hunderten von Kurven und Kehren bis nach Bourg St. Maurice. Dort erschlug uns dann schließlich die Hitze mit 30 Grad. Kurz zuvor auf dem Gipfel des Roselend waren es noch ca. 12-13 Grad.

Bei einem Kaffee und einem Eis bei McDonald's studierten wir erneut unsere Karte, um zu sehen wie weit wir noch fahren wollten. Mussten?
Val d`Isère schien locker erreichbar und ideal zum Ausradeln. Manni sprach davon, dass wir dann am nächsten Tag die Poleposition für den Iseran hätten, was durchaus stimmte. Was uns nicht aufgefallen war, war die Tatsache, dass der

Iseran von der Nordrampe aus fast 50 Kilometer Anstieg hatte und Val d`Isère nur noch 16 Kilometer vom Pass entfernt lag. Auf unserer Karte war natürlich mal wieder nichts Auffälliges zu erkennen gewesen und so fuhren wir in der Gewissheit, in gut einer Stunde bei leichtem Ausradeln unser Quartier zu erreichen.

Schon nach 2-3 Kilometern kamen uns erste Bedenken, da es deutlich steiler wurde, gingen aber nur von einer kurzen Steigung aus. Tatsächlich ging es dann wieder ein ganzes Stück bergab, um uns dann die richtige Rampe zu präsentieren. Schnell war klar, dass wir längst im Anstieg waren und uns mitten in unserem dritten Pass am heutigen Tage befanden. Komisch, die Nummer hatten wir doch erst gestern, ging mir durch den Kopf. Die Hoffnung auf etwas flachere Abschnitte konnte man schnell begraben, wenn man schon hoch über sich die nächsten Kehren sehen konnte.

Aufgrund der fortgeschrittenen Zeit gönnten wir uns nicht eine Pause, höchstens mal zum Wasserauffüllen, und stiegen in gerade mal 2 Stunden um sage und schreibe 1200 Höhenmeter. Was für eine Leistung, angesichts der bereits hinter uns liegenden Strecke mit ihren nicht gerade einfachen Pässen. Vor allem, wenn man sich mental für diesen Tag eigentlich schon in Bourg St. Maurice abgemeldet hatte.

Kurz vor Einbruch der Dunkelheit erreichten wir den Stausee von Tignes auf 1795m, wenige Kilometer vor Val-d`Isère, wo wir auch unsere Etappe beendeten, denn der Akku war nach diesem zweiten Tag endgültig leer. Ich glaube, es gab nur 2 oder 3 Mal Situationen in meinem Leben, wo ich derart ausgelutscht war, wie an diesem Abend. Dieser dritte Pass war einfach kompletter Wahnsinn. Geplant waren an den ersten beiden Tagen drei Pässe von denen wir wussten. Sechs Pässe waren es nun tatsächlich geworden mit über 6000 Höhenmetern.

Interessant dabei ist allerdings, dass es überhaupt möglich ist und vielleicht gerade deshalb, weil man nicht darauf vorbereitet ist. Auf alle Fälle eine interessante Erfahrung mehr für unser Radlerhirn.

Mit meinem Puls war ich heute wesentlich besser zu Recht gekommen. Er bewegte sich je nach Steigung zwischen 130 und 143, was für mich optimale Werte sind, weil ich dabei im aeroben Bereich bleiben kann. Eines sei an dieser Stelle außerdem erwähnt. Ohne die zu Hause eingekauften Powerriegel, von denen ich immer 2 Stück am Tag einwarf, hätte ich mit Sicherheit Unterzuckerungsprobleme bekommen, denn so viel kann man unterwegs gar nicht essen, um sich auf normalem Weg ausreichend zu versorgen.

Beim Abendessen wurde noch etwas über Gewicht gefachsimpelt. Mein Rad ist ca. 3 kg schwerer, mein Körpergewicht auch und meine Packtaschen ca. 1 kg schwerer als das Gepäck von Manni. Diese 7 kg sind ein echter Nachteil und ich beschließe, künftige Bergtouren mit meinem neuen Rad von Treck zu fahren und ggf. auch einen leichteren Rucksack zu verwenden, denn Manni scheint damit gut zu Recht zu kommen.

Im Bett denke ich darüber nach, dass Manni schon Plan B und C in der Tasche hatte, falls wir den Iseran und die anderen Pässe der Spitzenklasse nicht durchhalten würden. Über Einzelheiten darf ich hier aber nicht berichten, so war es zwischen uns abgemacht. Diese Zweifel waren völlig überflüssig und unberechtigt. Nach dieser Tagesleistung machte ich mir darüber jedenfalls keine Gedanken mehr und sah dem kommenden Tag einigermaßen entspannt entgegen.

Ich bin fast zu müde um noch meine Notizen aufzuschreiben und erinnere mich, dass ich diesen Zustand nicht zum ersten Mal erreicht habe.

Manni ist schon wieder kräftig am Durchzucken........ Ich bin sicher, in dieser Nacht schafft er seinen Berg und wird es mir am Morgen berichten.

Dienstag der 25.08. um 7:00 Uhr und es regnet draußen. Tiefe Wolken liegen vor unserem Zimmer auf dem Stausee, der kalt und unwirklich erscheint. Ich lege mich gleich wieder hin und hoffe, dass der Regen bald nachlässt, während Manni wie ein junger Hengst unruhig schon am Scharren ist. Er rennt ständig zum Balkon hin und her und erledigt seine Morgentoilette, bis er vor lauter Frische kaum noch gehen kann. Dann irgendwann der Hinweis an mich: „Ich bin tip-top wach! "

Das ist nun zu viel für mich und ich breche meinen morgendlichen Schönheitsschlaf nun endgültig ab. Was hat der bloß geraucht, geht mir durch den Kopf. Vielleicht hat er ja in der Nacht seinen Berg bezwungen und will es heute endgültig wissen. Selbst seine Klamotten sind schon passend zu Recht gelegt. Iseran ich komme, steht auf seiner Stirn eingemeißelt. Irgendwie hat er heute Morgen den typischen Siegerblick aufgelegt, soviel steht fest.

Col de l´Iseran, 3 Sterne, Höhe 2764 m, Länge rekordverdächtige 50 km, Höhenunterschied 2028 m, mittlere Steigung 6%, maximale Steigung 10%

Da wir ja bekannter Weise schon rund 1200 Höhenmeter am Vorabend abgespult hatten, waren wir heute Morgen wie bereits erwähnt in der Poleposition, um unseren ersten, der ganz Großen, zu bezwingen. Die 6% mittlere Steigung sind trügerisch, denn, wenn man die flache Strecke am See entlang bis einschließlich Val d´Isère abzieht, werden daraus sicher auch 8% oder sogar mehr.

Trotz des Frühstücks kaufen wir noch ein paar Dinge zum Essen ein, damit wir auf alles vorbereitet sind. Ich warf mir wie gewohnt meinen Powerriegel ein, was Manni auch tat und los ging es.

Der Regen hatte schon vor einer Weile aufgehört, so dass die Straße anfing abzutrocknen. Besonderes Merkmal von Val-d´Isère ist die Tatsache, dass hier 1992 die olympischen Winterspiele ausgerichtet worden sind. Des Weiteren sind die Dächer der Häuser mit riesigen gespaltenen Felsplatten bedeckt, wovon ich die größten auf mindestens 35-40 kg schätze. Hinter Val-d´Isère fängt nun die entscheidende Rampe für den Gipfelanstieg in einem regelrechten Bergkessel an. Die Zivilisation endet hier schlagartig und mündet in einer gespenstigen Stille. Zu allen Seiten ragen mächtige Felsmassive in den Himmel und ich frage mich, wie man darüber gelangt. Die letzten 11,4 km liegen nun vor uns und ich bin schon gespannt, wie ich mit der dünneren Luft zu Recht kommen werde.

Mir fällt auf, dass ich trotz der Kühle hier oben unglaublich schwitze und kann mir das gar nicht erklären. Später war mir klar, woran das gelegen hatte. Nach der extremen Belastung des Vortages war ich nachts noch kräftig am Nachbrennen, das heißt, dass mein Puls noch lange Zeit sehr hoch gewesen war und ich deshalb auch schlecht geschlafen hatte. Am Morgen braucht man dann einfach länger, bis der Kreislauf wieder richtig auf Touren kommt.

Dafür hatten wir heute Morgen aber gar keine Zeit, denn es ging sofort zur Sache.

Ich konzentriere mich genau auf meine Atmung und meinen Tritt, der sich nach ca. 30 Minuten einstellt, wobei ich meinen Pulsmesser nicht aus den Augen verliere. Die Anzeigetafeln am Straßenrand, die die Entfernung zum Gipfel und die Steigung in % anzeigen, nehme ich hingegen kaum wahr. Jedes Mal wenn ich eine Kehre gefahren bin, schau ich bis zur nächsten Kurve und erkläre sie für mich zum nächsten Ziel. Ich schwitze was das Zeug hält, habe aber trotzdem auf wunderbare Weise einen guten Tritt. Harte

Beine vom Vortag? Fehlanzeige! Bis hier hin läuft es besser als erwartet.

Die 2500 m-Grenze ist geknackt und ich atme tiefer um den geringeren Sauerstoffanteil auszugleichen. Trinken, trinken und nochmals trinken ist angesagt. Verspürt man erst einmal Durst ist es meist schon zu spät und man bricht kurz darauf ein. Mit Hunger ist es genau das gleiche. Die Unterzuckerung ist dann schon auf dem besten Wege. Die letzten 200 Höhenmeter ziehen noch einmal deutlich an und mein Puls klettert erneut auf über 150. Für den Rest der Strecke spielt das aber keine entscheidende Rolle mehr. Den anaeroben Teil kann ich bei der Abfahrt wieder kompensieren, geht mir durch den Kopf. Genau zu diesem Zeitpunkt pfeift das Murmel zu uns herüber, dass ich eingangs schon erwähnt hatte. Es läuft hinüber zu seinen Kollegen, die es am Bau nebenan wohl schon zum Frühschoppen erwarten.

Dann endlich war es so weit. Die Passhöhe unseres ersten „Supergipfels" war erreicht und interessanter Weise waren wir beide kein bisschen erschöpft. Im Gegenteil, wir fühlten uns wie frisch gestartet. Die Endorphine erledigten nun ganz offensichtlich ihre Arbeit und das gar nicht mal schlecht. Fotos und Videoaufnahmen wurden gemacht und der Sieg war unser!

Es war windig und dunkle Wolken zogen auf, die uns veranlassten schnell zur Abfahrt überzugehen. Lange Sachen hatten wir längst angezogen. Für mich heißt das: Unterhemd, Ärmlinge, über das Trikot eine Windjacke und über die Radlerhose eine lange Trainingshose. Schließlich mein Halstuch und die dicken Fingerhandschuhe. Währen ich im Anstieg so ziemlich alles ausziehe, bin ich bei den Abfahrten eine echte Frostbeule. Bei Manni sieht das genau umgekehrt aus. Während er es auf der Strecke immer gerne etwas molliger hat, wie er es gerne formuliert, schält er sich viel früher als ich schon nach ca. 1000 Höhenmetern Abfahrt wieder aus seinen warmen Sachen heraus.

Trotzdem passen wir gut zusammen. Das muss hier mal gesagt werden! Unsere Routine und Erfahrungen, das blinde Verständnis für einander und das gut zusammenpassende Leistungsvermögen, ob auf Strecke oder am Berg sind unschlagbar und garantieren immer eine erfolgreiche Tour mit viel Erlebnissen und jeder Menge Spaß. Aber mal im Ernst. Es wäre unglaublich schwer, überhaupt jemanden zu finden, für derartige Touren, wie wir sie regelmäßig machen. Touren von Kaliningrad bis Istanbul, von Osnabrück nach Venedig oder von Málaga aus durch Marokko bis hin zur

Überquerung des Atlasgebirges hinter Marrakesch.

Wer ist schon bescheuert genug, sich so et-was freiwillig anzutun und nun das hier, die Überquerung der Alpen an ihrer breitesten Stelle auf der Route des Grandes Alpes und das alles auch noch mit Gepäck. Das geht doch gar nicht! Hallo!!!!!! Ist da jemand...?

Ich denke, die meisten machen nun einen weiten Schritt zurück, damit die Freiwilligen besser vor können. So hatte es mir mein Vater zumindest erklärt, wenn es um ein „Sonderkommando" im zweiten Weltkrieg ging.

Ach ja! Wir waren bei der Abfahrt vom Col de l'Iseran. Ab und zu gehen mir beim Schreiben schon mal „die Gäule durch".

Die Abfahrt war wirklich ganz schön frisch und ich war stolz auf meine neuen, dicken Fingerhandschuhe, die hier zum ersten Mal zum Einsatz kamen. Wir durchfuhren ganz anders als am Vortag keine mediterrane, sondern eine schottische Landschaft.

Mit Gras bewachsene, grün leuchtende Hänge, soweit das Auge reicht. Eine Landschaft, mit der wir so nicht gerechnet hatten und wir mitten drin, wie ich dann immer gerne sage. Heute filmt Manni mich vom Straßenrand, wie ich mit 60 Sachen an ihm vorbei rausche. Später bemerkte ich, dass mein Handy dabei die ganze Zeit oben auf der Packtasche gelegen hat ohne herunter zu fallen. Glück braucht der Mensch! Die Stimmung war zum Platzen gut und wir hatten auch heute wieder unseren Abfahrtseffekt, der rund 75 Kilometer anhielt, bis wir am Abend St. Michel erreichten.

75 Kilometer nur bergab! Was für eine Abfahrt.

Als wir in St. Michel einliefen und vorsorglich schon mal den Einstieg des Col du Télégraphe auskundschafteten erhielten wir plötzlich Applaus auf offener Straße. Unser „Luxusfahrer" vom Col des Saisies, der nur mit Versorgungsfahrzeug unterwegs ist, schlenderte bereits mit seiner Familie durch die Gassen. Er war am Morgen schon eine halbe Stunde früher gestartet und war bereits auf der Suche nach Kohlehydrate.

Gerade im „Bikerhotel" untergekommen fing es auch schon an zu regnen. Zuvor hatten wir unterwegs auch schon unter einer kleinen Brücke einen Regenschauer abwarten müssen. Sollte das Wetter umschlagen?

Wie am Vorabend gab es bei uns wieder Tomaten mit Mozzarella und eine Riesenportion Spagetti, was sonst. Ein paar Bierchen bzw. Alster dazu und die Nacht konnte kommen. Sie kam auch und zwar mit heftigen Gewittern bis in den Morgen hinein. Somit kann sich nun jeder ausrechnen, dass es auch diese Nacht nicht allzu gut um erholsamen Schlaf bestellt war.

Egal, es wird schon reichen.

Manni kauerte sich unter seine Decke, aber das Zucken blieb heute aus. Wahrscheinlich kam er auch nicht richtig in den Schlaf, denn es donnerte, dass die Fenster wackelten.

Am Mittwoch dem 26.08. ist unser Respekt vor dem Galibier zwar immer noch groß, aber nicht mehr zu groß. Dass dieser Pass der schwerste auf unserer Tour sein würde, war sicher und unsere Unterlagen sprachen da eine ganz eindeutige und klare Sprache.

Nach einem guten Frühstück unter Bikern, sowohl Motorrad- als auch Radfahrern, ging es direkt vom Ort aus an die Nordrampe des Col du Télégraphe, einem vorgelagerten Pass des Galibier.

Col du Télégraphe, 3 Sterne, Höhe 1566 m, Länge 11 km, Höhenunterschied 1016 m, mittlere Steigung 7,1%, maximale Steigung 9%.

Das erinnerte mich irgendwie an den Forclaz am ersten Tag mit der Bemerkung, dass es praktisch keine Erholungsmöglichkeiten auf der Strecke gibt. So war es auch von Anfang an. Wir waren gut beraten, früh den Wiegetritt mit einzubauen und stiegen in einer unglaublich kurzen Zeit auf imposante Höhen, von wo aus wir in das Tal herabschauen konnten, das wir am Vortag vom Iseran aus herabgefahren waren. An diesem Tag und an diesem Pass packte uns beide der Ehrgeiz, den Télégraphe ohne anzuhalten hochzuklettern.

Mannis Waden waren längst nicht mehr so dick...............

Irgendwie fühlte ich mich frisch, hatte schon nach sehr kurzer Zeit einen optimalen Tritt und übermäßiger Schweiß, wie am Vortag, blieb heute aus. Wir kurbelten uns die Windungen am Berg hinauf mit der Gewissheit, dass dieser kein Gegner mehr für uns war. Man muss sich dabei vergegenwärtigen, dass wir uns hier über mehr als 1000 Höhenmeter auf nur 11 Kilometern unterhalten und wir, ... wir hatten den Respekt verloren. Nach rund 1 ¼ Stunden war die Passhöhe bei einer entspannten, morgendlichen Stimmung genommen und der Himmel klarte immer mehr auf.

Es gibt hierzu wirklich nicht mehr zu schreiben. Die Beine liefen wie ein Uhrwerk, ein eventueller Einbruch blieb aus und wir kamen fast wie ausgeruht an der Höhe an. Grund dafür ist sicher auch, dass wir sehr tief gestartet waren und wir erst auf 1566 Metern waren. Hier ist die Luft noch ein wenig gehaltvoller als auf der Passhöhe des Iseran.

Nach unserem Fotoshooting ging es über 4,8 Kilometer ungefähr 200 Höhenmeter wieder bergab. Zuvor hatte ich natürlich einen Powerriegel verdrückt, denn dieser wirkt erst nach einer Stunde und hält dann für ca. 2 Stunden an. Passt also genau für die Galibierauffahrt, hatte ich mir ausgerechnet. Bananen und Traubenzucker sind natürlich immer im Spiel und runden unseren Ernährungsplan ab.

Col de Galibier, 5 Sterne!! Höhe 2646m, (incl. Télégraphe) ist die Länge
34,8 km, und Höhenunterschied 2096 m. Mittlere Steigung 7,4%, maximale Steigung 14%.

Die mittlere Steigung ist deshalb nur so niedrig, weil längere flache Abschnitte im ersten Drittel zu verzeichnen sind.

Der Erste, dessen Name in die Galibier-Annalen einging, war Emil Georget. Er hatte die Passhöhe ohne abzusteigen erreicht. Seitdem stand der Galibier mehr als 50 Mal auf dem Programm der Tour de France. Selbst mitten im Sommer kann hier das Wetter umschlagen und den Berg in eine Winterlandschaft verzaubern. Bei der Tour von 96 war das der Fall und man musste die Galibieretappe stark einkürzen.

Für uns stand nun aber die Königsetappe bei herrlichem Wetter an und eine gewisse Unsicherheit ging bei mir zumindest mit. Wie ging es Manni dabei? Zugeben würde das sowieso keiner von uns.

Also machten wir uns nach einem kurzen Einkauf von Wasser und Bananen auf den Weg und verließen den Gebirgs- und Wintersportort Valloire (1405 m).

Gleich zu Beginn ging es mit beeindruckenden 10 % Steigung zur Sache und die Sonne genau auf die „zwölf". 18 Kilometer der Spitzenkategorie lagen vor uns und wir hatten plötzlich wieder den erforderlichen Respekt, den man auch dringend benötigt um nicht Gefahr zu laufen, seine Kräfte falsch einzuteilen bzw. einzuschätzen.

Angst auf Plan B oder gar C zurückgreifen zu müssen gab es nicht, eben nur gehörigen Respekt.

Es wird wieder etwas flacher und wir vergnügen uns mit Interviews bei laufender Kamera während der Fahrt. Ich stelle dann Manni immer gescheite Fragen, auf die er in Bergführermanier antwortet und sich oft selber dabei weg lacht.

Das geht eine Weile gut, bis wir vor uns schlechthin die Rampe unseres Lebens sehen. Ich stecke die Kamera ein und ehrfürchtig fahren wir auf sie zu mit dem Bemühen, sich auf einen neuen Tritt zu konzentrieren. Vor uns schnitt sich eine Straße in den Felsen, gerade, wie vom Reißbrett kreiert und sie hat bereits an der ersten Kehre eine Höhe erreicht, die schwindelerregend ist. Mit voller Konzentration gehe ich sie an und ich kann mir vorstellen, was nun auf uns zukommt.

Dieser Pass wurde, wie schon der Forclaz, zur echten Quälerei, denn wirkliche Erholungsphasen gab es auf der ganzen Strecke nicht. Als wir die symbolische 2000-Meter-Marke durchbrochen hatten wurde die Landschaft öde und trostlos. Den Blick dafür hatte man aber kaum, weil man viel zu sehr mit sich selber beschäftigt war.

Mit etwas reduzierter Umdrehung aber einem kontinuierlichen Tritt gewinne ich schnell an Höhe. Die Beine machen muskulär eigentlich ganz gut mit, obwohl mich das Gepäck ganz schön nach hinten zieht. Ich spüre aber, welchen Druck ich auf meinen Füßen erzeuge und dass die Fußaußenballen ein wenig anfangen zu brennen und nicht richtig durchblutet werde. Die Zehen ziehe ich deshalb immer zwischendurch kräftig an, aber besser wird es irgendwie nicht.

Ab und zu ertappe ich mich, wie ich zwischen die Beine hindurch auf den hinteren Kranz spähe um nachzusehen, ob nicht doch noch ein kleinerer Gang da ist. Oder ich greife gleich zur Schaltung um dann festzustellen, dass da nichts mehr geht.

Der Bach läuft wieder derart, als wollte ich die Gegend hier mit künstlicher Bewässerung ausstatten. Mein neues Konzept dabei ist, nicht immer nur gewohnheitsgemäß mit dem rechten Handschuh abzuwischen, sondern im Wechsel mit dem Anderen, um nicht irgendwann „Schlagseite" zu bekommen. Übrigens trocknen die Handschuhe hier oben bei der kühlen und trockenen Luft sehr viel schneller als sonst.

Kleine Beobachtungen, wenn man nur noch mit sich selbst beschäftigt ist.

Es tut sich ein kleines, aber alt bekanntes Problem auf. Mein linkes Bein, hier insbesondere die Wade verhärtet sich ein wenig, was daran liegt, dass ich im Unterbewusstsein mein rechtes Bein, dass bei einem schweren Unfall ziemlich verletzt wurde, immer entlaste. Ich kann nichts dagegen tun. Ich kann dann nur versuchen, bewusst beide Beine gleich zu belasten. Aber auch das ist zurzeit nicht die beste Idee, stelle ich fest. Seit ungefähr einer viertel Stunde habe ich Schmerzen an meinem mehrfach operierten Bein und hoffe, dass sich das irgendwann wiedergibt, so wie es schon oft passiert ist.

Noch eine kleine Studie während unseres Belastungstestes.
Beim Trinken kann es durch die schnelle und tiefe Atmung passieren, dass man etwas Wasser in die „falsche Leitung" bekommt. Deshalb muss das Trinken selber sehr schnell, aber auch im Rhythmus passieren. Aber selbst, wenn das gelingt, raubt es mir beim Schlucken mindestens zwei bis drei Atemzüge, was dazu führt, dass man danach erst einmal ziemlich am Keuchen ist, um das Defizit wieder auszugleichen. Ich erwische mich immer wieder dabei, dass ich bei extremer Belastung mit hoher Atmungsfrequenz deshalb trinkfaul werde, was natürlich auf Dauer nicht funktioniert.

Ja, ... der Rennradfahrer ist ein bedauernswertes Geschöpf.
Zurück zur Situation. Auch am Galibier ist der Anspruch da, ohne Pause zum Pass durchzufahren. Hier anzuhalten ist tödlich, denn das wieder Anfahren und Trittsuchen bei einer derartigen Steigung ist eine einzige Qual. Abgesehen von kurzen Momenten, in denen Manni ein Foto schießt oder ich mit schwitzen Händen meine Videokamera traktiere, geht es

ohne Gnade immer weiter. Da gibt es nur noch ein Ziel zu erreichen, den Pass!

Wir werden von einem großen Bus überholt und ich warte ein wenig, bis ich ihn hoch oben in irgendeiner Kehre wiederentdecke. Auf diese Art und Weise kann ich mich schon vorher ein wenig orientieren, in welche Richtung die Straßenführung sich entwickelt und was mir blüht.

Irgendwann sieht die Felslandschaft so aus, als sei der Pass in unmittelbarer Nähe. Ich jubiliere schon innerlich ein wenig, bis am Straßenrand wieder eine Hinweistafel kommt, die mir anzeigt, dass es noch 5 km bis zur Passhöhe sind. Ich hatte die Schilder zuvor gar nicht mehr bewusst wahrgenommen, weil ich offensichtlich mit mir selber viel zu beschäftigt gewesen war.

Dieses Schild haut mich erst einmal um und ich habe so etwas wie eine sogenannte Krise. Noch 5 km bei dieser Steigung heißt, dass sich die Quälerei noch rund eine halbe Stunde fortsetzen wird. Eine halbe Stunde ist in einem solchen Moment eine kleine Ewigkeit. Ich erinnere mich an eine Passage in meinem Buch zur Tour de France, die darauf hinweist, dass jeder irgendwann am Pass seine Krise hat. Einige würden dann versuchen, sich an der tollen Aussicht zu ergötzen, andere wiederum versuchen sich schon die geniale Abfahrt auszumalen. Ich versuchte es mit der Landschaft und was soll ich sagen? Es half ein wenig und ich schraubte mich von Kehre zu Kehre weiter nach oben.

Meine beiden Triathlonpads waren mittlerweile nass vom Schweiß und mein Tacho hatte auch schon eine kleine Salzkruste. Die letzten 2 km waren die Hölle, schrieb ich am Abend in mein Notizheft. Anders kann ich das nicht ausdrücken. Dieser Berg war definitiv unser Härtetest in Sachen mentalen Durchhaltevermögens.

Irgendwann war sie da, unsere Passhöhe auf 2646 Metern. Wir hatten es tatsächlich geschafft mit samt unserem Gepäck uns hier hoch zu quälen und das auch noch in einer ganz respektablen Zeit. Einige Touristen bekundeten ihren Respekt und stellten mir Fragen zu unserer Erfahrung am Galibier und am Télégraphe. Viele machten hier oben ihre „Siegerfotos", auch wenn sie mit dem Auto oder dem Motorrad ihre Leistung vollbracht hatten. Wir zogen uns schnell warme Sachen an, denn es war kühl und windig hier oben. Wir genossen noch ein wenig das Panorama und machten uns dann an die Abfahrt. Mir ging es so, dass diese Abfahrt irgendwie von Routine geprägt war und unser Abfahrtseffekt blieb bei mir zumindest dieses Mal aus. Ich denke, in Wirklichkeit lag es vielleicht auch an der Erschöpfung, dass keine Euphorie mehr aufkam.

In Briancon angekommen bezogen wir ein Zimmer, das vollständig aus Holzhandarbeiten hergestellt war. Tausend Kleinigkeiten gab es zu entdecken und auch das Badezimmer war eine Wucht. Ich schnappte mir sofort das Badesalz, das dort lag und genoss ein herrliches, heißes Bad. Mit geschlossenen Augen lag ich da, in meiner „Salzlauge" und der ganze Film des Tages lief vor meinem geistigen Auge noch einmal ab. Was für ein Gefühl dabei in der Wanne zu relaxen!

Bevor es zum Abendessen ging, nahmen wir noch die historische Festung der Stadt ins Visier, die uneinnehmbar schien.
Uneinnehmbar war aber nicht unser 3-Gänge Menü. Danach gab es Calvados, und zwar einen Doppelten auf den Galibier. Diese Maßnahme sahen wir an diesem Abend als Pflicht an und sie verhalf uns in einen tiefen erholsamen Schlaf.

Ob Manni wieder zuckte? Keine Ahnung.

Der Tag danach! Donnerstag der 27.08. und ich habe mal wieder schlecht geträumt.

Meine Stimmung war trotzdem glänzend, denn wir hatten wieder stahlblauen Himmel und einen herrlichen kühlen Morgen.

Bereits 300 Meter von unserem Hotel entfernt ging es direkt auf den Passanstieg zum Col d´Izoard. Die morgendliche Stimmung war perfekt und der Pass sollte man ruhig kommen. Nach dem Galibier konnte uns nichts mehr erschüttern.
Höhenunterschied 1438 Col d´Izoard, 4 Sterne, Höhe 2361 m, Länge 31,7 km, m
mittlere Steigung 4,5%, maximale Steigung 12%.

Die Steigung begann gleich von null auf hundert und erinnerte mich deshalb an den Col du Télégraphe. Den waren wir aber auch blendend angegangen trotz der plötzlichen Steigung. Wir hatten beide von Anfang an einen guten Tritt und es ging wie mit dem Flugzeug nach oben. Schon nach kurzer Zeit hatten wir eine unglaubliche Aussicht auf die umliegenden Täler und waren kernig in den Beinen wie nie. Klar, ein bisschen hart vom Vortag waren sie schon, aber ich war hoch motiviert und freute mich auf die heutige Etappe.

Mannis Waden werden immer kleiner.................

Es gibt im zweiten Drittel längere flache Abschnitte, die für Erholung sorgen. Daher übrigens auch die niedrige mittlere Steigung von 4,5%. Die Landschaft hier ist ein einziger Traum und das Morgenlicht verzaubert die Berge. Landschaftlich gesehen bin ich mir sicher, ist dieser Pass der schönste von allen. Heute bin ich derart gut drauf, dass ich sogar meinen Helm beim Anstieg aufbehalte. Den Wiegetritt brauche ich erst viel später als sonst und mein Puls bleibt immer knapp unter 140.

Ein Tag zum Heldenzeugen! Ist so eine Redensart von mir.

Endlich war sie da!! Die erste Tafel mit einer 12%-Anzeige. Nichts hielt uns nun noch im Sattel. Abwechselnd fuhren wir an der Tafel vorbei und fotografierten uns gegenseitig dabei. Das sind nun mal die fotografischen Trophäen, die man mitnehmen muss. Natürlich gab es schon in den letzten Tagen kurze steilere Abschnitte, die sogar 14% oder mehr gehabt hatten. Es wird aber immer der Schnitt eines ganzen Kilometers angezeigt und deshalb war diese Tafel eine kleine Fotosession wert.

Kurz darauf hatten wir die Passhöhe nach gut 2 ½ Stunden Fahrt erreicht und kamen dort wie ausgeruht an. Ist wirklich wahr! Trotz der

Steigung und des Galibiers am Vortag waren wir topfit.

59er Jahrgänge sind nun mal unverwüstlich!!!!!!!!!!!
Kurz umgezogen und ab auf den etwas höher gelegenen Aussichtspunkt für einen traumhaften Panoramablick, den man einfach selber erlebt haben muss. Unseren Freund aus Würzburg, den Luxusfahrer mit Familienbegleitfahrzeug, treffen wir hier oben auch wieder.
Er bleibt uns auf den Fersen, so viel steht fest.

Die Abfahrt ist ein einziges Highlight! Landschaftlich nicht zu toppen und stellenweise schon kitschig schön. Atemberaubende Felsformationen, bis wir wieder irgendwann in grünere Bereiche gelangen.
Ein letztes Mal treffen wir an einem Laden, wo wir uns mit Bananen und Wasser versorgen, unseren Luxusfahrer, der wie wir, sich aus den langen Sachen schält, weil es schon wieder hochsommerlich warm ist.

Ich unterhalte mich mit einem alten Franzosen über all die Oldtimer Motorräder, die zu einem Treffen auf dem Izoard an uns vorbeifahren. Irgendwann spricht er mich auf die deutsche Automarke Mercedes an und leitet von diesem Namen ein Wortspiel ab, dass er noch aus dem zweiten Weltkrieg her kennt. Die Franzosen sprachen dann den Namen aus wie folgt: Merde SS. Klingt dann tatsächlich fast wie Mercedes, wenn man es Französisch artikuliert. Zu Deutsch: Scheiß SS. Er lacht über seinen Witz und ich tu es auch. „Die Deutschen von heute gefallen mir besser", sagt er „und euch noch eine gute Fahrt."

Es geht weiter bis zu einer Straße, die direkt hoch oben an einer Klamm herführt. An der Leitplanke, vorausgesetzt es gibt eine, geht es locker 100 Meter steil bergab zum tosenden Fluss, der sich seit Millionen Jahren hier eine tiefe Rille gezogen hat. Wir fotografieren und filmen was das Zeug hält und genießen dieses Naturschauspiel, bis wir bei voller Mittagshitze um 13:30 Uhr unseren nächsten Passanstieg erreichen.

Col de Vars, 3 Sterne, Höhe 2109m, Länge 19 km, Höhenunterschied 1109m, mittlere Steigung 8%, maximale Steigung 10%.

Dieser Pass begann genau wie unser Erster, nämlich dem Forclas. Es ging ebenfalls von Anfang an auf einer Rampe mit 8% bis 10% zur Sache und in Richtung Süden mit leichtem Rückenwind. Mit anderen Worten, keinerlei Luftbewegung während der Fahrt. Ebenfalls fuhren wir auf einem Südhang und genau so selten wie am Forclas gab es mal eine kurze kühlende Brise von vorn, wenn die Kehre mal nach Norden drehte, die mir dann den „Duscheffekt" verpasste. Der Hauptunterschied war aber die Tageszeit. Hier ging es zur Sache bei noch höheren Temperaturen.

Ich sprach ja bereits zuvor schon einmal an, dass Manni es gerne etwas „molliger" hat, wie er gerne sagt und bei totaler Hitze noch mit Wollunterhemd, Trikot und Weste fährt, um dann festzustellen, dass er doch langsam sein Halstuch ablegen könnte.
Genau hier machte ich die Beobachtung nach ca. 2o Minuten Anstieg!

Mir stand durch die Hitze der Puls bei 152. Ich fuhr mit weit geöffnetem Trikot und ohne Helm und der Bach lief in Strömen, als hätten meine Poren eine „Feuerwehrübung" angeordnet. Unser Freund hingegen, der es gerne etwas molliger hat, hielt tatsächlich an, um sein Halstuch abzulegen, denn es sei ja nun doch etwas wärmer geworden.
Hallo!? Geht es noch???

Ja, ja, unser Männe fing tatsächlich auch an zu schwitzen. Soll schon mal vorkommen. Wie er das mit der Regulierung der Körper-temperatur macht, ist mir unklar. Eines steht jedenfalls fest. Wenn das Wetter mal umschlagen sollte, hat er bereits bei +10 Grad einen Eiszapfen an der Nase hängen.

Wie auch immer, heute waren mir sogar die Motorräder recht. Sie sorgten jedes Mal für eine extra Portion Wind, wenn sie vorbeirauschten. Die Eidechsen lagen breit gestreckt auf der Fahrbahn, um möglichst viel Sonne zu tanken und die Landschaft, die sich in einem südlichen Outfit präsentierte, wirkte staubig und trocken.

Ob es an der Sonne lag, die mir auf das Gehirn brannte, weiß ich nicht. Auf jeden Fall hatte ich ständig den Song „La Provence, la Provence" von dieser Nana Muscuri oder wie sie auch heißt, im Ohr. Das ging mir aber irgendwann gehörig auf den Sender. Trotzdem wurde ich dieses Elendslied nicht mehr los, hier in der Provence.

Am Col de Roselend hatte ich immer „I hob di long schon ni mehr gsehn" im Kopf. Das kann einen auf Dauer echt krankmachen, allerdings lenkt dieser geistige Zweikampf mit einem solchen Ohrwurm von der Keulerei am Berg ab. Man kann das eben auch positiv sehen.

In dem Ort Les Claux auf rund 1800 m gönnten wir uns eine Pause, weil unsere Mägen langsam rebellierten. Nur Power auf Dauer geht nicht. Die Riegel sind irgendwann auch nicht mehr zu ertragen. Also suchten wir etwas Essbares und stießen auf eine Crèperie, die außer einer Crêpe mit Pilzen und Spiegelei darüber nichts zu bieten hatte. Uns war es egal und wir bestellten im fast unterzuckerten Wahnzustand, was dieser Ort halt hergab, denn alle anderen Läden hatten um diese Zeit noch geschlossen.

Es kam was kommen musste. Eine, von altem Öl triefende Crêpe, auf der ein halb rohes Ei schwamm und die zarten Pilzstücke unter sich begrub stand vor uns auf dem Tisch. Das Eidotter zuckte noch, als sei da noch Leben drin und wir schauten uns schweigend ein paar Sekunden an mit der Erkenntnis, dass dieses Essen uns töten würde.

Aufgrund des zuvor erwähnten Wahnzustandes, so kann ich mir das nur erklären, setzte sich trotzdem eine unkontrollierbare Willenskraft durch, die uns veranlasste, uns über diese „Unzumutbarkeit" herzumachen. Irgendwann gab ich auf und ließ den Rest liegen, weil mein Magen bereits Alarm schlug und sich gar nicht mehr wohl fühlen wollte.

Als medizinische Behandlungsmaßnahme gossen wir noch schnell einen Espresso darüber und sahen zu, dass wir diesen unrühmlichen Ort so schnell wie möglich verließen.

Wieder auf dem Rad waren wir uns einig, dass es besser gewesen wäre, das Geld hinzulegen, sich einen der gehassten Powerriegel dahinter zu schieben und sofort weiter zu fahren. Haben wir nun aber leider nicht gemacht und unsere Bäuche fühlten sich an, wie der vom Wolf, der sich um die sieben Geißlein gekümmert hatte und später die Steine im Bauch mit sich herumschleppte. Das Schlimmste aber war die Tatsache, dass wir, im Gegensatz zum Wolf, die Steine noch ungefähr 300 Höhenmeter bergauf schleppen mussten. Für den Wolf hingegen ging es nur noch bergab...nämlich in den Brunnen.

Wir erreichten mit Mühe die ersehnte Pass-höhe und krochen auf dem Zahnfleisch. Selbst bei unserem obligatorischen Siegerfoto bekamen wir kaum die Mundwinkel nach oben gezogen. Ich erinnere mich noch gut, dass das gebückte Aus- und Anziehen meiner Schuhe, um eine lange Hose überzuziehen, eine Tortur war und etwas mit totaler Übelkeit zu tun hatte.

Wir machten uns an die Abfahrt, die uns wieder aufmunterte und ablenkte, da sie uns herrliche Aussichten präsentierte. Nach einer Weile kamen wir an einem kleinen Ort vorbei, der direkt an der Straße eine kleine Brasserie so präsentierte, dass wir einfach nicht daran vorbeifahren konnten.

Drei kleine Tische standen draußen und wir waren wild entschlossen, unseren Verdauungstrakt wieder auf Vordermann zu bringen. Zunächst zwei kleine Bierchen, dann packte es mich und ich ging mit dem Wirt hinein um zu sehen, was seine Schatzkammer noch so an Spirituosen offenbaren würde. Le Père Magloire, ein exzellenter Calvados der Normandie stach mir sofort ins geübte Kennerauge.

„Deux double Calvados du Père Magloire s`il vous plait, Monsieur ", bestellte ich und er sah mich irgendwie mit einem hohlen Blick an, als wenn er es kaum glauben könnte. Sicher sind ihm hier in den letzten 40 Jahren einige Radfahrer schon untergekommen, aber ich wette, keiner dieser meist durchtrainierten Sportler bestellte sich zunächst zwei Biere, um anschließend noch einen doppelten Calvados darüber zu gießen und sich danach wieder an die Abfahrt ins Tal zu machen.

Wahrscheinlich hat er sich nur gedacht: Die spinnen, die Deutschen.

Wie auch immer. Als der Calvados unsere Kehlen durchlief spürte man bereits, dass die körperliche Wohlfühlkurve wieder steil nach oben verlief. Ich machte sofort den Vorschlag noch einen hinterher zu kippen, aber der umsichtige Manni deutete an, dass er schon leicht „einen sitzen" hatte und wir ja noch Einiges zu fahren hätten.

Natürlich hatte mein Busenkumpel auf der ganzen Linie recht, denn bei dem Stoffwechsel, den wir hatten, geht der Alkohol unglaublich schnell ins Blut und haut einen schnell aus dem Sattel, wenn man nicht aufpasst.

Wir mussten beide lachen und bezahlten unserer Rechnung beim Wirt, dessen Gesicht ich allerdings zu gerne gesehen hätte, wenn er den zweiten Doppelten servieren würde.

Wir fahren weiter und es geht uns richtig gut! Der Schnaps hatte seine Aufgabe voll erfüllt und die nun „gefühlte Geschwindigkeit" ist doch deutlich höher als zuvor.

Der Abend kündigt sich an und kurz vor Jausier, wo der Anstieg zum Col de la Bonette beginnt, beenden wir unsere Tagesetappe in einem „Trou perdu" wie man auf Französisch, zu einem Gott verlassenem Nest, sagt.

Unser Zimmer, im einzigen Hotel des Örtchens, ist an Einfachheit nicht zu überbieten. Hier ist die Zeit nach dem Zweiten Weltkrieg stehen geblieben. Das Haus wurde zwar erst nach dem Krieg neu wiederaufgebaut, wirkt aber von innen wie aus dem vorletzten Jahrhundert. Auf dem langen und dunklen Flur könnte man hervorragend einen Psycho-Horrorfilm drehen, denn es wirkt hier alles etwas unwirklich und gespenstisch, so wie man das aus Edgar Wallace Filmen her kennt. Die Türen und Böden knarren und das Schloss zu unserer Zimmertür ist riesig und massiv. Es ist derart ausgelutscht, dass der Schlüssel schon kaum noch Halt findet und schief im Schloss hängt, und wenn man den Schlüssel umdreht hallt das Geräusch durch den ganzen Flur.

Super Location, geht mir durch den Kopf und wir machen uns auf zum Restaurant nach nebenan.

Nach einem perfekten Essen gehen wir zu unserem Hotel zurück und Manni überredet mich zu einem Kickerspiel und einem ordentlichen Grand Marnier.

Deutschland gewinnt.

Freitag der 28.08. und wir sind auf dem Weg nach Jausier, wo der obligatorische Wasser- und Bananeneinkauf stattfindet. Der letzte Pass unserer diesjährigen Tour liegt vor uns und alles wird noch einmal gecheckt. Wir fahren ehrfürchtig in Richtung Rampe des

Col/Cim de la Bonette, 3 Sterne, Höhe 2802 m, Länge 23,8 km, Höhenunterschied 1582 m, mittlere Steigung 6,7%, maximale Steigung 12%.

Man nennt diesen Pass auch „Das Dach der Tour", denn es handelt sich hier um die höchste asphaltierte Passstraße Europas. Das zumindest behaupten die Franzosen. Richtig ist, dass der Pico de Veleta in der spanischen Sierra Nevada 3100 m hoch und mit dem Auto zu erreichen ist.

Ob dort nun alles ordnungsgemäß asphaltiert ist, müssen Manni und ich irgendwann einmal mit den Fahrrädern herausfinden, aber das wird eine andere Geschichte sein.

Heute Morgen komme ich erst gar nicht so recht in den Tritt und belaste mal wieder meine Beine unterschiedlich stark, sodass mein linker Fußballen wieder zu viel Druck bekommt. Ich konzentriere mich auf gleichmäßige Kraftverteilung, aber mein Gehirn will das rechte Bein schonen. So quäle ich mich eine ganze Zeit damit herum und versuche mich mit der herrlichen Landschaft zu trösten. Ein regelrechter Schwarm von Fliegen kreist permanent um uns herum, was hier zum ersten Mal der Fall ist und diese Fliegen nerven.

So kann ich mich auch nicht über die Landschaft freuen und keule langsam den Berg hinauf, bis mir plötzlich eine Maus vor das Fahrrad läuft, die gerade zuvor den Reifen von Manni noch entkommen ist. Ich mache einen riesigen Schlenker und balanciere um sie herum, während Manni mich noch warnt.
Irgendwie hat sie es wohl geschafft, denn als ich mich umdrehe liegt dort nichts, was man von der Fahrbahn hätte kratzen müssen.

Wir machten an einer Almhütte Pause, nachdem wir die Zweitausender Marke überschritten hatten. Die Fliegen hatten kurz zuvor abgedreht, weil ihnen wohl die Luft zu dünn wurde und wir setzten uns in die Sonne um unser zweites Frühstück zu verdrücken. Der letzte Powerriegel auf dieser Tour wurde eingeworfen und wir waren trotz der Höhe des Passes ziemlich entspannt. Der Galibier war eine andere Kategorie und deshalb waren wir uns sicher, dass es heute ein Selbstläufer werden würde. Die Höhe von über 2800 Metern war allerdings eine Herausforderung, die man nicht unterschätzen sollte. Soviel war uns klar.

Nach der Pause kam ich richtig gut in Tritt. Überall sprudelten kleine Wasserläufe und die Stimmung hellte sich auf. Manni schwärmte die ganze Zeit von der herrlichen Gegend und stellte fest, dass die Franzosen doch ein schönes Stück der Alpen „abgestaubt" hätten. Ich konnte ihm da nur beipflichten. Im Übrigen kamen dann irgendwann ab 2500 Metern Höhe so Sprüche wie: „Unsere Frauen können stolz sein, dass sie so durchtrainierte und leistungsstarke Kerle haben. Die können sich gar nicht vorstellen was wir hier ableisten!"

Ja, ja, wie bereits erwähnt, die Luft wurde deutlich dünner.

Nun wird sie es aber wirklich, als wir die 2500 Metermarke überschreiten. Unglaubliche Felsformationen umringen uns von allen Seiten und die Landschaft wirkt schroff und fast lebensfeindlich. In dieser Situation hören wir plötzlich einen ungewohnten Vogelschrei und entdecken einen Steinadler, der neben uns eine Schleife fliegt und majestätisch dahingleitet. Ohne einen einzigen Flügelschlag verliert er sich in der Ferne. Wir sind hier nun im Mercantour Nationalpark, der sich auf der südöstlichen Seite nach Italien fortsetzt. Seine Fläche beträgt über 270.000 Hektar.

Der Gipfel ist nun nicht mehr weit und ich bin froh, dass es bis zum Col auf 2715 Meter (Passübergang) etwas flacher ist.

Zeit zum Erholen, Zeit zum Genießen, Zeit zum Nachdenken.

Vor mir baut sich der Gipfel auf, der Cime de la Bonette, den man über eine Schleife die 1200 Meter lang ist, erreichen kann. Dieses Stück Straße wurde über den Col hinaus angelegt im Jahr 1961 und so kann eine Höhe von 2802 Meter erreicht werden. Diesen kleinen „Zipfel" nehmen wir natürlich mit, um das Dach der Tour zu erreichen. Den angeblich höchsten Pass, den Europa zu bieten hat. Das Ding mit dem Rennrad zu knacken ist ein absolutes Muss, geht mir durch den Kopf und ich überlege, ob ich die Schleife rechts oder links herum angehen soll. Ich entscheide mich für rechts. Warum, weiß ich eigentlich nicht. Ist eine Entscheidung aus dem Bauch heraus. Mit Manni abstimmen kann ich mich nicht, denn der ist 300-400 Meter hinter mir. Er wollte den Adler fotografieren. Ob es geklappt hat? Wie auch immer, ich muss jetzt jedenfalls hier hoch.

Die Steigung nimmt nun deutlich zu und es herrscht eine geheimnisvolle Ruhe. Keine Autos, keine Motorräder, kein Wind und kein Adler, der sich zurückmeldet. Ich bin mit mir allein und konzentriere mich auf diesen letzten Anstieg. Ich spüre, wie meine Beine immer schwerer werden, denn die Steigung nimmt immer weiter zu und der geringere Sauerstoffanteil in der Luft macht sich deutlich bemerkbar. Ohne Wiegetritt geht es jetzt nicht mehr und ich setze mein ganzes Körpergewicht in die Pedale um einen einigermaßen passablen Tritt zu behalten. Die Atmung erhöht sich, aber nicht in Form einer höheren Frequenz, sondern durch deutlich tiefere Atemzüge.

Die Steigung erhöht sich noch einmal, als ich die Rückseite des Gipfels erreiche. Nun muss ich meine ganze Kraft nicht nur in den Tritt geben, sondern mit dem anderen Bein kräftig ziehen. Der Puls ist schon lange über 150 und pendelt sich knapp unter 160 ein. Nun bin ich an einem Punkt, an dem ich am liebsten aus den Pedalen gehen würde, denn die Beine sind durch das Sauerstoffdefizit schwer wie Blei. Meine Rettung ist die Passhöhe, die nun sichtbar wird. Dort stehen bereits einige Fahrzeuge und etliche Radfahrer, die natürlich hinunterschauen und die Fahrer beobachten, die sich auf diesem, von mir auf mindestens 13% geschätzten Abschnitt, hinauf quälen. Dies ist der Ansporn für mich nicht aufzugeben und diese letzten 300 Meter noch durchzuziehen. Aber ich glaube mein Ehrgeiz, das „Ding nach Hause zu bringen" hätte im Zweifelsfall auch gereicht, denn so knapp vor dem Ziel gebe ich auf keinen Fall mehr auf.

Ich erreiche die Passhöhe und bekomme dabei eine Gänsehaut, obwohl mein Kreislauf auf Hochtouren ist. Hier oben anzukommen unter Beifall zweier Touristen, nachdem man sich über Stunden die Serpentinen hochgearbeitet hat, ist ein unglaubliches Gefühl, dass ich in diesem Moment voll aufsauge. Ich fühle mich frisch, habe nicht den Erschöpfungszustand wie am Galibier und empfinde so etwas wie Stolz über die abgelieferte Leistung und das mit fast 50 Jahren.

Immer wieder wurde ich zu Hause gefragt, warum wir uns so etwas freiwillig antun. Wie man so verrückt sein kann, derartige Touren mit solchen Belastungen zu unternehmen. Venedig, Kaliningrad über Budapest nach Istanbul,

Marokko, Pyrenäen und nun die „Route des Grandes Alpes".

Hier auf dem Gipfel finde ich meine Antwort in dem Gefühl, das mir durch die Glieder fährt. Ich habe ein echtes Erlebnis, fernab des normalen Alltags, fernab von Stress und Hektik und die körperliche Belastung lässt mich spüren, dass ich lebe und aus dem Rhythmus der Gewohnheit, wenn auch nur für eine kurze Zeit, ausbrechen kann. Diese Erkenntnis rechtfertigt eben auch die Strapazen, die man dabei auf sich nimmt.

Ich warte auf Manni, der nun auch die Stelle erreicht hat, an der ich mich mental zusammenreißen musste. Wenn man von oben dabei zusieht, spürt man jeden Tritt in die Pedale ein wenig mit, aber ich habe keinen Zweifel daran, dass Männe die letzten Höhenmeter mit „links und rechts", wie er immer gerne sagt, abspulen wird.

Nachdem auch er es geschafft hatte, machten wir unsere Beweisfotos vor der Gipfeltafel mit der Höhenanzeige und ließen uns später noch einmal mit meiner Videokamera filmen, wie wir die letzten 50 Meter den Hang hinauffahren und oben dann wie üblich abschlagen. Schnell zogen wir uns warme Sachen an und machten uns an den Aufstieg zum Gipfel. Ein wahnsinniger

Panoramarundblick erwartete uns hier mit Entfernungen von weit über 100 Kilometern. Es war ein tolles Erlebnis dort oben zu stehen, im Bewusstsein alles mit dem Rennrad hochgefahren zu sein.

Ich sitze auf einem Stein und lass den Blick über unzählige Gipfel in Richtung Norden schweifen. Die Sonne wärmt meine Beine auf der langen schwarzen Trainingshose und ich fühle mich rundum wohl. Jetzt hier zu sein und das auch noch bei derartigen Wetterverhältnissen, ist ein genialer Augenblick, den ich ganz bewusst versuche, möglichst lang auszukosten. Mir ist bewusst, dass das wesentlich auch damit zu tun hat, dass man zuvor all die Strapazen auf sich genommen hat und sich seiner Leistung in einem solchen Augenblick klar wird. Es ist keine herausragende Spitzenleistung, auf die man sich über Jahre vorbereitet hat wie so mancher Sportler es tut. Es ist aber eine Leistung ohne ein technisches Hilfsmittel, das auf fremde Energie angewiesen ist. Allein mit der eigenen Muskelkraft und dem Willen sein Ziel zu erreichen bin ich hier angekommen und genau deshalb fühle ich mich in diesem Moment so wohl. Das, dem Leser dieses Berichtes zu erklären ist nicht so einfach, aber ich hoffe, dass nach all dem, was ich über unsere Tour berichtet habe ein Gefühl dafür entstanden ist, was einem während dieser Zeit so durch den Kopf gegangen ist.

Ich sitze immer noch mit Blick nach Norden und lasse meinen Gedanken freien Lauf. Mir fällt auf, das Manni sich auf die andere Seite des Gipfels gesetzt hat in Richtung Süden. Sein Kopf ist gesenkt, als ob er den Boden anstarrt. Auch bei ihm, so vermute ich, machen einige Gedanken die Runde, zumal ich weiß, dass für ihn hier die Tour zu Ende ist. So war es in der Vergangenheit immer. Wenn das Highlight erreicht war, war seine Motivation für den Rest der Tour meistens auf dem Tiefpunkt. Ich nenne es den „St. Gotthardteffekt". Nach Überschreiten der Passhöhe damals wäre er am liebsten in den nächsten Zug gestiegen und hätte Venedig sausen lassen. Aber natürlich werden wir noch eine herrliche Abfahrt bis auf Meeresniveau haben und schließlich in Nizza ankommen. Nach einer Weile kommt er dann doch zu mir herüber und wir schwärmen beide von dieser heutigen Etappe.

Als wir zu unseren Rädern wieder vom Gipfel absteigen, packen wir beide einen Stein vom höchsten Punkt aller unserer Touren ein, auf dem ich später, ein kleines, aus Draht gefertigtes Rennrad, montieren werde. Darauf wird stehen,

„2009 Cole de a Bonette 2802 Meter".

Wie ich kurz vor unserer Abfahrt erfuhr, gibt es tatsächlich auch hier sogenannte Downhillfahrer. Sie lassen sich mit allem Schnick und Schnack den Berg mit dem Auto hochfahren, um dann auf große Abfahrt zu gehen.

Wie grenzenlos langweilig, geht mir durch den Kopf und ich mach mich fertig für unseren „Ritt".

Und es war ein Ritt, den wir nun hatten. Das Gebirgsmassiv war mächtig und man kam sich unbedeutend und klein dagegen vor. Nach dem wir eine Geisterstadt (alte Kasernenanlage) durchfahren hatten gab es eine Kehre nach der anderen und es sah mal wieder so aus, als hätte jemand eine Carrerabahn in die Landschaft hineingebaut. Ab und zu sahen wir noch einmal zurück zum Cime de la Bonette, der als mächtiger Gipfel über uns thronte und dabei etwas mystisch und bedrohlich wirkte.

Es ging weiter und weiter und der Abfahrtseffekt hätte nicht besser sein können. Kaum zu glauben, was man vorher alles hochgefahren ist. Die Landschaft sauste an uns vorbei und die Abfahrt wollte und wollte kein Ende nehmen.

Irgendwann nach 55 Kilometern erreichten wir einen kleinen Ort namens St.Sauveur.

Ein einziges, aber geschlossenes Hotel bot sich an, in dem ein Mann das Regiment innehatte, der mir nicht ganz geheuer war. Er stand im ersten Obergeschoss am Fenster und beobachtete uns auf der Straße. Als er bemerkte, dass ich ihn entdeckt hatte, zog er schnell den Vorhang vor sich zu. In der Nachbarschaft wurde uns gesagt, dass das Hotel erst um 18 Uhr öffnet. Wir fuhren wieder hin und siehe da, plötzlich war nun geöffnet, obwohl es erst 17:30 Uhr war

Ich betrat die düstere Rezeption und sah mich ein wenig um. Da stand er plötzlich mit prüfendem Blick vor mir. Sein Bauchumfang war in cm nicht mehr zu beziffern und die Gleichgültigkeit seines Ausdrucks war filmreif. Als ich meine Verwunderung zum Ausdruck brachte, dass er doch schon geöffnet hatte, obwohl uns zuvor eine andere Auskunft gegeben worden war, antwortete er kurz und knapp: „Das kommentiere ich jetzt nicht. Die Leute haben hier sowieso nicht alle beisammen. Wollen Sie ein Zimmer?" „Wenn Sie noch eines hätten", säuselte ich mit hauchdünner Stimme. „Hier ist der Schlüssel, vierter Stock. Ich warte unten. "Ich tat wie mir befohlen und schritt über die knarrenden Stufen, hoch bis in den vierten Stock. Das Zimmer war wirklich nicht der Kracher, aber einigermaßen sauber.

„Und?", fragte mich der Hotelier, als ich wieder die Rezeption betrat. Ich nickte und antwortete brav: „Alles o.k., was soll es denn kosten?" „65 Euro", gab er mir zu verstehen. „Geht in Ordnung", kam sofort von mir zurück um ja keinen Ärger zu bekommen. Als wir etwas später den Raum für unsere Räder betraten und ich die alten Balken unter der Decke sah, deutete ich Manni gegenüber an, dass ich froh wäre, wenn das Haus noch eine Nacht standhalten würde. So sollte es dann auch kommen.

Am Abend saßen wir draußen im Garten unseres Hotels direkt an einem Fluss, der den Hang herunterstürzte und es gab frische Forelle, die zum Schluss in Calvados eintauchen durfte. Dieses „eau de vie" ist mittlerweile Pflicht geworden, seitdem wir seine heilende Wirkung am Col de Vars erfahren durften. Obendrein schmeckt er auch vorzüglich. Warum also nicht das Nützliche mit dem Angenehmen verbinden?

Samstag der 29.08. und die Luft, wie immer glasklar und kühl bei einem stahlblauen Himmel. Der Chef des Hauses ist auch schon früh auf den Beinen und rückt unsere unversehrten Räder wieder heraus. Irgendwie wirkte er heute Morgen etwas aufgeräumter und zog sogar ein wenig die Mundwinkel nach oben, als ich ihm zum Abschied das Geld herüberreichte und mich freundlich verabschiedete.

Unser Frühstück kaufen wir heute selber ein und machen uns auf den Weg.

Die gestern, hier unterbrochene Abfahrt, setzte sich gleich hinter dem Ort wieder fort.

Bei dieser Morgenidylle ist alles noch schöner als am Vortag. So gut wie keine Autos unterwegs und eine Landschaft zum Verlieben. Immer wieder halten wir an um die malerischen Aussichten auf Video und Fotoapparat festzuhalten, bis wir einen Platz an einem Fluss finden, wo wir frühstücken wollen.

Unser Zeremoniell in solchen Fällen ist dem Leser der vergangenen Berichte ja bereits bekannt und heißt „Manni deckt den Tisch". Alles Essbare wird dekorativ auf einen großen Stein gelegt und fotografiert, bevor wir uns darüber hermachen. Es ist herrlich hier zu sitzen, mit Baguette, luftgetrockneter, französischer Landwurst, Camembert, Joghurt und unseren ganzen Dopingmitteln, die natürlich nicht fehlen dürfen. Dazu einen Liter frische Milch. Nun kommen auch die ersten Sonnenstrahlen hinter den Bergen hervor und machen die Stimmung perfekt.
Es geht weiter in Richtung Nizza und langsam kommt so etwas wie Wehmut bei mir auf. Regelmäßig erscheinen Hinweisschilder am Straßenrand mit Höhenangaben, die mir zeigen, dass wir uns schon bald von den Bergen endgültig verabschieden werden. Ich kann mich deshalb irgendwie nicht richtig auf Nizza freuen, wo uns der Trubel des Lebens mit all seinen Facetten und damit auch ein echtes Kontrastprogramm erwartet.

Kurz vor Nizza trafen wir noch einen Radfahrer, der auch zur selben Zeit auf dem Bonette war wie wir. Er hatte uns sofort an unseren Allianztrikots wiedererkannt.

Er stand am Straßenrand und pflückte sich frische Feigen. Diese Gelegenheit ließ ich mir nicht entgehen und langte ebenfalls kräftig zu, während wir uns unterhielten.

Wir fuhren nun zu dritt weiter, bis wir den Strand von Nizza, fast genau 100 Kilometer vom Cim de la Bonette entfernt, erreichten, und uns von unserem Freund verabschiedeten.

Das Ziel war erreicht und wir fanden 100 Meter vom Strand ein Hotel, vor dem wir draußen ein gepflegtes Panaché tranken. Es war das beste Panaché auf unserer diesjährigen Tour. Es wurden dann, so glaube ich auch zwei oder drei, bis wir unser Zimmer beziehen konnten. Unsere Reise war hier nun zu Ende und wir verbrachten noch eine schöne Zeit in Nizza mit Strand und Sonne und den vielen Straßencafés an der Strandpromenade, bis es am nächsten Tag mit dem Flugzeug nach Hause ging.

Wenn mich nun jemand fragt, ob ich diese Tour, mit all dem was sie mir abverlangt hatte, noch einmal machen würde, wäre ich ohne Zögern sofort wieder dabei!

Diese Tour zu toppen, mit all den legendären Pässen (11 Pässe mit ca. 14.000 Höhenmetern), die wir gefahren sind, wird allerdings nicht einfach sein. Was wir im nächsten Jahr angehen werden, steht noch nicht fest, aber es wird etwas Besonderes werden, denn dann haben Manni und ich die 100 Jahre vollgemacht. Das ist, wie ich meine, Grund genug, noch einmal „anzugreifen".

Ich hoffe, dass wir weiterhin fit bleiben und danke meinem Busenkumpel für den dies-jährigen, gigantischen „Ritt" über die französischen Alpen von Lausanne nach Nizza auf der „Route des Grandes Alpes".

Er war perfekt!

Korsika und Sardinien Tour
im September 2010

Wir schreiben das Jahr 2010, nachdem mein alter „Busenkumpel" Manni und ich auch, in den „Club der Alten Säcke" aufgenommen worden sind und zusammen nun 100 Jahre auf dem Buckel haben. Dieses epochale Ereignis, durch das „die Welt verändert wurde" sollte für uns alte Hasen der Anlass sein, in diesem Jahr etwas ganz Besonderes in Sachen gemeinsamer Tour zu unternehmen.

Manni ist ja schon seit einiger Zeit unter die Bergsteiger gegangen und hat nach dem heiß begehrten Edelweiß gesucht, um seiner Liebsten zuhause den Beweis seines ungezügelten Mutes in der schroffen Welt der Berge zu demonstrieren. Er hatte schließlich den Vorschlag gemacht, so ein richtig hohes Gestein zu bezwingen. Gemäß dem Motto:
Wer die Alpen mit dem Rennrad überqueren kann, der kann auch einen Fünftausender oder mehr in die Tasche stecken.
Die Alpenüberquerung mit dem Rennrad von Lausanne nach Nizza in 2009, die uns bis in Höhen von über 2800 Metern führte, war derart

genial gewesen, dass es nun nur so nach Bergbesteigung schrie. Es kursierten Namen wie Mount Everest Base Camp, Aconcagua 6962 Meter oder Kilimandscharo 5898 Meter. Wie man sieht, wir wollten hoch hinaus. Zu hoch....................?

Tatsache ist, dass es ganz anders kam, wie man dem Titel dieses Berichtes entnehmen kann. Irgendwie waren wir wohl nicht entschlossen genug und konnten uns auch nicht so richtig auf einen gemeinsamen Berg einigen. Normaler Weise war die Zielauswahl immer schnell erledigt, aber dieses Mal war es anders und wir hatten uns schließlich auf einen Flug nach Damaskus verständigt und wollten an Amman vorbei den Jordan hinunterfahren bis an das Tote Meer. Weiter durch das Sinai Gebirge auf die westliche Seite der Halbinsel, um von dort aus nach Scharm el Sheikh zu gelangen.

Diese Route hatten wir schon einmal geplant und sie scheiterte schließlich an der politischen Brisanz in der Gegend.
Was soll ich sagen? Auch in diesem Jahr wurde es uns schließlich zu heikel, nicht zuletzt auch aufgrund des dringenden Abratens eines mir bekannten Palästinensers namens Mohamed.
Er stimmte mich schon mal darauf ein, dass wir, bevor wir Damaskus überhaupt verlassen

würden, mindestens drei Mal von korrupten Polizisten, also Mannis dortigen Kollegen, „abgezogen" worden wären. Politisch sah es ebenfalls nicht so toll aus, weil die Israelis eisern den Gazastreifen abgeriegelt hatten und dieser Umstand natürlich für jede Menge Sprengstoff sorgte.

Aus unserer „Wüstentour" wurde also auch nichts.
In 2007 hatten wir in Marokko das Atlasgebirge überquert und durchfuhren dahinter die Sous Ebene, die schon als Ausläufer der Sahara gesehen werden kann. Diese doch schon etwas härteren und zeitweise bizarren Bedingungen hatten uns irgendwie Lust auf mehr gemacht und es war genau dort, wo mein Busenkumpel den Namen „Manni von Arabien" erhielt.

Trotzdem, aus „Manni von Arabien" sollte in diesem Jahr nur ein „Männe von Korsika und Sardinien" werden. Dieses Ziel war mir irgendwann in den Sinn gekommen, als aus Damaskus nichts werden sollte. Um uns für diese Tour in Stimmung zu bringen, schwärmten wir uns dann wie üblich gegenseitig vor, was für tolle Landschaften dort auf uns warten würden, umspült vom weichen Wasser des Mittelmeeres, das sich uns blau schimmernd, vom hohen Bergesrücken malerischer Steilküsten präsentieren würde, während wir uns ungeduldig auf den Spuren des kleinen Bonaparte bewegen würden. Napoleon war hier schließlich geboren und wir wollten unbedingt herausfinden, was den kleinen Racker damals derart sozialisiert hatte, dass er schließlich fast die ganze Welt unterwerfen wollte.

Manni mutmaßte, dass der kleine Bonaparte wahrscheinlich beim Spielen mit den anderen Kindern ausgegrenzt worden war, stinksauer wurde und es später dann Allen so richtig zeigen wollte.

Nun denn, ab nach Korsika in diesem Jahr. Ich nehme es schon mal vorweg....... Korsika, wie auch Sardinien sind auf alle Fälle immer eine Reise wert. Den Beweis dafür liefert dieser Bericht und die unzähligen Fotos, die wir geschossen haben, weil uns die Augen von der Schönheit der Inseln überliefen. Es war teilweise atemberaubend und kitschig schön und das alles mit dem Fahrrad zu erleben, setzt dem Ganzen dann noch die Krone auf.

An dieser Stelle wie gewohnt mein „Zustandsbericht". Es ist kaum zu glauben, vor allem für diejenigen nicht, die meine anderen Berichte gelesen haben, aber in diesem Jahr tut mir wirklich nichts weh. Ein absolutes

Ausnahmejahr! Bis auf Nichtigkeiten, die hier nicht erwähnenswert sind, ...schlicht und einfach topfit. Nun gut, das Training hätte etwas üppiger ausfallen können, aber auch in diesem Jahr hatte ich neben meinen ganz normalen Trainingseinheiten zumindest an der IPA-Tour der Polizei Osnabrück teilgenommen und der Manni war dort ebenfalls mit von der Partie. Die 630 Kilometer in 4 Tagen hatten wir auf jeden Fall schon mal zusätzlich „im Sack".

Mein technischer Zustandsbericht ist in diesem Jahr revolutionär. Ich bin wild entschlossen, nach der Alpen-überquerung 2009, mich in diesem Jahr nicht mehr auf meine „Alte Kuh" zu setzen (mein altes Rennrad), weil es schlicht und einfach zu schwer ist und mit 17 Gängen nicht einmal den heutigen Mindestanforderungen genüge tut. Mein Trek hat 27 Gänge und ist mindestens
3 kg leichter. Packtaschen habe ich auch keine mehr, denn Martin hat ein super Patent entdeckt. Eine Strebe mit Klickfix, die an der Sattelstütze festmontiert wird. Dort kann ich nun einen 25 Liter großen Rucksack einklicken, der dann frei über dem Hinterrad schwebt und so auch noch ein Schutzblech überflüssig werden lässt.

Einfach genial! Keinen Gepäckträger mehr, alles dabei, aber nichts auf dem Rücken. Es gibt allerdings Leute, die angedeutet hatten, dass die Sattelstütze das nicht halten würde. Ich sag es schon mal jetzt. Derartiger Pessimismus kann mich nicht beeindrucken und auf meiner Sattelstütze würde ich heute noch ein 50 Liter Fass Bier transportieren. Den Entwicklern an dieser Stelle ein kräftiges Lob!

Rund 6,5 kg Gewicht incl. Rucksack ist ebenfalls ein revolutionärer Wert. Sonst lag ich immer bei 10 kg. Hat man weniger Platz, nimmt man automatisch auch weniger mit. Eine Erfahrung mehr.
Wie immer ist alles akribisch genau ausgewählt und gepackt. Das Trek hat vor ein paar Tagen neue Laufräder, Bremsen und eine neue Kette verpasst bekommen und nun war der Tag der Abreise da.

Am 24.09.2010 lag zunächst noch ein halber Arbeitstag vor mir. Viel zu spät kam ich nach Hause und musste für einen Musiker aus meiner Band auch noch diverse Dateien am PC erstellen und zumailen, bevor es dann in aller Hektik bei strömendem Regen zum Hauptbahnhof von Osnabrück ging. Manni wartete bereits völlig stressfrei. Der hatte natürlich schon Urlaub, eigentlich schon fast das ganze Jahr. Das nennt man dann „Überstunden abfeiern". 3 Monate war er damit in diesem Jahr schon beschäftigt. Nicht zu glauben.....................

Abgesehen davon, dass alle Wagons genau falsch herum angekoppelt waren und wir unseren deshalb nicht fanden, war die Bahnfahrt nach Köln ganz o.k.
Der Flug nach Pisa hatte, wie könnte es anders sein, Verspätung. Angeblich aufgrund eines medizinischen Transportes und wir mutmaßten, welches Organ es denn wohl sein könnte. Wir jedenfalls nutzten die Zeit um noch einmal so richtig zu sündigen. Bevor wir uns in der nächsten Woche von Powerriegeln, Bananen, Nudeln und Fisch ernähren würden langten wir noch einmal richtig hin und holten uns einen dieser dicken, fettigen Burger bei Burger King mit genauso fettigen Pommes und zweimal dick Mayonnaise.

Was für ein Fest!

Irgendwann kurz vor Mitternacht standen wir auf den nassen Straßen von Pisa, mit zu wenig Luft auf den Reifen, weil meine Elendspumpe nicht richtig funktionierte und suchten verzweifelt unser Hotel. Ich fuhr wie auf Eiern, weil die kleinste Unebenheit sofort die Felge aufsetzen ließ.

Es war nass, es war dunkel, niemand auf der Straße, Räder nicht wirklich startklar und wir irrten umher. So einen schlechten Start hatten wir noch nie! Einzige Orientierung war eine Autobahn, an deren linker Seite unser Hotel in einem Kilometer Entfernung sein sollte. So zumindest laut Karte, die Manni aus dem Internet ausgedruckt hatte.

Ein junger Mann hatte irgendwann, es war schon bald 1 Uhr, Erbarmen mit uns und fuhr mit dem Auto vor und wir, wie gesagt, auf Eiern hinterher. Nach ca. einem Kilometer Fahrt fanden wir unser Hotel. Und wo? Auf der rechten Seite der Autobahn.

So hatten wir eine blendende Anreise und eine Erfahrung mehr. Traue niemals einer Karte, die du nicht selber gefälscht hast.

25.09.2010 und der Lorenz am Himmel. Bei Tageslicht war unschwer zu erkennen, dass neben unserem Hotel eine Tankstelle war, bei der wir erst einmal Luft tanken gingen, bevor es zum Turm von Pisa ging. Dem schiefen natürlich. Auf dem Weg dorthin kaufte ich erst einmal ein. Eine Pumpe und neue Handschuhe, da ich meine wohl am Flughafen irgendwo liegen gelassen hatte. Die Pumpe top, die Handschuhe Flop, wie sich später herausstellen sollte.

Am Turm, dem wirklich nicht Geraden, machten wir gegenseitig Fotos, wie wir mit aller Kraft uns gegen ihn stemmen, (ca. 100 Meter davor) damit er nicht umkippt. Jeder hier machte so bekloppte Fotos und wir eben auch.

Nun aber ab zur Fähre, die uns nach Korsika übersetzen soll. Kaum zwei Kilometer gefahren, geht mir durch den Kopf, ob Manni heute Morgen beim Bezahlen im Hotel unsere Pässe zurückerhalten hat, die wir am Abend zuvor an der Rezeption abgegeben hatten. Fehlanzeige! Erst denke ich, dass Manni mich auf den Arm nimmt, aber schon bald sehe ich ihm eine gewisse Blässe an und es ist klar, dass wir zum Hotel zurückmüssen. Besser jetzt als erst vor unserem Rückflug, geht mir durch den Kopf.

Ab zum Hotel im Tiefflug..................................

Knapp einen Kilometer vor dem Hotel hat Manni auch noch den Umleger am Ketten-blatt mit dem Fuß erwischt, worauf er nun stark gestaucht ist und das Kettenblatt blockiert. Ich fahre alleine weite, um die Pässe zu holen, während Manni eine Reparatur versucht. Als ich zurückkomme, ist das Kettenblatt notdürftig befreit und Männes Hände pechschwarz. Alles egal, wir müssen los und bekommen auf unserem ca. 25 km langen

Weg nach Livorno erst einmal eine ordentliche Packung kräftigen Gegenwindes.

Nach rund 45 Minuten waren wir am Hafen angekommen und unsere Fähre wartete geduldig auf uns. Gelassenheit machte sich breit und während Manni unsere Tickets kaufte, konnte ich noch ein wenig den Zustand des Umlegers verbessern und unsere diesjährige Tour konnte endlich beginnen.

Durchatmen.................
Klar, wir hatten schon bessere Starts, aber entscheidend ist doch, dass man die Probleme löst und der Zeitplan eingehalten werden kann.
Unser Katastrophenmanagement hatte jedenfalls perfekt funktioniert und nun saßen wir auf der Fähre in Richtung Korsika, richteten unsere Nasen Richtung Sonne aus und genossen die Überfahrt auf dem hinteren Sonnendeck.
Ciao Pisa!
„Endlich angekommen", geht mir durch den Kopf. Ab hier kommt plötzlich eine innere Ruhe auf und mir wird erstmalig bewusst, dass wir beide gerade wieder eine, unserer später unvergessenen Touren antreten. Alle unsere bisherigen Touren waren echte Abenteuer ins Unbekannte. Man sammelt jede Menge Erfahrungen und schärft die Sinne für seine Umwelt und die Menschen, die in ihr leben.

Vorurteile werden abgebaut und erweisen sich als völlig unhaltbar. Die eigene Lebensweise wird dabei immer wieder kritisch auf den Prüfstand gestellt und man kommt wirklich jedes Mal zu derselben Erkenntnis, dass es nur wenig bedarf um.................. „zu leben".

Wir genossen beide die Fahrt und hatten Zeit genug, den Prozessor im Kopf endlich ein paar Stufen herunter zu fahren. Das Meer präsentierte sich in einem dunklen Stahlblau und an unserer rechten Seite zeigte sich die Insel Elba ein wenig verlassen.

Auch der kleine Bonaparte verbrachte hier gezwungener Maßen einige Zeit. Allerdings war er da schon etwas größer, wie hinreichend bekannt ist.

Der Hafen von Bastia im Nordosten von Korsika lag vor uns. Ganz langsam fuhr die Fähre rückwärts an den Anleger und wir schauten dem Manöver zu. Wir sahen aber auch, dass Korsika gebirgiger zu sein schien als wir gedacht hatten. Direkt in den Hang eines Berges hineingefressen, baute sich vor uns die Stadt auf und schaute auf uns hinunter. Mit der alten Zitadelle, die der genuesische Gouverneur 1378 bauen ließ, nachdem man seine Hütte an der Ostküste regelmäßig abgefackelt hatte, wird hier wohl alles einmal begonnen haben. Sie stand dicht am Ufer auf einem Felsvorsprung und war das Wahrzeichen der Stadt.

Auch der kleine Bonaparte, dem man sogar ein Denkmal auf dem

Place St.-Nicolas zugestanden hatte, rekrutierte hier eine ganze Generation für seine Kriege in Europa. Ich schätze, dass seine „Freunde von damals", die ihn nicht mitspielen ließen, ebenfalls dabei waren und sicher über einiges nachzudenken hatten. Ja, die Rache kam spät..., aber sie kam.

Wir fanden schon bald ein akzeptables 3 Sterne Hotel und fragten unseren Portier nach einem guten, typisch korsischen Restaurant. Er empfahl uns gleich eines um die Ecke und wir waren uns sicher, dass es seinem Bruder, Schwager, Tante oder wem auch immer aus der Verwandtschaft gehören würde. Das läuft eigentlich immer so.

Wir hatten Hunger und gingen hin.

Eng ist es und man weist uns einen Zweiertisch zu. Obwohl noch viele Tische unbesetzt sind, wird uns die freie Wahl eines Tisches versagt. Es ist wohl die böse Tante unseres Portiers, die hier das Zepter schwingt. Die Tochter, die sich die Unfreundlichkeit ihrer Mutter wohl schon zu Eigen gemacht hat, ist derart unfreundlich bei der Bestellungsaufnahme, dass man eigentlich hätte gehen sollen, tun wir aber nicht. Stattdessen verspeisen wir ein stark unterdurchschnittliches Essen, Trinken viel zu schweren Wein und werden von den grellen Energiesparlampen malträtiert. Manni wird zwischendurch aufgefordert, noch enger an den Tisch zu rücken, damit die böse Tante besser mit ihrem gebärfreudigen Becken an ihm vorbei stolzieren kann.

Das einzig Gute ist Pietra, das korsische Bier mit 6,5 Umdrehungen und einer schönen dunklen Färbung.

Später gingen wir am Hafen vorbei und ein super Restaurant neben dem anderen mit Panoramablick hatte hier auf uns gewartet...............

und wir waren schon satt.

Die schmalen, teilweise 6-stöckigen Häuser werden schon mit genau so hohen Betonpfeilern abgestützt und erscheinen mir unwirklich, wie in einem Harry Potter Film. Die Häuser untereinander sind wiederum ebenfalls mit horizontalen Betonpfählen verbunden. Weiter geht es hinauf zur Zitadelle, vor der einige Pinien stehen, unter denen sich ein paar Jugendliche versammelt haben und sich die Zeit vertreiben.

Nachdem wir die Zitadelle inspiziert haben kommen wir an einer kleinen Bar vorbei, die auch draußen Tische hat. Wir sind eigentlich schon vorbei, als mir auffällt, dass aus der kleinen Stereoanlage vor dem Haus richtig gute

Musik kommt und schlage Manni vor, uns noch ein Bierchen zu genehmigen.

Hier kann man sitzen und braucht nur zu beobachten. Es gibt immer etwas.
Außerdem den ganzen Abend gute Musik und nach dem fünften Pietra, was sonst, treten wir leicht angetrunken den Heimweg an. Ich hätte gerne noch zwei oder drei getrunken.

Am 25.09. sollte es nun endlich zur Sache gehen. Manni ist jedes Mal ruck zuck fertig, während ich wie immer viel zu lang mit meinem Gepäck herumhantiere. Wenn er den Rucksack schon auf dem Puckel hat und stramm steht wie einer von Napoleons Rekruten, ziehe ich mir allenfalls gerade die Socken an und reibe mir noch den Schlaf aus den Augen. Mir ist das schon ein wenig peinlich und ich nehme mir vor, mich diesbezüglich in den nächsten Tagen noch deutlich zu steigern. Ich muss Manni hoch anrechnen, dass er dabei immer so geduldig ist.
Wir holten ein paar Infos bei einem Tourismusbüro ein, die sich später alle als falsch herausstellten und machten uns vom Acker, direkt in den Tunnel hinein, der unter der Zitadelle hindurch aus der Stadt herausführte. Sinnvoller Weise hätte man wegen der Abgase 3 Minuten den Atem anhalten sollen, aber leider

schaffe ich nur zweieinhalb..........................wer es glaubt.

Nun suchten wir verzweifelt den Lido, eine dünne rund 25 Kilometer lange Landzunge mitten durchs Meer und so kerzengerade wie von Menschen Hand gemacht. Schon auf der Karte mutmaßte ich so etwas, aber unsere Karte, die Barbara zusammen mit einem Reiseführer erstanden hatte, war viel zu ungenau, sonst hätte man erkennen können, dass der Lido stellenweise doch eine beträchtliche Breite hatte. Ich sollte noch während unserer diesjährigen Tour so einige Male vor Manni den Bückling machen müssen, um einzugestehen, dass meine Karte unserer Tour nicht würdig war. Hartes Brot..............

Wir fuhren Straßen, die irgendwann in der Pampa endeten und mussten dann alles wieder zurück, trugen unsere Räder zwecks Abkürzung über Bahndämme und fanden den Lido nicht. Ja, zu meiner Elendspumpe am Flughafen kam nun auch noch meine Elendskarte.

Ich war schon mal besser.

Endlich waren wir auf der richtigen Route, nachdem wir wieder ein paar Kilometer zurückgemusst hatten. Astreine Strecke mit viel Wald aber wie üblich auch mit gutem Gegenwind. Das sollte sich übrigens auch während der gesamten Tour nicht wirklich mehr ändern.

Jede Menge Jogger liefen hier auf unserem Radweg herum und ich wechselte auf die Straße. Die Saison war hier bereits zu Ende und somit kaum Autos unterwegs.

In der Hauptsaison möchte ich hier nicht unbedingt fahren, ging mir durch den Kopf. Als die Tourismusanlagen hinter uns liegen präsentiert sich endlich eine Landschaft des Südens, mit hohem Schilfgras, weiten Wiesen, Ackerbau, Pinienwäldern und teilweise eingestreuten Palmen. Einfach wie im Bilderbuch.

Interessant sind Mannis Befunde an den Straßenschildern. Der gut ausgebildete Kriminologe stellt schnell fest, dass fast jedes zweite Schild von Kugeln durchlöchert ist und macht auch präzise Angaben zum Kaliber. Auch über die Motive der Korsen stellt Manni interessante Mutmaßungen an. Gut, wenn man einen Kumpel bei der Polizei hat.

Irgendwann schwenkt die Landzunge nach rechts herum und steuert genau auf unsere ersten Berge zu. Was für ein Anblick mit der Landschaft hier unten unter Palmen und den dahinterliegenden Bergen, die über 2500 Meter hochsteigen.

Von nun an ging es bergauf. Wir tankten vorher noch ein paar Liter Wasser, denn bei den Temperaturen schickt man doch Einiges durch die Haut. Wir hatten trotzdem „Bock auf Berge" und genossen die Steigungen, die uns immer bessere Aussichten ermöglichten.

Dann kamen Abschnitte, wo es abwechselnd rauf und runterging. Ab da klappte es wie üblich nicht mehr so gut mit dem Zusammenfahren. Wie ich schon in anderen Berichten beschrieben hatte, haben wir bei solchen Strecken völlig verschiedene Fahrweisen. Während ich mit voller Geschwindigkeit den Berg hinunter sause um mit Schwung einen größeren Teil der nächsten Steigung zu überwinden, lässt Manni es gemütlicher angehen und rollt locker hinunter, worauf er sich dann aber meiner Ansicht nach deutlich mehr bei der Steigung quälen muss. Ich muss dann öfter mal anhalten und warten, was mir die Gelegenheit gibt den herannahenden Männe während der Fahrt zu fotografieren.

Wir waren schon viele Hundert Höhenmeter gestiegen und hatten noch rund
45 Kilometer mit ordentlichen Steigungen vor uns. Eine längere Pause mit Baguette und korsischem Käse mit Kaffee und was könnte es sonst sein, einem Pietra, war unverzichtbar.

An unserem Ziel Calacuccia, einem kleinen Örtchen in den Bergen, das sich an einem Gebirgsstausee befand, sollte laut der Touristeninfo in Bastia kein Hotel mehr geöffnet haben. Unsere Wirtin hier, von der Straßenbar, sah das ganz anders und machte telefonisch gleich ein Doppelzimmer für uns klar. Soviel zur Info von Bastia.

Mit neuen Kräften ging es nun weiter. Wir waren noch nicht weit gefahren und fanden den Beweis dafür, dass die Tiere der Landwirtschaft, egal welcher Gattung sie abstammten, hier frei herumlaufen. Mitten auf der Straße hinter einer unübersichtlichen Kurve, hatte eine ausgewachsene Kuh tatsächlich versucht, ein Auto auf die Hörner zu nehmen.
Was soll ich sagen? Nicht nur die Hörner waren hin, sondern auch der Kopf des mutigen Tieres. So fand sie hier ihre letzte Ruhestätte mitten auf der Straße und lag hier auch schon etwas länger, wie ihr Blähbauch verriet. Weitere Einzelheiten liegen mir zwar auf der Zunge, will ich hier aber nicht mehr zum Besten geben.

Das Gebirge wurde nun immer wilder und schroffer und die Straße schmaler und auch deutlich schlechter. Teilweise wirkte der Blick auf die Felsen wie gemalt und wir fotografierten uns mal wieder den berühmten „Wolf".

Immer wieder kreisen große Raubvögel am Himmel, die hier noch sehr zahlreich vor-kommen.

Endlich erreichten wir unser Ziel am Stausee. Ich hatte bis dahin immer eine Vorstellung wie vom Eibsee an der Zugspitze, wurde hier aber doch ein wenig enttäuscht. Der See war ziemlich zusammengeschrumpft, weil um diese Jahreszeit natürlich auch schon lange nichts Feuchtes mehr heruntergekommen war.

Unser Hotel, so stellte sich später noch her-aus wurde bereits im vorletzten Jahrhundert gegründet und später immer wieder erweitert. Es hatte etwas Altehrwürdiges, genau wie unser Portier, der wohl ein Nachkomme der Gründerfamilie zu sein schien. Gepflegtes, seriöses und völlig unaufdringliches Gehabe, fast wie ein Butler, mit akzentfreiem Französisch, was hier eher selten ist.

An diesem Abend wusch ich meine neuen Handschuhe, die billigen aus Pisa, weil sie pechschwarze Hände machten und ich das Zeug kaum noch von der Haut bekam. Wie bereits erwähnt, waren die Handschuhe ein Flop. Später gab es noch ein paar kleine Reparaturen am Rad. Dann kam der Augenblick des kalten Schweißes. In meinem neuen Rucksack mit den tausend

Reißverschlüssen suchte ich nach meinem Portemonnaie und fand es nicht. Ich dachte wieder an unsere Pässe, die auch fast untergetaucht waren. Alles raus, Rucksack auf dem Kopf ausgeschüttelt und mein Portemonnaie tauchte nicht auf. Irgendwann entdeckte ich noch einen verdeckten Reißverschluss und ich konnte den Schweiß endlich von der Stirn wischen. Das hatte erst einmal gesessen.

Es war draußen richtig kalt geworden und relativ windig obendrein. Mir ging durch den Kopf, dass ich noch keine Winterreifen aufgezogen hatte und Ketten hatte ich auch nicht mit. Ob es bis zur Passhöhe wohl reichen würde...?

Gegenüber gab es Pizza und guten Salata Frutti di Mare und................ logisch, ein richtig leckeres Pietra! Der Abend war also voll im Plan.

Am nächsten Morgen den 26.09 ist es derart schattig draußen, dass man fast einen Eiskratzer gebraucht hätte, um den Tacho und Pulsmesser frei zu kratzen. Gestern unter Palmen und nun den Eiszapfen an der Nase. Was für ein Kontrastprogramm.
Eines wird mir sofort klar! Meine langen Handschuhe kommen zum Einsatz, womit ich nie gerechnet hätte. Manni hatte mich schon ein

wenig belächelt, als er zu Beginn der Tour erfuhr, dass ich meine guten Stücke im Gepäck hatte.

Nun ist meine Stunde gekommen und er wird sich die Griffel abfrieren, geht mir durch den Kopf. Ich glaube, ein wenig Schadenfreude ist schon im Spiel.

Mal schauen, wo die Reise hingeht...........

Dick eingemummelt machen wir uns auf in Richtung Pass. Der Himmel ist stahlblau und der Wind hat nachgelassen. Landschaftlich ist dieser Abschnitt kaum zu toppen, aber nicht nur die Flora, sondern auch die Fauna hat so Einiges zu bieten. Esel, Kühe, helle Schweine, dunkle Schweine, Ziegen, Schafe, so ziemlich alles läuft hier kreuz und quer über die Straße und vertreibt uns so die Zeit. Manni erklärt mir immer, dass meine Verwandten hier ihren Aufmarsch machen, wenn Esel unseren Weg kreuzen. Ich begrüße seine Spezies, wenn die Schweine auftauchen.

Tatsache ist, dass der Reiseführer Recht hat, wenn er andeutet, dass es hier nur Biofleisch vom Feinsten gibt. Artgerechte Haltung pur!

Dann stoßen wir auf etwas Besonderes. Ein Bus am Straßenrand. Alle Insassen stehen an einem Gebirgsquellbrunnen und sind kräftig dabei, ihren Flüssigkeitshaushalt aufzubessern. Wir sind eigentlich schon vorbei, als wir uns dann doch entschließen, ebenfalls Wasser aufzufüllen und umzudrehen.

Eine lustige Truppe französischer Rentner empfängt uns und wir stellen schnell fest, dass die hier alle das Quellwasser benutzen um ihren 40 prozentigen Pastice an zumischen. Mit einer super Stimmung überreden sie uns tatsächlich, uns auch ein Schnäpschen zu gönnen. Ist mal richtig lecker nach all dem Wasser, was wir uns immer reinschütten. Wir haben viel Spaß mit der Truppe, die einige deutsche Lieder kannten und verabschieden uns indem ich „Ein Prosit" singe.

Ab hier fuhren wir 2-3 km/h schneller als vorher. Stimmt wirklich und ich dachte darüber nach, ob ich bei künftigen Touren meinen Flachmann mitnehmen sollte. Bis zur Passhöhe waren wir topfit drauf und merkten nichts mehr von der Steigung.

Oben angekommen am Col de Vergio auf 1.467 Metern Höhe, war es rattenkalt und wir zogen alles an, was wir so im Gepäck hatten. Manni zog sein Halstuch sogar als Kopftuch auf, um seine kleinen Lauscherchen zu wärmen. Er hat es ja bekanntlich gerne etwas „molliger", der Männe. Ich hingegen habe die langen Handschuhe und er friert sich bei der folgenden Abfahrt die Griffel ab. Es geht fast nur durch dichten Wald auf einer super Fahrbahn bergab bei einem Tempo von teil-weise über 60 km/h. Genuss pur, aber kalt.

Ich lebe!

Irgendwann halten wir an, um Pause mit frisch aufgebackenem Baguette und Kaffee zu machen. Logisch, ein klitzekleines Pietra war auch dabei. Erst Pastice und nun auch noch Bier am Vormittag.

Es sollte unser „Alkoholtag" wer-den.........

Es ist schon wieder so warm, dass ich mich mit freiem Oberkörper in die Sonne setze, während meine Klamotten durchtrocknen. Was für ein Klimawechsel.

Im Tal läuten Kirchenglocken. Ich genieße die Situation und die herrliche Gegend in vollen Zügen und auch so einige Züge vom Pietra, dem köstlichen.

Auf dem dann folgenden Abschnitt bis zum Hafenort Porto erleben wir eine Abfahrt durch die wohl schönste Gegend Korsikas. Sie dauert ewig und drei Tage, weil wir den Speicherplatz unserer Kamerachips auf eine echte Belastungsprobe stellen und deshalb kaum weiterkommen.

Dann irgendwann erkennen wir in der Ferne das Meer der Westküste und erreichen bald Porto, wo eine kräftige Brandung auf die Betonquader an der Hafeneinfahrt eintrommelt.

Am Strand überschlagen sich bis zu 6 Meter hohe Wellen und der Hochsommer hat uns schlagartig wieder. So abwechslungsreich hatten wir es nicht oft auf unseren Touren.

Auf unserem weiteren Weg nach Cargèse müssen wir in der Mittagsonne gleich wieder steil hinauf auf 350 Meter. Auf den Nordhängen wird es immer wieder angenehm kühl und schon nach kurzer Zeit haben wir einen bis zu 50 Kilometer weiten Ausblick über die Küste. Blauer Himmel, stahlblaues Meer und rotbraune Felsformationen, die senkrecht in die Tiefe stürzen und aussehen wie Türme aus Zuckerguss. So etwas habe ich noch nirgendwo gesehen. Genau hier gibt es tatsächlich eine Bar mit großer Terrasse, die freischwebend über den Abgrund gebaut ist. Und wir?

Klar wir zischen uns dort erst einmal zwei halbe Liter Panaché rein. Natürlich gemischt mit dem guten Pietra. Ich habe ja bereits angedeutet, dass es unser „Alkoholtag" werden würde.

Den Blick nach Westen in einer Höhe von fast 400 Metern, das Meer zu unseren Füßen, der Lorenz brennt von vorne und ein kühles Blondes in der Hand. Ganz ehrlich, was braucht man mehr? Ich genieße die Zeit hier oben in vollen Zügen und tu mich schwer mit dem Abschied nehmen von diesem einzigartigen Fleckchen Erde. Das sind eben die Highlights auf unseren Touren, die dadurch zu etwas Besonderem werden, weil wir alles mit dem Fahrrad erreichen.

Was für ein Unterschied, wenn ich hier mit dem Auto angefahren käme, stets gut klimatisiert und einem Ruhepuls von 60, kein Schweiß irgendwo, mich dann hinsetze, um ein Bierchen zu trinken und später weiterfahre. Das hätte keine 20% der Intensität unserer Wahrnehmung. Ganz nett aber..................nein danke!

Es ging weiter nach Cargèse auf dieser herrlichen Küstenstraße. Es war ein ständiges Auf und Ab mit ständig neuen Aussichten und die Sonne steuerte irgendwann direkt auf den Horizont zu, als wir endlich unser Ziel erreichten.

Wir gönnten uns ein astreines, aber günstiges Hotel mit Blick auf das Meer und bevor ich mich versah, kam Manni mit 2 Halben Pietra an, die er gegenüber im Supermarkt organisiert hatte.

Ich kann es nur immer wieder sagen. Es war eben unser Alkoholtag.

Die Füße auf dem Balkontisch, das Pietra fest in der Hand. So beobachteten wir, wie die Sonne am Horizont glutrot auf dem Meer dahinschmolz und schließlich den Himmel verzauberte. Das Bier auf nüchternem Magen machte sich bei unserem „Nachbrennerpuls" von rund 85 Schlägen schnell bemerkbar und wir machten

uns auf den Weg hinunter zum Hafen. Dort gab es ein gutes Fischrestaurant.
Wir hatten das Hotel noch nicht ganz verlassen, da legte ich mich an einer Stufe vor dem Eingang bereits ab. Mit dem rechten Fuß voll umgeknickt, machte ich noch so eine Art Hechtrolle, um nicht noch mehr abzubekommen. Der Schmerz war nicht ohne und ich ging humpelnder Weise zum Hafen hinunter.

Ja, wenn man den Sprit nicht verträgt...

Wir aßen eigentlich an jedem Abend beide das Gleiche. An diesem Abend war es Dorade und Gambas. Das war hier am Hafen einfach Pflicht. Das Ganze wurde dann mit Pietra und schließlich mit einem echt korsischen Rotwein abgelöscht.
Unser Pegel wurde heute also ganztägig stets aufrechterhalten und wir fingen an, über unsere Eltern und Großeltern zu philosophieren. Ab und zu überkommt es uns dann schon mal und dann landen wir immer bei solchen Themen, während der Nachschub an flüssiger Nahrung gut organisiert ist. So ein Abend kommt auf jeder Tour mindestens ein bis zweimal vor.

Gehört irgendwie dazu.

Als wir uns auf den Rückweg machen, randaliert mein Sprunggelenk, aber dank Pietra komme ich den Berg ganz gut hinauf. Wir kommen an einem kleinen Friedhof auf einem Hang vorbei. Die Gräber mit ihren großen Marmorplatten spiegeln das Mondlicht wider, das immer wieder von kleinen Wolken unterbrochen wird und es geht ein leichter Wind durch die Bäume. Eine Atmosphäre wie in einem Fantasy Film, geht mir durch den Kopf. Solche Momente nehme ich immer ganz besonders intensiv auf und ich bleibe einen Augenblick stehen.

Nachdem wir uns auch noch ein wenig verlaufen haben, finden wir dann doch noch unser Hotel wieder. Pietra ist mit seinen 6,5 Umdrehungen nicht zu unterschätzen, aber man schläft danach wie ein Stein.

Die Äugelein öffnen sich am 27.09. einen kleinen Spalt und ich höre Manni unter der Dusche. Als er fertig ist, raffe ich mich auf und trete erst einmal in eine große Pfütze. Herr Kleimeyer hat wieder ganze Arbeit geleistet. Das Bad, der Flur davor und ein wenig sogar das Treppenhaus stehen unter Wasser.

Also, alles i. O.

Es ging weiter an der Küste entlang über Straßen, die auf beiden Seiten von Palmen gesäumt waren und es gab zig Gründe jede Menge Fotos zu machen.

Die Strände hier erinnerten mich an die Seychellen, wegen der großen rundgeschliffenen Brocken, die weich im Sand eingebettet dar lagen. Die Strände waren wie leergefegt, was wir angesichts des guten Wetters gar nicht kapieren wollten.

Eine ca. 8% ige Steigung auf etwa 450 Meter Höhe nahmen wir mit links und kamen nahezu ausgeruht oben an. Kein Spinnkram, wir waren mittlerweile topfit drauf und freuten uns über derartige Steigungen. Das sollte sich im Laufe des Tages aber noch gründlich ändern.

Nach einer Strecke von rund 60 Kilometern, die ideal für den Vormittag war, erreichten wir die Hauptstadt Ajaccio, die Stadt in der unser kleiner Freund Bonaparte geboren worden war.

Manni war schon längst in Hochstimmung, weil er unbedingt das Haus sehen wollte, wo Bonaparte aufgewachsen war und freute sich darauf, die Straße lang zu schreiten, auf der der kleine Racker Zoff mit den anderen Kindern hatte.

Nachdem wir den Place Maréchal-Foch inspiziert hatten, auf dem Napoleon in Siegerpose auf einem Kampfwagen präsentiert wird, suchten wir nun sein Elternhaus auf, in der rue Bonaparte. Manni schritt vor dem Haus auf und ab und versuchte sich wohl in den kleinen

Bonaparte hinein zu versetzen, wie er seine Pläne schmiedete, um später allen eine richtige Packung zu verpassen. Manni strahlte dabei, als könnte er es gar nicht glauben, vor Napis Tür zu stehen.

Am Hafen dösten die riesigen Luxusliner in der Sonne und ich bestaunte ein paar große Katamarane am Kai. Mit so etwas mal an den Wind..............
Der Aufenthalt in der Stadt hatte rund 2 Stunden gedauert und irgendwie baute ich ab. Hinzu kam auch noch ein Platter an meinem Vorderrad. Ich war irgendwie froh, als es endlich aus der Stadt hinausging, während die Sonne richtig einheizte.
Anstatt die Hauptstraße zu nehmen, beschlossen wir auf der Küstenstraße zu fahren. Das war aber, wie sich später herausstellen sollte, die deutlich härtere Variante.
Schon nach kurzer Zeit geht es schlagartig bergauf bei einer Steigung von ca. 14-16%. Die Sonne genau auf der Zwölf und der Bach läuft, wie wir es bis hierher noch nicht hatten. Ich gehe sofort in den Wiegetritt und konzentriere mich. Muss erst einmal wieder in Tritt kommen. Es geht weiter und weiter steil bergauf und hier werden wir zum ersten Mal richtig geprüft.

In kurzer Zeit sind wir schon wieder hunderte Meter über dem Meeresspiegel und werden mit einer tollen Aussicht auf Ajaccio belohnt. Allerdings können wir von hieraus auch sehen, dass es mit dem extremen Auf und Ab so weitergeht und die Spätmittagssonne, ohne das ein Lüftchen weht, uns ordentlich einheizen wird. Dieser Abschnitt ist traumhaft schön, aber auch Kräfte zehrend und das sollte sich bis zum Abend auch nicht mehr ändern. Man fährt herrliche Abschnitte bergab und muss dann sofort wieder von 0 auf 100 in eine 13% Steigung hinein. Bis das Blut dann wieder in den Muskeln angekommen ist, quält man sich einen Wolf und die Oberschenkel tun weh. Wenn man nicht sofort in den Wiegetritt geht, hat man keine Chance.

Es war schon nach 18 Uhr und von einer Höhe aus hatten wir auch schon unseren Zielort Propriano gesehen und einen Luxusliner, der den Hafen ansteuerte. Alles sah zum Greifen nah aus und wir glaubten in spätestens 20 Minuten da zu sein. Weit gefehlt. Die Küstenstraße machte einen Riesenbogen nach dem Anderen um weite Buchten herum und wir kamen und kamen nicht an.

An einem Hotel, das direkt am Meer lag, überlegten wir, ob wir den Feierabend einläuten sollten. Fensterblick direkt auf die Brandung für 44 Euro mit Frühstück und wir Deppen sind so blöd und fahren tatsächlich weiter nach Propriano, bis es dunkel wurde. Zu allem

Überfluss stellte sich auch noch heraus, dass die Stadt potthässlich war und das Hotel doppelt so teuer.

Ohne Meerblick, versteht sich.

Fehlentscheidung.

Wir sind ziemlich kaputt und belohnen uns deshalb mit einem exzellenten Drei-Gänge-Menü beim Italiener. Manni hat heute sogar sein Pfefferspray eingesteckt, weil ihm die Stadt nicht ganz geheuer vorkommt. Selbst unsere Räder, die wir mit auf unser Zimmer nehmen konnten, schloss er zusätzlich zusammen. So kenne ich ihn gar nicht! Ja gut, vielleicht im tiefsten Rumänien, aber hier? Unser Kriminologe wittert wohl die Gefahr und stellt sich ihr entschlossen entgegen.

Nachdem wir unterwegs alle Gangster ausgeschaltet hatten und unser Pfefferspray fast leer war, erreichten wir mit letzter Kraft, aber unverletzt, unser Hotel. Mit Genugtuung stellten wir fest, dass wenigstens die Räder noch da waren und fielen bald in einen tiefen Schlaf.

Was für ein Tag!

Was soll ich sagen? Der 28.09. kam, was uns nicht wirklich überraschte. Wir hatten topfit geschlafen und von unserer Straßenschlacht geträumt, bei der wir ja richtig ausgeteilt hatten und uns eine Schneise zurück zum Hotel geschlagen hatten.

Die Sonne war da, wo sie hingehörte, auf unseren Reifen war genügend Luft und unser Frühstück, das ausschließlich aus süßen Sachen bestand, hatten wir auch irgendwie vertilgt.

Da wir getrennte Betten gehabt hatten, war Manni sowieso top gelaunt. Das braucht er nun mal, der Gute. Er erklärt mir dann jedes Mal, dass das nicht persönlich gemeint sei.

Ich kann schon bald genau den Zeitpunkt voraussagen, wann diese Erklärung über seine Lippen geht, verdrehe dann immer meine Augen und äffe ihn ein wenig nach: „Nein, nein, das hat ja nichts mit mir zu tun und ich nehme das auch nicht persönlich. Manni, mach dir da echt keine Sorgen." Am nächsten Abend dann wieder das gleiche Theater, die gleichen Sprüche. Hat schon einen gewissen rituellen Status bei uns erreicht.

Es geht gleich von Propriano aus steil bergauf und wir finden nicht so Recht die richtige Straße, die uns zu unserem nächsten Pass führen sollte. In einem Supermarkt frage ich eine Frau in meinem besten „Sonntagsfranzösisch" nach dem Weg, worauf sie mir erst einmal total unfreundlich und barsch erklärt, dass das ja wohl keinen Gewinn bringende Karte sei, die ich ihr da unter die Nase hielte. Da ist sie wieder, die berechtigte Kritik an meiner Karte und Martin musste schon am frühen Morgen einstecken. Ich grinse freundlich, rolle meinen Papyrus wieder ein und wir versuchen es mit unserem Gespür und dem Stand der Sonne. Das hatte oft genug schon funktioniert auf unseren anderen Touren.

Wir hatten Glück und waren schließlich tatsächlich auf der richtigen Route, hinein in ein weitläufiges Tal, das nahezu unbewohnt schien. Es gab kaum noch Verkehr und es war auf eine angenehme Art still geworden. Wir fuhren nebeneinander her und hatten Zeit, uns ausgelassen zu unterhalten. Wir frotzelten über die Unzulänglichkeiten der korsischen Ordnungshüter, weil es durchaus mal vorkam, dass ein völlig kaputtes Auto am Straßenrand stand, die Kennzeichen noch montiert waren und sich niemand mehr darum zu kümmern schien. Manni, der deutsche Ordnungshüter stellt klar, dass es in unserem Land eines einzigen Telefonates bedürfe und das Teil wäre kostenpflichtig abgeschleppt. Wir waren uns sicher, dass man hier aufgrund gut gemeinter Zuwendungen schon mal ein Auge zudrückt und lästerten noch ein wenig weiter, bis es schließlich deutlich steiler wurde und wir unsere Luft für etwas Anderes brauchten.
In einem kleinen, malerischen Bergdorf namens Santa Lucia di Talla legten wir eine Pause für unser zweites Frühstück auf dem Kirchplatz ein

und genossen dabei unsere Aussicht zurück in das Tal. Es gab Baguette mit Schinken und Käse, Pfirsiche, frische Paprika und Powerriegel.

Ich bringe spätestens beim Powerriegel dann immer meinen Spruch: „So, das gibt jetzt noch mal richtig Tinte auf den Füller".

Den kannte Männe vorher noch gar nicht und jedes Mal, wenn ich diesen Spruch loslasse, lacht er sich dann einen Kringel. Einmal am Tag ist es irgendwann immer so weit.

Blindes Verständnis, gepaart mit Sprüchen, die eines Tages Kultstatus erreichen werden.

Die Sonne brennt nun erbarmungslos und es geht steil bergauf. In der Ferne unter uns sehen wir noch die Dächer der Häuser und den Platz, wo wir unsere Rast gemacht hat-ten. Unsere Speicherchips werden wieder kräftig aktiviert, weil sich hier eine traumhaft schöne, aber auch sehr einsame Gegend vor uns auftut. Soweit das Auge reicht, nichts als grüne Berge um uns herum, mit dem einen oder anderen Felsmassiv dazwischen und weit verstreuten kleinen Bergdörfern, die fast vom Wald verschluckt werden. Eine Stille hier, die uns sonst in Europa schön völlig fremd geworden ist.

Vereinzelt sieht man Gräber an der Straße, deren Plätze hier nach gut dünken in der

Vergangenheit festgelegt worden waren, obwohl es weit und breit kein Haus gibt. Es geht nun flacher weiter und wir genießen die Verbundenheit mit der Natur, wenn wir hier fast lautlos mit unseren Rädern durch die Landschaft schleichen.

Wir fangen an Mutmaßungen anzustellen, wie unser weiterer Streckenverlauf sich wohl entwickeln wird und haben unterschiedliche Theorien. Ab und zu sieht es so aus, als würde Manni Recht behalten, dann wieder scheint sich das Blatt zu meinen Gunsten zu wenden und wir fangen an zu wetten. Wer verliert, muss am Abend das Pietra bezahlen.

Irgendwann kam dann die gnadenlose Gewissheit, dass das wohl mein Job heute Abend sein würde. Manni ist da echt im Vorteil mit seinen Bergwanderungserfahrungen der letzten Jahre, geht mir durch den Kopf und er hat sein Wissen hier schamlos zum persönlichen Nutzen eingesetzt.

Kopfschütteln...........

Nun ging es insgesamt drei Mal richtig bergab, bevor wir anschließend jedes Mal wieder kräftig in die nächste Steigung gehen mussten. Wir fuhren fast den ganzen Tag schon auf der Nationalstraße D59 und nahmen dieses zum Anlass, uns mit Selbstauslöser vor einem

Straßenschild mit der entsprechenden Kennzeichnung abzulichten. Beide zeigten wir stolz mit dem Finger auf die 59 und blickten in Siegerpose zur Kamera. 59 er Jahrgänge sind eben nicht irgendein, sondern überhaupt „der Jahrgang" schlechthin.

Irgendwann glaubten wir den Pass erreicht zu haben. Traditionell wurde abgeschlagen und ein kurzes Päuschen eingelegt. Hier oben gab es tatsächlich ein ausgedehntes Schweinegehege, aus dem die Ferkel ganz keck ausbüchsten und in der Gegend herumliefen, solange sie noch klein genug waren, um unter dem Zaun hindurch zu schlüpfen. Sie sahen uns verwundert an, inspizierten Mannis Rad, weil sie ihren Verwandten natürlich sofort erkannt hatten und schlugen dann ihm zu Ehren ein paar Kapriolen, bevor sie einen Wettlauf zurück zum Gehege veranstalteten, um irgendwo wieder unter dem Zaun hindurch zu gelangen.

Ich sah dem Treiben zu und gönnte mir noch einen Pfirsich. Den Stein bot ich einer ausgewachsenen Sau an, um zu sehen, ob sie das harte Teil wohl knacken würden. Ein Hingucken und der knüppelharte Stein wurde wie Knäckebrot zermahlen.
Die Kleimeyer Verwandtschaft hat eben wirklich gute Zähne.

Die Straße hier oben war in einem schlechten Zustand und wir hofften, dass sich das kurz hinter der Passhöhe wiedergeben würde. Leider stellten wir fest, dass es doch noch einmal höher hinaufging und erst später der Pass kam. In dieser Gegend konnte man wirklich nichts mehr voraussagen und man hatte auch kaum

noch Orientierung, wie es wohl weitergehen würde.

Hinter dem Pass namens Col de Bacino. für die nationalbewussten Korsen Bocca di Bacino, der aber leider ohne Höhenangabe war, erwartete uns eine abwechslungsreiche und herrliche Abfahrt.

Der Abfahrtseffekt, wie wir ihn nennen, kaum glauben zu können, dass man das alles zuvor hochgefahren war, weil es nahezu endlos bergab geht, blieb jedoch aus. Zu oft ging es horizontal oder auch leicht bergauf weiter und so fuhren wir über längere Zeit hoch oben im Gebirge weiter.

Der Asphalt, der hier rostbraun ist, fügt sich in die Landschaft ein, denn auch die Vegetation wird sichtlich trockener und bräunlicher, weil es seit längerem hier nicht mehr geregnet hat und die Sonne ebenfalls ihren Job erledigt.

Dann passiert plötzlich das Unglaubliche! Ich warte gerade auf Manni, der wie üblich wieder irgendeine Kirche fotografiert. Das sind definitiv seine absoluten Lieblingsmotive.

Auf der Straße krabbelt eine riesige Spinne herum, die das Ausmaß einer kleineren Vogelspinne hat. Sie klettert an meinem Vorderrad hinauf, bis sie sich plötzlich fallen lässt. Durch den Aufprall fallen an die fünfzig kleinen Minispinnen von ihrem Rücken und krabbeln wirr und hektisch in der Gegend herum, bis sie in nicht einmal 5 Sekunden alle wieder den schützenden Rücken der Mutter erreicht haben, auf dem bestimmt noch einmal 150 hässliche, kleine Geschwister warten und sich sicher über die lädierten Heimkehrer kaputtlachen.

Nichts für schwache Nerven.............................

Es geht nun immer weiter bergab und mir wird klar, dass wir uns langsam von Korsika verabschieden, weil wir der Küste immer näherkommen. Genau das Gleiche ging mir im letzten Jahr durch den Kopf, als wir aus 2800 Metern Höhe unsere letzte Abfahrt vom Col de la Bonette nach Nizza hatten. Diese letzte Abfahrt macht man immer mit etwas Wehmut, weil etwas Unvergessliches zu Ende geht.

Es kam, was kommen musste. Wir glaubten, dass nun schon bald die Küste in Sicht kommen und es stetig leicht bergab gehen würde. Stattdessen ging es noch rund eine Stunde rauf und runter

und diese Zeit wurde zur echten Belastungsprobe. Mental war die Luft nach der Abfahrt einfach raus und nun noch diese Keulerei. Jedes Mal, wenn es plötzlich wieder rauf ging..............
Einfach nur Kopfschütteln.

Endlich der Hafen von Bonifacio der südlichsten Stadt Korsikas, von der aus wir am nächsten Tag mit der Fähre übersetzen werden. Die Stadt beherbergt direkt an der rund 60 Meter hohen Steilküste eine stattliche alte Festung, an der schon seit rund 3.000 Jahren fleißig herumgemauert wird. Sie war sicher auch schon eine willkommene Aussichtsplattform für unseren kleinen Racker Bonaparte, der von hier aus bestimmt wohl den Blick auf die Nachbarn von Sardinien geworfen hat, die an Inselfläche ganz klar im Vorteil lagen, was bei ihm ja wohl erste Begehrlichkeiten geweckt haben dürfte.

Wer weiß, wer weiß...................................
Heute Sardinien und morgen die ganze Welt. Was kleine Kinderstreitigkeiten doch später für Auswirkungen haben können.
Nach einem perfekten 4-Gänge-Menü mit Muscheln und Fisch in einem alten Kellergewölbe machten wir noch einen kleinen Rundgang durch die Stadt, bevor wir uns am Hafen noch ein gepflegtes Pietra gönnten.

Wettschulden sind eben Ehrenschulden. Aber ich bin mir sicher. Manni hat seine Bergsteigerkenntnisse schamlos für ein kostenloses Pietra hier am Hafen ausgenutzt und seinen Busenkumpel eiskalt ausgetrickst.

Schwamm drüber.

Ich sitze seit fünf Minuten im Bett und mache noch ein paar Notizen. Manni ist schon kräftig am durchzucken und bezwingt wahrscheinlich schon wieder irgendeine Steigung mit vollem Körpereinsatz. Bemerkenswert ist an diesem Abend, dass er sich nicht einmal die Mühe gemacht hat, die Betten auseinander zu ziehen, was wirklich nur ein kleiner Handgriff gewesen wäre. Sollte sich da so etwas wie Normalität im Alter einstellen?

Morgen wird er mir bestimmt wiedererzählen, dass ich das nicht persönlich nehmen soll und dass es wie immer auch nichts mit mir zu tun hatte.

29.09. und Sardinien ruft! Während Manni schon wieder in den Startlöchern steht, krame ich wie üblich wieder viel zu lang in meinen wenigen Sachen herum, bis ich endlich so weit bin. Bei meinem Hund beobachte ich das auch immer, wenn er sich erst 88 Mal auf der Matte dreht, bis er dann endlich die passende Position gefunden hat und sich hinlegt.

Als ich dann endlich draußen erscheine hat mein Busenkumpel schon unser Frühstück eingekauft, sein Fahrrad gepackt und einen Frühstücksplan entworfen.

Ich kriege es einfach nicht schneller gebacken. Besserung nicht in Sicht!

Es geht hinüber zum Anleger am Hafen, wo wir heute einmal ganz anders die erste Mahlzeit des Tages einnehmen werden.

Manni deckt wie üblich den Tisch, indem alles was an Essbarem da ist, vorgekramt wird und dekorativ für ein Foto angeordnet wird. Alle Pillen und sonstigen Hilfsmittel bis hin zum Pietra dürfen dabei natürlich nicht fehlen.

Während sich eine kleine Autoschlange am Anleger bildet, knuspern wir ganz gemütlich an unserem Frühstück herum, bis irgendwann unsere Fähre hinter dem Felsen auftaucht und das Erscheinungsbild des kleinen Hafens aufgrund ihrer Größe völlig verändert.

Wie üblich wurden unsere Räder auf der Fähre mit Gurten festgezurrt und wir suchten uns ein nettes Plätzchen auf dem Achterdeck. Von dort aus genossen wir die Ausfahrt aus dem Hafen und hatten Gelegenheit Bonifacio noch einmal aus einer ganz anderen Perspektive zu betrachten. Die Stadt ist zwar relativ klein aufgrund der geographischen Enge, aber sie hat irgendetwas, da waren wir uns einig. Allein die Tatsache, dass hohe und schlanke Häuser direkt an der äußersten Kante der Steilküste in Schwindel erregender Höhe gebaut wurden, die auch hier zur Verbesserung ihrer Stabilität durch Querverbindungen zum Nachbarhaus ausgestattet waren, gibt der Stadt etwas Außergewöhnliches und direkt hinter dieser Steilküste liegt das natürliche Hafenbecken. So etwas sieht man wirklich nicht an allen Tagen.

Selbst aus mehreren Kilometern Entfernung konnte man die Häuser hoch oben auf der Steilküste noch gut erkennen. Ich hatte den Eindruck, als würden sie von da oben aus über das Meer spähen um zu sehen, was sich auf der Nachbarinsel Sardinien so tut.

Nach rund einer Stunde betraten wir das neue Eiland und machten uns für den zweiten Abschnitt unserer diesjährigen Tour bereit. Ich hatte ab hier schon die ersten Anzeichen eines Arioloeffekts. Für Nichtkenner meiner früheren Berichte will ich diesen Begriff kurz erklären.

Als wir auf unserer Tour von Osnabrück nach Venedig den St. Gotthartpass überquert hatten, brach Mannis Moral damals total ein. Für ihn war die Tour im selben Moment gelaufen, als dieser wichtige Abschnitt erledigt war. In einem kleinen Bergdorf namens Ariolo, wo wir Rast gemacht hatten, wollte Manni praktisch nicht mehr weiter und murmelte nur noch wirres Zeug vor sich hin.

Diesen Zustand nannten wir seitdem den Arioloeffekt. Ähnlich war es auch, als wir in den Pyrenäen den Zenit der Gebirgskette nach Süden hin überschritten hatten. Auch da knösterte der Männe wieder vor sich hin und musste mental in mühsamer Kleinarbeit wiederaufgebaut werden.

Nun hatte es mich irgendwie erwischt. Von Korsika Abschied zu nehmen, fiel mir so-wieso schwer und von Sardinien erwartete ich irgendwie gar nichts. Schöner als auf Korsika konnte es hier nicht sein, war ich mir sicher und die Berge sollten laut Karte auch nicht so spektakulär sein. Allein das kurze Stück vom Hafen hinauf zur Hauptstraße verlangte mir schon alles ab und völlig willenlos starrte ich dort auf das Schild mit dem Hinweis Cagliari 348 km. Dort mussten wir hin und ich hatte echt keinen Bock mehr. Für uns hieß das, rund 400 km mit vielen Steigungen und auch Pässen in nur 2 ½ Tagen.

Gar keinen Bock!

In dieser Situation stellte ich fest, dass Manni auch nicht gerade vor Entdeckungsgier strotzte, sich aber nichts anmerken ließ. Meinen Arioloeffekt hatte er aber wohl schnell bemerkt. Mit ein paar Sprüchen machte er mir Mut und erklärte mir, dass wir das Stück „auf einer Backe absitzen" würden.

Ja, so ist das. In diesen Momenten braucht man den anfeuernden Zuspruch eines echten „Busenkumpels", sonst geht gar nichts mehr.

Während ich damals in den Pyrenäen Manni andere Routen vorschlug, auf denen mehrere Pässe auf uns warteten und er wieder eine Perspektive hatte, war er es nun, der sich auf meine Spezialität einließ und auf relativ flacher Strecke ein hohes Tempo mitging. Dieser „Ritt" verpasste mir ein kleines „Zwischenhoch" und lenkte mich auch ein wenig ab. Mit einem Durchschnitt von 35 km/h und längeren Abschnitten, bei denen wir auch schon mal zwischen 40 und 50 km/h hinlegten, fraßen wir in zwei Stunden 70 Kilometer weg.

Da waren es nur noch 330 Kilometer!

Die kurzfristigen Wechsel beim Windschatten fahren machen es möglich, aber nach den zwei Stunden sind wir beide ganz schön platt und haben uns erst einmal gründlich ausgetobt. Bananen, Joghurt, Traubenzucker und Powerriegel finden den Weg in den Stoffwechseltrakt und ich erkläre Manni dabei wie üblich, dass der Riegel noch einmal richtig „Tinte auf den Füller" gibt und er lacht sich auch prompt einen weg. Eingespielte Situationen und blindes Verständnis. Das macht eine echte

Freundschaft aus, gerade dann, wenn man sich mit einem Arioloeffekt herumschlagen muss.

Hier auf Sardinien ist alles anders. Die Straßen sind richtig gut und kein Vergleich zum korsischen Asphalt und am Straßenrand liegt teilweise reichhaltig Müll herum..., eben typisch Italien.

Wenn man etwas fragen möchte, quasseln alle wirr durch einander, jeder weiß etwas, aber alle wissen nichts. Es gibt keine von Kugeln durchsiebten Schilder, aber dafür eingestürzte Brücken und der Verkehr ist ebenfalls typisch italienisch und nervt. Eine Küstenstraße gibt es auch nicht. Es nützt nichts......

weiter auf der Hauptstraße nach Olbia.

Dort angekommen suchen wir das Zentrum, aber es gibt keines. Wir suchen eine Touristeninfo, aber es gibt keine. Wir suchen den Bahnhof, um uns in unserem und vor allem meinem desolaten Zustand nach Zügen zu erkundigen, weil uns die Strecke bis Cagliari unüberwindbar scheint. Das, was wir finden ist nicht wirklich ein Bahnhof. Schließlich fahren wir zum Hafen und ich erkundige mich mit meinem brüchigen italienisch nach möglichen Fähren, die uns unserem Ziel näherbringen könnten, aber es gibt keine.

Auch hier wieder das typische Phänomen. Jeder weiß etwas, aber alle wissen nichts. Kein Wunder, dass Italien nicht aus dem Sumpf kommt, denke ich und kehre zu Manni vor dem Reedereigebäude zurück. „Hier geht auch nichts", gebe ich resigniert von mir und wir raffen uns auf, um noch ein paar Kilometer zu schruppen, bevor es dunkel wird, denn sonst ist der Rest in zwei Tagen überhaupt nicht mehr zu schaffen. Wir haben immerhin noch über 300 Kilometer zu fahren und einige Pässe vor uns.

An einer Tankstelle auf der Hauptstraße Stadt auswärts wollten wir unsere Wasservorräte auffüllen, aber selbst das klappte nicht. Es gab kein Wasser.

Der Tankwart ließ uns ohne einen Hinweis weiterfahren und wir befanden uns just auf der Autobahn, ohne dass man dieses hätte erkenne können. Manni wollte es erst nicht glauben, bis ich ihm klarmachen konnte, dass wir schon mitten auf einem Autobahnkreuz sind. Was nun? Kleeblatt fahren um wieder zurück zu gelangen. Dank meiner „super genauen Karte" bedurfte es nur schlapper 20 Minuten und einiger Umfragen, bis wir wieder auf Kurs waren.

Es wurde endlich wieder landschaftlicher und das liegt mir deutlich mehr als dieser

Hochbetrieb in Olbia. Geschlagene 2 Stunden hatten wir dort verplempert, die uns in Sachen Kilometer gutgetan hätten.

Schon nach einer Stunde ist die Luft wieder raus. Wir halten an und gönnen uns die letzten Bananen und wie so oft um diese Tageszeit, einen Powerriegel, den mit „der Tinte auf den Füller" und Manni hat wieder etwas zu lachen.
Ohne diesen Riegel kann man, nach einem solchen Tag, abends nicht mehr lange fahren, weil wirklich nichts Gescheites mehr im Magen ist und die Unterzuckerung dann vorprogrammiert ist.
Danach waren wir zwar nicht wie neu geboren, aber die Beine machten wieder einen richtig guten Job.

Immer wieder suchen wir die Küstenstraße und müssen dann alles wieder zurückfahren, weil wir irgendwann in einer Sackgasse ankommen.
Wie so etwas nerven kann und das auch noch in meinem Zustand! Jeder hat hier sein kleines Ferienhaus und so riegeln die Italiener hier über zig Kilometer den Strand hermetisch ab. Es kommt aber noch besser!

An einer Kreuzung halten wir Ausschau nach dem Hinweisschild in Richtung Pasada. Wir finden gleich zwei und zwar in unterschiedliche

Richtungen. Die Himmelsrichtung muss mal wieder herhalten und es scheint auch dieses Mal wieder damit zu klappen.

Schließlich noch eine ganz kleine Umleitung über acht Kilometer, weil vor uns eine Brücke eingestürzt war. Nun war das Maß der Dinge endgültig voll und mit Entschlossenheit und stahlhartem Blick wagten wir uns tollkühn auf die letzten Reste der Brücke, die noch übriggeblieben waren und wackelig in der Landschaft herumstanden. In meiner selbstlosen und resignativen Stimmung wagte ich zuerst den Gang über einen schmalen Grad von ca. 80 cm Breite und 8 Metern Länge und unter mir ein fast stehendes Gewässer, bedeckt mit grüner Wasserlinse. Ich stelle mir vor wie ich aussähe, wenn ich da wieder heraussteigen würde und grinste mir einen weg.

Irgendwie hatte diese Situation etwas Erheiterndes an sich und wir frotzelten jede Menge herum, als Manni nun an der Reihe war. Während er da entlang balancierte, erklärte ich ihm von der anderen Seite der Brücke, dass ich es seiner Witwe später schonend beibringen und mich auch um seine Kinder kümmern würde. Fotos wurden natürlich auch gemacht, um unseren grenzenlosen Mut zu dokumentieren.

Nun wurden noch ein paar flotte Kilometer gemacht und unsere Stimmung hellte sich ein kleines bisschen auf. Manni hatte allerdings richtig Stress mit seiner „Mäse", wie er den Allerwertesten gerne bezeichnet und jackelte ständig irgendwie auf seinem Sattel hin und her. Dann wieder blieb er in den Pedalen halb stehen und stützte sich mit dem Oberschenkel auf der Rahmenstange ab, um für einen Moment nicht auf der besagten Mäse sitzen zu müssen.

So etwas kann einen echt zermartern, wenn es zu heftig wird.

Wir erreichen mit einer Punktlandung, es wird nämlich gerade dunkel, unser Ziel Padasa, wo wir zum ersten Mal bed and breakfast ausprobieren. Für 50 Euro bekommen wir ein großes Zimmer, ein eigenes Bad und eine eigene Küche zum Frühstücken. All inklusive!

Restaurants gab es praktisch keine und so begnügten wir uns mit einem Pizzaservice an der Hauptstraße. Es gab 2 Mal Insalata Frutti di Mare und danach Pizza Frutti di Mare. War alles ganz o.k. bis auf die Tatsache, dass man hier ganz offensichtlich kein Pietra kannte. Richtig satt waren wir irgendwie beide nicht und ich sagte zu Manni: „Macht nichts, den Rest füllen wir mit Bier auf."

Über diesen Spruch lachte sich der Männe halb schlapp und er fragte mich tatsächlich, ob der denn auch von mir sei.

Auch bei ihm hatte der Tag ganz offensichtlich tiefe Spuren hinterlassen...........

In einer Bar gegenüber philosophierten wir mal wieder über das Leben im Allgemeinen und löschten den Durst mit irgendeinem, gegenüber Pietra, ziemlich „flachen" Gebräu, das in 0,66 Literflaschen abgefüllt war. So etwas gibt es ja wohl nur in Italien.
Dafür war der Espresso eine italienische Glanzleistung!

Wir haben getrennte Betten und ich freue mich auf meine Pritsche. Natürlich muss ich mir erst wieder den Spruch anhören: „Niemi, das darfst du jetzt nicht persönlich nehmen. Das hat auch wirklich gar nichts mit dir zu tun."

Mein Gott, was man alles so ertragen muss!

Wir haben den 1.10. und ich stehe mit fürchterlichen Tränensäcken vor dem Spiegel. Der Vortag lässt grüßen, denke ich nur und hoffe insgeheim, dass es heute besser läuft.
Das Frühstück ist super, die Sonne lacht und selbst der Geldautomat spuckt noch ein paar

Euro aus. Heute Morgen war ich auch deutlich schneller als üblich. Hätte Manni ja mal lobend erwähnen können..., tat er aber nicht.

Alles sah an diesem Morgen besser und freundlicher aus und es gab endlich wieder vernünftige Wegweiser mit Kilometerangaben. Das war am Tag zuvor leider kaum der Fall. Es ging ständig leicht rauf und runter, was bekanntlich dazu führt, dass das Zusammenfahren nicht so gut klappt. Kein Problem, denn hier gab es jede Menge toller Aussichten, da wir endlich mal wieder Küstenstraße fahren konnten und wir genossen die morgendliche Stimmung. Keinen Gedanken mehr an den Vortag. Wir waren endlich wieder gut drauf und der Arioloeffekt hatte sich endgültig verabschiedet.

Nach rund 25 Kilometern geht es rechts ab nach Irgoli und ein langer Passanstieg liegt nun vor uns. Ein breites Tal öffnet sich und es baut sich eine angenehme Stille auf. Auf der Straße kriechen daumendicke Raupen lang und über einen grünen Hügel kommt eine Schafherde daher gerannt, die ganz offensichtlich nur von einem kleinen Hund bewacht wird, der ganz und gar nicht nach einem Schäferhund aussieht. Alle Schafe folgen ihm auf Schritt und Tritt. Als der kleine Kerl uns sieht, bleibt er stehen und schimpft uns ganz fürchterlich aus. Das dauert eine Minute lang und er macht sich wieder auf den Weg mit seiner Herde. Ganz am Ende trollt ein noch kleinerer junger Hund ein wenig lustlos hinterher, der wohl noch angelernt wird. Mich fasziniert es, mit welcher Selbständigkeit diese Arbeiten von den Hunden absolviert werden und die Schafherde anstandslos pariert. Ich kannte das bislang nur im Beisein eines Schäfers.

Unterwegs überholten wir zwei Franzosen auf Rädern, mit denen ich mich ein wenig unterhielt. Auf ihre Frage, wohin wir fahren erklärte ich, dass wir am nächsten Abend in Cagliari sein wollen. Beide sahen mich mit ungläubiger Miene an und waren sich nicht sicher, wie wir das noch schaffen wollten. Ich deutete auf meine Beine und sagte, dass es schon irgendwie reichen werde.
Diese Reaktion ließ dann doch wieder ein paar Zweifel bei mir aufkommen.
Die Beiden schienen die Gegend hier ganz gut zu kennen.

Mit einer angenehmen Steigung von rund 6 % geht es höher und höher und die Landschaft wird atemberaubend schön. Weit und breit nur noch Landschaft und Berge. Keine Autos und keine Häuser in dieser Abgeschiedenheit, aber es wird auch deutlich wärmer jetzt um die Mittagszeit. Außerdem spürt man deutlich, dass wir mittlerweile viel weiter im Süden sind als zu Beginn unserer Tour.

An einer riesigen Kaktee halte ich an und probiere eine der rot orangen Früchte, die ihre volle Reife erreicht haben. Die kleinen Stacheln auf der Frucht muss man gründlich entfernen, aber dann kann man eine fast tropische Delikatesse genießen, die sehr saftig, süß und aromatisch ist.

Das viele Vitamin C darin, da bin ich mir sicher, gibt wieder ordentlich Tinte auf den Füller und es geht weiter.

12:30 Uhr und es geht nun steil bergauf. Ich nehme den Helm ab, denn der Bach läuft. Endlich kommt ein flacherer Abschnitt und unsere Straße geht in dieser Höhe fast endlos geradeaus. Die Luft über dem Asphalt flimmert und es ist hier oben knochentrocken. Das erinnert mich ein wenig an die Sous Ebene in Marokko, wo uns das Wasser ausgegangen war. Weit und breit kein Mensch und die totale Einsamkeit. Das alles allerdings hier bei einer fantastischen Aussicht weit in die Insel hinein. Wenn ein Fluss unseren Weg kreuzt, dann handelt es sich dabei aber nur um ein kleines Rinnsal in einem großen Flussbett. Die Landschaft wird immer trockener und wechselt ihre Farbe von grün auf grünbraun.

Bevor der eigentliche Passanstieg kam, gönnten wir uns eine Mittagpause. Manni und ich prüften mein Tretlager, da es ständig zu knacken schien, was immer lauter wurde. Es sah auch so aus, als wenn uns das nichts Gutes verheißen würde.

Werkzeug dafür gab es sicher erst wieder in Cagliera und von daher war es egal. Es musste einfach reichen. Wir füllten Wasser auf und es ging weiter.

Schon nach ein paar hundert Metern ging es bei sengender Hitze mit geschätzten 14 % bergauf und da half nur noch sofortiger Wiegetritt, sonst wären wir wohl zum Stehen gekommen. Das hatte echt Format! Kaum Blut in den Beinen und schon eine solche Steigung.

Die Sonne hatte mit uns kein Erbarmen.

Es wurde dann wieder flacher bei 6-7 % und die Straße schraubte sich rechts an einer langen Gebirgskette entlang wie eingeritzt. Sie schien wirklich kein Ende zu nehmen und unsere Aussichten wurden immer spektakulärer.

Was für eine unglaubliche Gegend hier. Fotos können das einfach später nicht wiedergeben. Hier mit dem Fahrrad lang zu fahren, in fast völliger Einsamkeit und dem Bewusstsein, wo man sich überhaupt gerade aufhält...............................

Muss man es einfach selber erlebt haben.

Fotos, Fotos, Fotos und dann irgendwann die erlösende Passhöhe des Genna Silana auf 1017 Metern. Hier oben ging es dann ein langes Stück fast horizontal weiter und wir erhielten Aussichten in alle Richtungen. Dann endlich kam unser „Abfahrtseffekt". Man glaubt es wirklich nicht, wie lang so eine Abfahrt werden kann und dass man alles zuvor hochgefahren ist.

Zwischendurch hatten wir uns zwar beide zwei Powerriegel reingezogen, aber trotzdem machte sich Hunger breit. Wir entschlossen uns zu einer Pause in einem kleinen Bergdorf und aßen ganz ordentlich zubereitete Sandwichs.

Als es weiterging, kamen wir an einem Haus vorbei, vor dem zwei alte Frauen saßen. Sie waren beide in schwarze Gewänder eingehüllt und sahen aus wie der leibhaftige Tod. So etwas hatte ich noch nicht gesehen. Die beiden hätten in jedem Gruselfilm mitspielen können und wären gut für die Hauptrolle gewesen.

Groß, kalkweiß im Gesicht mit stark vorstehenden Wangenknochen und tiefen Augen-höhlen. Ich war mir sicher, dass diese beiden Gostsistsers auch mir im Dunkeln richtig Respekt einflößen würden.

Was man hier in den Bergen für Kreaturen zu sehen bekommt. Unglaublich!

Unsere Abfahrt geht weiter und es ist ein gutes Gefühl zu wissen, dass es jetzt bis auf ein paar kurze Zwischensteigungen bis nach Arbatax nur noch bergab geht bis auf Meeresniveau. Wir kommen an einer großen Kaktee vorbei und ich will Manni überreden, auch einmal eine Frucht davon zu probieren.

Der kluge Mann winkt ab und sorgt sich um seinen Verdauungstrakt. Ich schnappe mir eine der Köstlichkeiten und schlürfe sie demonstrativ laut vor ihm aus, um ihn auf den Geschmack zu bringen, aber unser Kriminologe lässt sich von seiner Linie nicht abbringen und winkt erneut ab. Er könnte mir auch gut dabei zusehen, lässt er mich wissen und scheint das Unheil zu wittern.

Wir fahren weiter und ich bemerke, dass es überall an der Oberlippe piekst und sich auch einige von den Ministacheln in meinen rechten Zeigefinger hineingebohrt hatten. Dass mit der Lippe bekam ich am nächsten Tag wieder hin, aber der Zeigefinger sollte mich noch wochenlang nerven.

Hab mir natürlich nichts anmerken lassen.
Wird mein Kumpel wohl erst durch diesen Bericht erfahren.

In voller Entspanntheit erreichen wir Arbatax, machen dort vor den bekannten roten Felsen noch ein paar Fotos und treffen einen Hobbytaucher, der gerade von der Jagd zurück ist. Er hat einen Eimer, gefüllt mit Fischen und einem Oktopus, der sich an allem festsaugt, was er zu fassen bekommt. Schmierig und schleimig wälzt er sich in dem Eimer hin und her und Manni hält den Todeskampf erst einmal fotographisch fest.

Am Hafen wird der Sonnenuntergang eingefangen und wir suchen nun unsere Unterkunft. Bed and breakfast gibt es auch hier und nun brauchen wir dringend etwas zu futtern. Ich mache es kurz. Das Essen war eine einzige Katastrophe und alles Fischige kam aus der Fritteuse. Die Menge reichte vorne und hinten nicht und wir drückten zum Dank noch rund 60 Euro ab. Da hier sonst nichts los war und auch keine Restaurants in Sicht waren, schlug ich mal wieder vor.....................

„den Rest mit Bier aufzufüllen"
Am Morgen des 02.10. machte ich wieder meine übliche Gesichtskontrolle.
Die Tränensäcke hatten sich zwar halbwegs dünnegemacht, dafür war mein komplettes Gesicht verbrannt. Nur um die Augen herum zeigte sich noch eine vornehme Blässe. An der Unterlippe meldeten sich die ersten Herpesbläschen und an der Lippe im

Obergeschoss steckten immer noch ein paar kleine Stacheln, die ich nun in mühevoller Kleinarbeit herausbekommen musste.

So konnte der Tag kommen und es ging auf zu neuen Ufern. Uns erwartete bei strahlendem Sonnenschein, den ich mit Lichtschutzfaktor 30 erst einmal in seine Schranken verwies, eine herrliche und relativ flache Strecke, auf der wir nach und nach das Heizen anfingen. 35 km/h war das Minimum und wenn es einmal leicht bergab ging stand der Tacho auch für längere Zeit schon mal bei 40-50 km/h. Wir „zabelten" die Strecke entlang, als wenn wir viel zu viel Tinte auf den Füller bekommen hätten und rissen in weniger als drei Stunden inklusive Pause satte 100 Kilometer ab.

Cagliari wir kommen!
Was für ein Ritt!

Die Straße wird nun immer breiter und besser und schließlich befinden wir uns auf einer regelrechten Autobahn. Autos gibt es hier praktisch keine und wir Beide sind definitiv in der Überzahl und erklären die Straße zur Radrennstrecke. Astreiner Belag, aufwendigste Beplankung und eine Mörderbrücke nach der anderen. Manni hat dann auch immer einen

Spruch parat, wenn wir hier teure Straßen und Brücken vorfinden.

„Hat alles die EU bezahlt".

Mit kurzen Wechseln beim Windschattenfahren fressen wir die Kilometer nur so weg, schieben zwischendurch einen Powerriegel dahinter und sind wild entschlossen, vor Sonnenuntergang Cagliari zu erreichen. Als uns das Wasser langsam ausgeht, nehmen wir die nächste Abfahrt und legen eine Pause mit allem Drum und Dran ein. Belegtes Baguette, Kaffee, Panaché und Eis standen auf unsere Liste.

Ein anderer Gast im Café schwärmte uns von der Südküste vor und überschlug sich förmlich mit Adjektiven. Da befände sich die wohl schönste Küstenstraße Europas. Mir war klar, entweder hatte der schon zu lange in der Sonne gesessen oder aber es war etwas dran an dem, was er da fantasierte. Von der Autobahn Abschied nehmen und auf die Südküste zu steuern würde uns viel Zeit kosten. Auf meine Frage, ob es dort viele Steigungen gäbe, antwortete der Luftikus, dass das nicht der Rede wert wäre und ganz locker zu fahren sei.

Wie auch immer. Es ging weiter auf der Autobahn, aber unser Elan von vorher hatte sich irgendwie in Luft aufgelöst. Es lief nicht wirklich rund. Hinzu kamen unendlich lange Steigungen und die pralle Mittagsonne genau auf die Zwölf.

Als wieder eine schier unendliche Steigung sich vor uns aufbaute, kam uns dann die wahnwitzige Idee, abzufahren und auf die Südküste zuzusteuern. Der Vorschlag kam eigentlich von mir und wir sollten dafür noch bitter bezahlen.

Alles sah zunächst gut aus und es ging stetig bergab, hinunter zur Küste. Die selbige erreichten wir aber nicht, weil es plötzlich nur noch nach Westen ging und da war sie, …. die absolute fast endlos scheinende Elendssteigung in praller Hitze, ohne Schatten und ohne ein Lüftchen. Das saß erst einmal. Als aller erstes nahm ich meinen Helm ab, pumpte einen halben Liter Wasser in mich hinein und ließ mich schließlich auf das Kräftemessen mit dem Berg ein. Manni war da deutlich tapferer und war die Steigung sofort angegangen. Da ist er nun mal unverwüstlich und tut sich lange nicht so schwer wie ich.

Der Bach läuft in Strömen und das Einzige, was ich wahrnehme, sind die Grillen. Sie setzen mit ihrem monotonen Geschrappe der ganzen Situation hier noch die Krone auf. Jetzt spüre ich auch, dass ich schon jede Menge Kilometer in den Beinen habe und bis hier her ja auch ziemlich flott unterwegs war. Meine Mutter hätte an dieser Stelle auch einen Spruch parat.

„Siehst du es? Der liebe Gott lässt keine Bäume in den Himmel wachsen."

Gut, dass sie jetzt nicht hier ist. So ein Spruch gäbe mir echt den Rest.

Was soll ich sagen? Man schaltet irgendwann das Gehirn ab und keult einfach in geistiger Umnachtung den Berg hinauf. Oben kam der lang ersehnte Wind, aber auch die Erkenntnis, wie die Südküste tatsächlich verläuft. Ein gnadenloses Auf und Ab, soweit das Auge reichte. Es ging von Bucht zu Bucht und jedes Mal musste dabei eine richtige Passstraße überwunden werden, die sich steil am Felsen hinaufschraubte. Wie sagte unser Stratege im Café? „Nicht der Rede wert, lässt sich ganz locker fahren".

Dieser Traumtänzer................................. Der muss doch was geraucht haben.

In einem Punkt war er zumindest dich an der Wahrheit dran. Die Aussichten von oben auf das Meer und die malerischen Buchten mit ihren feinen Sandstränden waren unglaublich und ich würde mal sagen, dass diese Küstenstraße zumindest zu den „schönsten Europas" gehört. Diese herrlichen Aussichten mussten wir uns aber jedes Mal hart erkämpfen. Das fällt einem aber dann auch wesentlich leichter, wenn man ständig durch das Panorama abgelenkt wird und so kamen wir langsam aber sicher auch über diesen Umweg näher an Cagliari heran.

Nun war es endlich so weit. Wir hatten uns gerade wieder mit einer dieser Passstraßen herumgeschlagen und erblickten unter uns eine Bucht, die paradiesischer nicht sein konnte. Was folgte war eine Abfahrt direkt bis an den Strand. In unseren verschwitzten Trikots stratzten wir mit Helm und Sonnenbrillen barfuß über den Strand, vorbei an gebräunten Leibern und spielenden Kindern, die uns wie Marsmenschen ansahen und ein wenig verunsichert wieder zu ihren Eltern liefen. Ich forderte Manni auf, schon mal den Fotoapparat startklar zu machen, denn ich brauchte hier jetzt meinen Auftritt. Nachdem ich meine Badehose anhatte, setzte ich meinen Helm wieder auf, sprintete auf die Fluten zu und machte „den Hecht" samt Helm ins kühle Wasser hinein.

Was für ein Kontrastprogramm zu den letzten zwei Stunden!

Das Wasser war derart klar, wie ich es sonst noch nirgendwo gesehen hatte. Stimmt wirklich! Ich denke, dass die Sicht wohl weit über 50 Meter lag. Herrlich hier am Strand zu liegen nach all den Strapazen und dem kleinen Männe beim Baden zuzusehen. Ich besorgte uns noch zwei Espresso und Eis und alles war perfekt. Trotz der tollen Bedingungen hier, war so gut wie nichts los am

Strand. Wir waren uns aber sicher. Diese Gegend war für deutsche Touristen wie geschaffen. Genau das, was der „gemeine Deutsche" sich wünscht.

Es kostete schon einiges an Überwindung den Pulsmesser anzulegen und das verschwitzte Trikot wieder überzustreifen. Aber die Sonne stand nun schon deutlich tiefer und wir hatten noch rund 40 Kilometer zu fahren. Unter normalen Bedingungen in 1 ½ Stunden gemütlich zu machen, hier allerdings mit den Steigungen mussten wir deutlich mehr einplanen.

Wir haben Glück, denn es wird nach ein paar Kilometern flacher. Nun lassen wir es entspannter angehen und läuten im Unterbewusstsein schon das Ende unserer diesjährigen Tour ein. Ich schaue auf meinen Pulsmesser, der glatt 100 anzeigt bei einem Tempo von 28 km/h. Genau richtig um nach einem solchen Tag auszuradeln. Die Sonne steht nun sehr tief und blendet uns und der Verkehr nach Cagliari hinein nimmt spürbar zu, auf einer von der „EU finanzierten Straße". Zu allem Überfluss rasiert mich an einem Kreisverkehr noch ein Irrer haarscharf und ich überlebe knapp. Während der ganzen Tour keine Probleme und nun, auf den letzten 5 Kilometern, fordert mich dieser Lümmel glatt noch heraus.

Im Zentrum, nahe der Altstadt beziehen wir ein Edel bed and breakfast Quartier und machen uns auf, um noch einmal richtig schlemmen zu gehen. In einer typischen Seitenstraße der Altstadt finden wir ein kleines Fischrestaurant, was sonst. Es war uns von unserer Herbergsmutter empfohlen worden. Mitten auf der schmalen und schiefen Gasse, denn sie führt zum Hafen relativ steil hinunter, stehen zwei eingedeckte Tische. Das ist das italienische Flair, wie ich es liebe. Hier gibt es drei verschiedene Menüs und wir bestellen das Beste, ist doch klar am letzten Abend. Die Empfehlung für dieses Restaurant war genial, denn das Essen und auch der Wein sind vorzüglich und heute Abend werden wir auch wieder satt, was uns nicht davon abhalten wird, in der Altstadt trotzdem noch ein paar Tässchen Gebräu auf Körpertemperatur zu bringen. Der Rest wird eben mit Bier aufgefüllt.

In der Altstadt ist der Bär los. Jede Menge junger Leute, die sich obendrein richtig gut anziehen. Bei uns würde man sofort von Schickeria sprechen. Das hat hier dann aber wohl Gültigkeit für die ganze Innenstadt, so wie es aussieht. Alle sind gut drauf und freundlich und es macht einfach Spaß dabei zu sein.

In Bars und Cafés, auf Mauern und Stufen, überall Leute, die den Spätsommerabend genießen und sich alle zu kennen scheinen.

Wir haben bis 1:30 Uhr mitgemacht, obwohl wir um 6 Uhr schon wieder raus mussten, um unseren Flieger zu bekommen. Die Nacht war also kurz, aber königlich. Abgesehen davon, dass wir wieder getrennte Betten hatten, schliefen wir beide sogar unter einem Himmel, der kunstvoll über unseren Betten drapiert war. Das Bad hatte etwas Spätrömisches und auch sonst war es wirklich ein tolles Quartier. Bed and breakfast auf edel getrimmt, dafür aber auch etwas teurer.

Manni war also am nächsten Morgen gut drauf und ich nahm es auch nicht persönlich.

Kurz vor dem Flughafen hielten wir an und beobachteten den Sonnenaufgang.

Ein bisschen Wehmut machte sich breit, dass alles schon wieder vorbei war. Wir hätten uns gerne noch ein paar Tage weiter gequält. Der Rückflug und auch unsere weitere Bahnfahrt waren eher unspektakulär und so bleibt mir an dieser Stelle eigentlich nur noch mein Resümee.

Es waren wieder tolle Tage und ein ganz besonderes Erlebnis. Nicht unbedingt ein Abenteuer, aber wir haben unglaublich viel gesehen, viele Eindrücke bekommen und uns auch dieses Mal einiges abverlangt.

Korsika hat mir persönlich besser gefallen, weil die Insel in ihrer Gesamtstruktur kleiner und abwechslungsreicher ist. Sardinien ist deutlich weitläufiger und auch größer und hat natürlich auch seine Reize. Diese beiden Inseln mit dem Fahrrad zu erkunden ist auf jeden Fall ein absolutes Muss für jeden Landschaftsbegeisterten. Man sollte aber auch gut trainiert sein, denn ich schätze, dass wir insgesamt sicher weit über fünftausend Höhenmeter gemacht haben. Vor allem Korsika hat es in sich, weil es praktisch keine flachen Strecken gibt.

Auch wenn es in diesem Jahr mit Damaskus nicht geklappt hat. Der Tausch mit diesen beiden Inseln war eine brillante Entscheidung. Im nächsten Jahr werden wir erneut Anlauf auf unsere „Wüstentour" nehmen. Vielleicht klappt es dann ja. Oder werden wir vielleicht doch eine Bergbesteigung in Angriff nehmen?

Wie immer an dieser Stelle einen Gruß an meinen Busenkumpel, mit dem ich nach wie vor ein blindes Verständnis pflege. Es hat Spaß gemacht mit ihm diese Tour zu fahren und ich bin froh, dass wir nun im konsequenten

Jahrestakt gemeinsam aufbrechen, damit ich wieder neuen Stoff zum Schreiben erhalte.

Und dass er getrennte Betten will, nehme ich nicht wirklich persönlich.

Sizilien und Tunesien
Tour im September 2013

Wir haben das Jahr 2013 und es ist wirklich ein ganz besonderes Jahr. Warum?

Ein Jahr, in dem mein „Busenkumpel" Manni und ich es tatsächlich zeitgleich hinbekommen haben auf den Punkt genau fit zu sein um endlich einmal gemeinsam wieder auf Tour gehen zu können. Die Scheiben zwischen unseren Rückenwirbeln wollten in den letzten Jahren einfach nicht da sitzen bleiben, wo sie eigentlich hingehören. Stattdessen sorgten sie dafür, dass wir wie zwei alte gebrechliche Männer durch die Straßen liefen und es beim Hinsetzen so aussah, als hätten wir einen Stock verschluckt. Stellenweise schon ein

„erbärmlicher Anblick", wie ich immer gerne sage. In den letzten 5 Jahren hatten wir gerade einmal 2 Touren hinbekommen, nämlich nach meinem einjährigen Totalausfall, die Alpenüberquerung von Lausanne nach Nizza 2009 und unsere Tour durch Korsika und Sardinien 2010. Danach war zwei Jahre Funkstille bei Manni und es kam die Frage auf, ob wir überhaupt noch in Zukunft loskommen würden.

Der Überschrift kann man nun entnehmen, dass es wohl geklappt haben könnte?

Ja, es hat geklappt!!!

Kleine Einschränkung an dieser Stelle ist zu erwähnen. Ich hatte Probleme mit dem rechten Knie bei großer Belastung, was sich bei der IPA-Tour dieses Jahres gezeigt hatte und Manni der Künstler, der im Solebad seine Schwimmbrille vergessen hatte und deshalb nicht kraulen konnte, versuchte es mit Brustschwimmen.

Sein Muskelkostüm empfand diese ungewohnten Bewegungen als derart unangenehm, dass eine Muskelgruppe im Ober-schenkel richtig zickig wurde und der Männe sich eine Spritze abholen musste. Eine zweite dann direkt vor unserer Tour und man durfte gespannt sein, ob es wohl reichen würde.

14.09.2013 Start nach Catania/Sizilien

Es ist 5:30 Uhr, ich stehe auf und sehe aus dem Fenster. Es regnet leicht und unser Start zum Bahnhof OS soll wohl etwas feuchter werden, geht mir durch den Kopf. Alles ist perfekt vorbereitet und pünktlich mache ich die Biege und verabschiede mich von Barbara, die extra mit aufgestanden war.

Bei Manni angekommen lief bereits das Wasser an meiner Regenjacke herunter und wir verständigten uns darauf uns von Barbara eben bringen zu lassen. Ich rief schnell an und eine erwartungsvolle Stimme fragte mich: „Hast du noch etwas vergessen?" „Nein", kam von mir zurück. „Es regnet doch ganz ordentlich und ich dachte, dass du uns eben fahren könntest." Ein etwas Enttäuschtes „Ach so", kam zurück und 5 Minuten später war sie da um uns zu holen. Erst da gab sie zum Besten, dass sie gehofft hatte meinen Glückwunsch zum Geburtstag entgegennehmen zu können. Ich Opfer hatte Barbaras Geburtstag total vergessen und mich so richtig vor meinem Busenkumpel und Heike blamiert. Im Alter wird man eben immer oberflächlicher und vergesslicher. So etwas war mir bislang jedenfalls noch nicht passiert. Das ist bitter....

Nun denn..., wir fuhren zur Polizeistation nach Osnabrück, wo Manni unsere Pappkartons für die Räder schon deponiert hatte und saßen zusammen mit dem Ordnungshüter Kleimeyer zu Dritt vorne im Auto, weil natürlich hinten die Sitzbank umgeklappt werden musste. Manni zog es dann doch vor die letzten Meter auf den Hof der Polizei zu Fuß zu gehen, damit seine Kollegen unser regelwidriges Verhalten nicht sehen konnten und gegebenenfalls noch gegen uns ermitteln würden.

Nachdem die Kartons im Auto waren, noch ein prüfender Blick in alle Richtungen und der

Männe saß wieder mit uns zusammen vorne im Auto. Tja, Ausnahmen bestätigen eben immer irgendwie die Regel.

Nachdem ich Barbara ein viertes und fünftes Mal gratuliert hatte und mich mit schlechtem Gewissen verabschiedete, ging es mit dem Zug nach Köln HBF und weiter zum Flughafen. Nun musste alles schnell gehen. Manni checkte ein und ich baute unsere Kartons zusammen und bereitete unsere Räder für den Flug vor. Lenker quer, Luft aus den Reifen, Pedale demontieren. Letzteres bekam ich alleine nicht hin, weil meine Pedale zu festsaßen. Mit vereinten Kräften schließlich klappte es doch, wobei die erste Tourverletzung 2013 auf Mannis Konto ging, der sich etwas die Hand aufriss, worauf sich deutlich der rote Saft zu ergießen begann. Er hat es knapp überlebt. Meine bis dahin helle Hose, war auch schon etwas dunkler geworden, da die Arbeiten ihren Tribut verlangt hatten.

Es lief also alles wie am Schnürchen....

...bis wir die Räder durch die Sicherheitskontrolle bringen wollten.

Die Kartons waren zu groß, sodass der Check von Hand durchgeführt werden musste. Eigens das Sprengstoffkommando des Flughafens Köln/Bonn wurde in Wallung gebracht um unsere trickreichen Verstecke in den Rahmen unserer Räder auszukundschaften, worauf unsere Verhaftung folgen würde.

Man ließ uns gnädiger Weise laufen und der Flieger hob mit uns und unseren Rädern nach Catania ab. Auf dem Weg dorthin sahen wir Korsika, was einige Erinnerungen weckte und der Vorfreude auf Sizilien neue Impulse gab.

In Catania angekommen, wurden die Räder klargemacht und der Männe streifte das blaue Allianztrikot über, wovon wir jeder drei Stück gesponsert bekommen hatten für unsere Tour durch Marokko. Nun war mein zweiter Reinfall perfekt. Ich hatte kein Allianztrikot dabei und mein Kumpel von der Polizei fuhr für meinen Laden Werbung und ich war nicht dabei. Peinlich!

Wenigstens hatte ich das IPA-Trikot mit, dass ja schließlich die Polizei repräsentiert, was die Situation wieder ein wenig wett-machte. Ich weiß gar nicht, wie oft Manni mich damit gestachelt hat, dass ich Dämel mein Allianztrikot vergessen hatte.

Und……………er hatte durch und durch recht!

Nach 6,5 km erreichten wir unser erstes B+B (Bed and Breakfast) und bekamen dort auch eine gute Adresse zum Essen mit auf den Weg. Es war ca. 19 Uhr als wir am Restaurant eintrafen, doch der Kellner machte uns schnell klar, dass vor 19:30 Uhr nichts gehen würde. Wir zogen etwas bedröppelt ab und genossen den Anblick der örtlichen Parkanlage und einiger anderer Schönheiten, die Catania zu bieten hatte und davon gab es so Einige! Tja, die südlichen Länder haben so ihre Reize..............

Um Punkt 19:30 Uhr standen wir beim Kellner, dem Besagten, wieder auf der Matte, worauf der doch etwas erstaunt zu seien schien, dass wir tatsächlich wieder zurückgekommen waren. Im Laufe des Abends gab er dann wirklich alles um uns zu verwöhnen und wir verputzten nicht nur Austern und andere Leckereien, sondern auch einiges an alkoholischen Getränken. Am sizilianischen Landwein und dem örtlichen Grappa kamen wir schlicht nicht vorbei und nachdem wir mit unserem Kellner ein kleines Abschiedsfoto gemacht hatten torkelten wir zufrieden nach Hause.

Während Manni es noch schaffte sich die Zähne zu putzen, haute ich mich aufs Bett und war nach 1 Minute weg. So hatten wir noch nie eine Tour begonnen! Je öller desto döller oder was ging hier ab?

 15.09. Start auf den Ätna und Ziel Adrano 80 km

Ich hatte nicht besonders gut geschlafen, was sicher auch mit unseren Eskapaden am Vorabend zusammenhing. Um 5:30 Uhr konnte ich schon nicht mehr schlafen, weil mir zu heiß war und der Verkehr unten auf der Straße immer lauter wurde. Ich sage nur „typisch für Bella Italia". Italien ist einfach nur laut. Das betrifft nicht nur den Lärm auf den Straßen, dem durch den Eigenbau so manches Schalldämpfers mächtig eingeheizt wird. Wird man gerade einmal nicht durch den Straßenlärm tyrannisiert, ist es der „Gemeine Italiener" selber, der mit unglaublicher Lautstärke am Quasseln ist und dabei, um der eigenen Rhetorik noch ein wenig nachzuhelfen, ohne Pause mit den Armen herumfuchtelt. Ich habe so etwas noch nicht erlebt.

Da stehen ein Mann und drei Frauen zusammen und alle quasseln tatsächlich gleichzeitig auf einander ein und ich komme nicht um die Erkenntnis herum, dass die das wirklich irgendwie hinbekommen und alles verarbeiten können. Das muss man neidlos anerkennen.
Ich frage mich nur, was haben die sich alle nur zu erzählen?
Mit etwas dickem Köpfchen starten wir zu unserer ersten ernstzunehmenden Etappe und müssen rund 2000 Höhenmeter an einem Stück abspulen um auf den Ätna zu gelangen. Unser Frühstück bestand aus einem Cappuccino und einem Croissant und bei mir noch zusätzlich aus einer Kopfschmerztablette.

Und so wollen wir den Ätna bezwingen? Ich sage es ja „je öller desto döller".

Allein um aus Catania herauszukommen brauchten wir 2 Stunden, wobei es in Sachen Steigungen schon mächtig zur Sache ging und der Alkohol über die Schweißdrüsen inzwischen den Körper verlassen hatte. Der Verkehr nervte ein wenig, doch ab der „Porta dell Etna", dem eigentlichen Einstieg zum Pass wurde es dann endlich ruhiger. Einzig die Motorradfahrer, die diese Strecke zu einer regelrechten Rennstrecke auserkoren hatten, ließen es so richtig krachen und donnerten mit ihren Feuerstühlen an uns vorbei, um schon nach kurzer Zeit uns wieder entgegenzukommen und dann das ganze Zeremoniell zu wiederholen. Das ist bei uns Zuhause am Lienener Berg aber auch nicht anders.

Wir holten unser Frühstück nach, was bei mir mit 2 Müsliriegeln und 2 Bananen erledigt war. Bei Manni sah das ähnlich aus. Schnell noch ein Foto von meinem Rad vor einem Plakat, auf dem gerade der Ätna seine Lavamassen ergießt und ab durch die Porta dell Etna. Ab nun waren keine echten Pausen bis zur Passhöhe mehr eingeplant, weil einen so etwas total aus dem Tritt bringen würde. Kurze Stopps gönnten wir uns aber schon um z.B. Fotos zu machen und die Aussichten einen Moment lang zu genießen.

Hier oben gibt es tatsächlich neue wie auch ältere Häuser, die eigentlich ständig das Risiko mit sich herumschleppen, beim nächsten Ausbruch weggewalzt zu werden. Unschwer zu erkennen, dass das schon mehrfach vorgekommen war.

Baugenehmigungen scheinen in Italien leicht zu bekommen zu sein.

Wir schrauben uns immer weiter den Pass hinauf und langsam wird auch schon die Luft etwas dünner. Die Aussicht auf Catania und das dahinterliegende Meer ist atemberaubend schön. Immer größere Lavafelder der letzten Ausbrüche liegen vor uns und die Landschaft wird gespenstig und schroff. Die Spitze des Ätna mit seinen vielen Kratern bekommt etwas Majestätisches durch eine große ovale, schneeweiße Wolke, die wie ein riesiges Ufo über ihr schwebt.

Noch ein paar Kehren und wir erreichen die Passhöhe, von wo aus man mit der Seilbahn weiter nach oben gelangt. Genau hier passierte das Unglaubliche!

Manfred hat noch rund 10 Meter zu fahren, gerät ins Straucheln und legt sich volles Brett ab. Es scheppert laut und der Männe schnuppert am Asphalt, wobei er wie eine Schildkröte auf der Seite liegt, weil er nicht aus den Klickern herausgekommen ist. Meine Redensart in solchen Situationen…………….

„Ein erbärmlicher Anblick!"

Hinzu kommt, dass er heute auch noch das gute Allianztrikot trägt. Zu allem Überfluss wird er nun auch noch von Touristen angesprochen, ob alles o.k. sei und Manni antwortet brav: „Nee, nee, alles in bester Ordnung". Darauf die Bemerkung: „Ach Sie sind Deutscher?" Nun war alles zu spät. Ein deutscher Radfahrer, der es mit letzter Kraft hoch zum Ätna schafft, kurz vor dem Ziel kläglich vor Erschöpfung zusammenbricht und ein Allianztrikot trägt. Was für eine Tragik!

Mein Gott, haben wir gut gelacht und gefrotzelt. Besonders für mich natürlich ein gefundenes Fressen um ihn damit in nächster Zeit regelmäßig aufzuziehen. Da gibt es bei uns kein Pardon!

Die Situation war bald unter Kontrolle und wir schnappten uns die Seilbahn, die uns rund 500 Höhenmeter dem Krater näherbrachte. Danach ging es mit Unimogs weiter bis auf rund 2750 Meter Höhe, wo wir dann die Gelegenheit hatten direkt in einen rauchenden Krater hineinzusehen. Wenn man sich dabei bewusstmacht, was sich hier unter unseren Füßen abspielt und brodelt....

Ein schon etwas beklemmendes, aber auch faszinierendes Gefühl zu wissen, dass der Planet an solchen Stellen ausatmet und seine Ursprünglichkeit zeigt.

Danach konnten wir den Krater umwandern und stellten dabei fest, dass, wenn man etwas Vulkanasche bei Seite schob, darunter feuchter Boden bzw.

Schlacke war, die locker eine Temperatur von 35 Grad aufwies. Mit anderen Worten, unter unseren Füßen ging es ganz schön heiß her, wenn es hier an der Oberfläche schon so warm war, trotz der niedrigen Außentemperaturen. Die lagen nämlich bei 9 Grad und dabei pfiff ein eisiger Wind, der ab und zu ordentlich für Staubaufwirbelungen sorgte. Das Zeug hatte man nachher in jeder Pore sitzen und am Abend unter der Dusche zeigte sich dann das ganze Ausmaß, als wir den halben Vulkan durch den Abfluss schickten.

Nach unserer Vulkaneroberung machte sich Müdigkeit breit. Die Zecherei der letzten Nacht und zu wenig Schlaf, gepaart mit den Strapazen auf dem Rad und der dünnen Luft hier oben, brachte uns in einen Wettstreit der Gähnerei und wir konnten von Glück reden, dass wir erst einmal eine ordentliche Abfahrt vor uns hatten. Die hatte es in sich und machte richtig Spaß. Von hier oben abzufahren mit dem Blick bis an die Küste ist schon ein echter Knaller und nichts Alltägliches.

Irgendwann bogen wir ab nach Adrano, unserem Zielort für heute. Der Verkehr nahm auf einer fast nur geradeaus verlaufenden Straße

ordentlich zu und erstmals wurden wir mit dem sizilianischen Müllproblem konfrontiert. Am Fahrbahnrad liegt fast durchgehend Müll herum, bis hin zu kleinen Mülldeponien. Damit hatten wir hier eigentlich gar nicht gerechnet. Adrano war nichts Besonderes, hatte eine kleine Normannenfestung und keine Restaurants. Damit ist eigentlich schon alles gesagt. Vielleicht noch der Hinweis, dass hunderte Menschen sich abends auf der Piazza treffen und wie wild durcheinander quatschen. Dazu hatte ich ja bereits ein paar Zeilen geschrieben. Unser B+B war o.k. aber zu teuer und in der Nacht war mal wieder kein richtiger Schlaf zu bekommen, weil es ein regelrechtes Dauergewitter gab, sodass man Angst haben musste, ob der Ätna nicht vielleicht auch mit von der Partie war.
War er aber nicht!

16.09. Von Adrano nach Enna 75 km

Die Nacht war wie bereits gesagt nicht ohne und ich war während des Weltuntergangs noch nach draußen gestürmt um unsere Klamotten zu retten, die dort zum Lüften und Trocknen aufgehängt waren. Männe ratzte unbeirrt weiter und schickte die Zimmermücken zu mir herüber. Ich war am Morgen schön zerstochen, während er seinen gleichmäßigen Teint im Bad pflegte und nicht einen einzigen Stich kassiert hatte.

Nun begann unser Tag mit einem sizilianischen Frühstück, das die Schwester unserer Vermieterin zubereitet hatte und schon ging sie ab, die politische Diskussion über EU, Napolitano, Monti, Letta und Co. Wer Co war? Na wer fehlte denn noch in der Aufzählung? Herr Berlusconi natürlich, der Mann, der Italien als einziger regieren kann. Nur er ist der einzig Wahre, mussten wir uns anhören. Das mit dem Müll sei auch nur ein kommunales, lokales Problem.

Stimmte natürlich nicht, denn das ging bis Palermo genau so weiter.

Als die Straßen abtrockneten, machten wir uns auf den Weg um der politischen Diskussion endgültig zu entkommen. Um eine Weisheit waren wir nun auf jeden Fall reicher. Ohne Berlusconi kann Italien auf keinen Fall gerettet werden. Bunga-Bunga hin oder her............

Wir fahren los und fragen noch einmal nach dem Weg und es passiert, was uns schon häufiger passiert war. Frage einen Rentner und dir wird auf Deutsch geantwortet. Irgendwann sind sie alle schon mal in Deutschland gewesen und freuen sich den Ast weg, wenn sie endlich mal wieder ihre Sprachkenntnisse zum Besten geben können. Wir fahren die Hauptstraße entlang und suchen einen Laden um Wasser zu kaufen, aber ehe wir uns versehen sind wir auch schon am Ortsausgangsschild vorbei und hoffen, dass unterwegs sich noch etwas finden wird. Fehlanzeige, wie sich später herausstellen wird. Die nächste Stunde mit rund 25 km fahren wir trocken mit Ausnahme unserer Reifen, denn streckenweise war die Straße noch recht nass.

Kurz hinter Adrano zeigt sich die schmutzige Fratze des Ortes mit seiner schönen Piazza.

An den Straßenrändern türmt sich der Müll und es gibt regelrechte Halden von Müll. Das Ganze gipfelt schließlich in einer bald nicht mehr befahrbaren Straße, auf der man in Schlangenlinien fahren muss um an den Müllbergen mitten auf der Fahrbahn vorbeizukommen. Diese Zustände finden wir überall in der Nähe größerer Orte und sind beileibe kein „lokales Problem".

Wir fuhren weiter und das Problem mit dem Müll ließ langsam nach. Schön, dass sich diese Szenen wohl nur bei größeren Städten abzeichneten, aber Adrano war wirklich das Maß der Dinge, so viel stand fest.

Lange Zeit ging es nun bergab in ein Tal hinunter, aus dem wir uns dann wieder mit viel Krafteinsatz herausarbeiten mussten. Die Landschaft wurde immer schöner und das

Wetter machte auch wieder mit. Es ging höher und höher und das alles ohne einen Tropfen Wasser.

Als ich mir eine meiner beiden Flaschen an den Hals hielt und daraus noch einen halben Schluck vom Vortag ergattern konnte, wurde Manni ganz blass um die Nase und fragte mich: „Hast du tatsächlich noch Wasser in der Flasche gehabt?" „Nur einen halben Schluck", antwortete ich, um ihn bei Laune zu halten. Manni machte sich Mut und verwies auf einen Ort, der in ca. 5-6 km Entfernung kommen musste und wir uns dann erst einmal mit allem eindecken könnten. Der Ort kam tatsächlich und wir waren gerettet. Eingekauft wurden 4,5 Liter Wasser, Bananen und Weintrauben. Einen halben Liter Wasser gab es erst einmal in EX. Hier hatten die Leute eine interessante Technik um den Hausmüll herauszustellen. Wenn der Müllwagen kommt, werden die Plastiksäcke an langen Bändern vom Balkon abgeseilt und hängen dann ca. einen Meter über der Erde, bis sie dort abgeholt werden.

Wir suchten uns ein Plätzchen mit herrlicher Aussicht und machten unsere Frühstückspause.
„Manni deckt den Tisch"
Für nicht Eingeweihte zur Erklärung an dieser Stelle...Alles Essbare samt unserer Dopingmittel und Müsliriegel wird fein säuberlich

zusammengelegt und dann ein Foto davon gemacht, bevor wir uns darüber hermachen. Altes Zeremoniell!

Es war einfach nur schön hier. Wir hatten einen weiten Blick in die Landschaft und auf einen großen Stausee. Unten im Tal bellte ein Hund und die Kühe, die hier Glocken am Hals trugen, sorgten fast für eine bayrische Idylle. Tiefgründige Gespräche wurden nun geführt und diese Pause gehörte zu den sogenannten perfekten Momenten auf einer solchen Tour. Während ich mir die Weintrauben direkt einverleibe, beobachte ich, wie Manni zunächst etwas Wasser über seine Trauben gießt, um sie dann an seiner mittlerweile fast 3 Tage getragenen Hose einzeln abzuputzen. Ich frage ihn ob, das denn wirklich sinnvoll sei, jede Traube an seiner verdreckten, durchgeschwitzten und von Abgasen und Vulkanstaub durchzogenen Hose abzuputzen. Manni bejaht meine Frage und ist sich sicher, dass seine Drecksshose dafür noch durchaus gut sei und zieht weiterhin munter die Trauben über die Schweißbuchse, um mit dem Vulkanstaub darauf wohl seinen Mineralienhaushalt aufzubessern. So ist der Männe nun mal. Tatsache ist aber auch, dass Manni 24 Stunden später top fit war, während ich mich mit einem Magendarminfekt herumschlug. Schweiß und

Vulkanstaub sind vielleicht doch nicht so schlecht wie zunächst angenommen?

Es ging weiter…
und zwar ständig rauf und runter. Das Problem war eigentlich nur, dass die Straße direkt durch die Orte verlief, die grundsätzlich hoch oben auf tollen Aussichtspunkten thronten. Das war eine schweißtreibende Arbeit und führte dazu, dass wir am Abend schätzungsweise erneut ca. 2.000 Höhenmeter, wie am Tag zuvor auch schon, in den Beinen hatten.
Was soll ich sagen? Für 59er Jahrgänge kein Problem!
Wenn es um ordentliche Leistungen geht, kaspern wir ja immer gerne mit unserem Jahrgang herum und hauen dann so richtig „auf die Sahne". Das belebt und muntert auf.
 Nach all unseren Steigungen, aber auch den damit verbundenen herrlichen Aussichten auf die weitläufige Landschaft, erreichten wir Leonforte, ein malerisches Bergdorf, von dem aus wir bereits Enna, unser Tagesziel sehen konnten.
Einziges Problem zu dieser späten Zeit war die Tatsache, dass es mal wieder kilometerlang bergab ging um dann wieder auf 930 Meter zu steigen. Man sah sich nur um nach der höchsten Erhebung und wusste, dass da Enna liegen musste. Also auf zur letzten Tat und rauf nach

Enna. Wir nahmen das irgendwie ganz entspannt und Enna war im Nu erobert. Ehe wir uns versahen, waren wir hoch oben im Ort angekommen, hatten schnell ein B+B gefunden und stürmten die örtliche „Bastille", von der aus man bis zum Ätna sehen konnte. Im Stechschritt eilte ich voran um noch rechtzeitig bei Sonnenuntergang dazu sein. Eine atemberaubende Kulisse und jeden Höhenmeter wert.

Es war einfach toll diesen Moment zu erleben und sich vorzustellen, wo man nun gerade war. Ein kühler Wind zog über die Burgruine und die Sonne tauchte den Himmel in alle Farben ein, bevor sie langsam hinter den Bergen unterging.

Dieser Abend wurde im perfekten Restaurant Central, das für seine exzellenten Antipasti stadtbekannt ist, abgerundet und mit viel sizilianischem Landwein und Grappa abgelöscht. Dass der Schlaf ruhig und tief war konnte nicht wirklich überraschen.

17.09. Von Enna nach Agrigento 101km Nach einem Frühstück mit Fernsicht bis zum Ätna und das bei strahlendem Sonnenschein, sah alles nach einem perfekten Tag aus. Wir machten eine berauschende Abfahrt hinunter ins Tal und sahen zum allerersten Mal einen Rennradfahrer beim Training. Es war schon verwunderlich, dass sich bislang kein Artgenosse geoutet hatte, obwohl Italien ja nun mal bekannt ist für den Radsport. Hier auf Sizilien schien das noch nicht so angekommen zu sein.

Deshalb waren wir ja hier, um für die „gute Sache" Werbung zu fahren.

Lange Zeit geht es nur bergab und ich genieße das in vollen Zügen. Die Landschaft fliegt an uns vorbei und je tiefer wir kommen, desto wärmer wird es. Irgendwann kommen wir an eine Kreuzung, die mal wieder, wie so oft, unglaubliche Dimensionen annimmt. Mit diversen Ausschilderungen für dieselben Orte und aufwändigen Über- und Unterführungen haben wir nun die Qual der Wahl gemäß dem Motto „Welches Sträßle hättens denn gerne?" So ein Aufwand in Sachen Straßenbau und hier ist echt nichts los. Da hat die EU-Gießkanne wohl etwas zu viel ausgeschüttet. Wie gesagt, dass kommt regelmäßig vor, obwohl kaum Verkehr vorhanden ist.

Wir haben uns schließlich entschieden und von nun an geht es wieder ordentlich bergauf und langsam fängt „der Bach an zu laufen". Landschaftlich ein toller Abschnitt in dieser Abgeschiedenheit und Manni hält an um seine Lieblingsmotive zu fotografieren. Eine Mariengedenkstätte ist es hier, etwas später wird es der heilige Josef sein und so weiter und so weiter. Er lässt kaum eine aus. Mit Begeisterung stellt er nun fest, dass Maria genau auf den Ätna schaut. Alleine dafür war sie das Foto wert.

Wir erreichen Caltanisetta und machen Pause auf der zentralen Piazza. Man wundert sich jedes Mal, wie viele Menschen sich hier herumtreiben und alle quasseln wieder durcheinander. Fragt man eine Truppe Rentner, welcher der beste Weg aus der Stadt heraus ist, erhält man mal wieder Antwort auf Deutsch und es geht weiter nach Agrigento. Die Strecke wird nun monoton und steigt die ganze Zeit leicht an. Am Fahrbahnrad sieht man teilweise endlose Weitraubenplantagen. Nun kommt auch noch ein stetiger Gegenwind hinzu, der mich mürbemacht. Ich brauche eine Pause und habe das Gefühl vielleicht etwas zu wenig gegessen zu haben. Ein Müsliriegel und 2 Bananen müssen es richten. Irgendwann halten wir nach einer längeren Steigung wieder an um uns neu zu orientieren. Ich stehe da, mit meinen Armen gestützt auf meinen Triatlonpads und mir ist tatsächlich schwindelig.

Nun ist klar, dass ich irgendetwas ausbrüte und Manni muss mich den Rest der Tagesetappe wohl ziehen. Tempo raus und ab in den Windschatten ist die einzige Strategie um die Tagesetappe noch zu Ende zu bringen.

Irgendwann erreichten wir Canicatti einen kleinen Elendsort, den man nicht unbedingt kennen muss. Da es dort aber eine belebte Kreuzung im Ort gab, an der auch noch der heilige Josef vom Feinsten in Position gebracht worden war, machten wir Halt und gönnten uns einen Kaffee und ein Eis. Ich hatte die Hoffnung, dass mich das vielleicht wieder auf die Beine bringen könnte, tat es aber leider nicht. Wir saßen nun draußen vor dem Café und wunderten uns, was hier so die ganze Zeit abging. Irgendetwas passierte immer. Hundetreff, Leute die am Hydranten Wasserkanister auffüllten, Kinder die damit ein wenig für die örtlichen Wasserspiele sorgten und schließlich kam ein Obsthändler vorbei, parkte mit seinem Motordreirad, diesen kleinen lauten Knatterkisten mit 2-Takt Motor, direkt vor unserem Tisch und holte sich erst einmal einen Kaffee. Der Wirt holte sich darauf erst einmal einen Apfel, der am Hydranten gründlich gewaschen wurde und dann quatschte jeder mit jedem. Während dessen griff der Eine oder Andere auch gerne mal in die Obstabteilung, was den Händler nicht juckte. Er war einer von der Sorte „immer gut drauf und jederzeit einen Spruch auf Lager".

Hier wurde es auf jeden Fall zu keinem Zeitpunkt langweilig und das Miteinander der Männer war von absoluter Alltagsroutine und Entspanntheit geprägt.

Eine solche Szene wird man in Deutschland so nicht finden.

Es ging weiter, aber nicht ohne noch ein nettes Passbild vom örtlichen Josef zu machen. Der Verkehr auf der Kreuzung tobte und der Männe sprang dort ebenfalls durch die Gegend um die optimale Position für sein Foto zu finden. Er hat es Gott sei Dank überlebt, denn ich brauchte ihn noch zum Ziehen bis nach San Leone an die Küste. Bei mir war nicht mehr allzu viel zu holen.

Endlich nach viel Quälerei für mich, erreichten wir die Tempelstadt von Agrigento und ich war völlig gar. Irgendetwas lief bei mir schief und das mit ganzer Kraft!

Mein Eintrittsgeld von 10,- für die Besichtigung war zwar rausgeschmissenes Geld, aber ich ruhte mich an einem ruhigen Platz mit Blick auf die Tempelanlage erst einmal aus, während Manni nun richtig auf Kultur machen konnte.

Er schob die Radlerhose an den Beinen etwas nach oben, damit er eine gleichmäßige Bräunung Zuhause vorweisen konnte, der Eitle, und machte sich auf den Patt, während es in meinem Bauch schon richtig grummelte.

Nach dem „Kulturschock" ging es noch 3 km nach San Leone an den Strand, wo wir ein passables B+B gefunden hatten. Im Flur sollten wir in einer kleinen Ecke unsere Räder abstellen. Manni machte das vorbildlich, drehte sich dann zu mir um und zerdepperte mit seinem Rucksack erst einmal die Vitrine, in der die Wimpel des örtlichen Fußballvereines oder etwas Ähnlichem untergebracht waren. Unser Hausherr nahm es schweigend zur Kenntnis und guckte etwas hilflos. Auf Mannis Frage, ob er das nun war, was eigentlich feststand, bekam er die Antwort, dass das schon o.k. sei und die Scheibe angeblich schon vorher einen Sprung gehabt hätte. Freundlichkeit pur, die uns da entgegenschlug.

Im Zimmer musste ich erst einmal in die Horizontale und „kämpfte mit dem Leben". Es nützte nichts. Wir mussten natürlich noch irgendetwas essen und machten uns auf die Socken, die mittlerweile auch schon ordentlich am Muffeln waren.

Eine Pizzeria war es heute und ich fragte, ob es Minestrone oder eine andere Suppe gäbe. Auf der Karte war nichts vermerkt. Der Chef hatte Suppe wohl herausgehört und empfahl mir eine Zuppa di Cozze. Den Hinweis auf Minestrone hatte ich ja nun gemacht und hoffte auf irgendeine Suppe.

Zuppa di Cozze und das bei meinem Zustand ging eigentlich gar nicht!

Mein Essen kam und ich erhielt einen großen Teller Muscheln. Eben halt „Cozze". Zuppa ist hier wohl die falsche Interpretation von mir gewesen. Mit Minestrone hatte das aber auch nichts zu tun gehabt. Alle Beteiligten schmunzelten etwas und ich aß brav mein Cozze. Mir war doch schon längst schlecht!

Nach dieser Schonkost für meinen gepeinigten Magen machten wir noch ein paar Schritte auf der Flaniermeile, bzw. Strandpromenade des Ortes, bevor ich eine regelrechte Horrornacht durchzustehen hatte.

Mein Magen grummelte, wie der Ätna vor einem Ausbruch und mein Puls ging von 70 über 80 bis auf 90- 100 Schläge. Mein normaler Ruhepuls lag zurzeit eigentlich bei 44. Ich war also im Inneren völlig auf Krawall gebürstet und wünschte mir einfach nur Zuhause in meinem eigenen Bett zu liegen und dass Barbara mich vor dem fast sicheren Tod hätte bewahren können. Zu warm war es in unserem Zimmer auch und direkt vor meinem Fenster ging ständig die Straßenlampe an und aus.

Solche Situationen sind der absolute Tiefpunkt auf einer Tour!

18.09. San Leone nach Sciacca 85 km

Was soll ich sagen? Ich habe es knapp überlebt und tatsächlich auch noch etwas geschlafen. Unser Frühstück findet auf der Dachterrasse statt mit Blick aufs Meer und der Tisch ist mit Liebe zum Detail gedeckt. Dieses B+B wird von 2 älteren Männern bewirtschaftet, die entweder schwul oder vielleicht auch Brüder sind. Beide sind jedenfalls auffällig nett, wie man das halt so kennt und dabei irgendwie richtig niedlich.

Detailverliebt und mit der Einstellung, der Gast ist König, wird jede Annehmlichkeit bereitgestellt und das auch noch auf eine angenehme, völlig unaufdringliche Weise.

Die Beiden waren einfach nur durch und durch liebenswürdig.

Bevor wir abfuhren fragte Manni noch ein-mal nach der Scheibe und ob er sie nicht bezahlen sollte. Das wurde strikt abgelehnt und die beiden älteren Herrschaften wünschten uns alles Gute für unsere Tour.

Die führte uns am Morgen erst einmal an den Calle di Turky vorbei, einer fast weißen Steilküste aus Kalkstein, die wie gemalt sich uns präsentierte. Etwas weiter kamen wir an eine sehr schöne Badebucht und der Männe konnte nicht anders. Er musste in die Fluten. So kenne ich ihn. Da ich immer noch nicht richtig fit war, beschränkte ich mich auf ein Bad mit den Füßen und verputzte dabei eine meiner Bananen.

Unterdessen inspizierte ich ein heruntergekommenes kleines Hotel, dass in Sachen Lage nicht besser hätte Position beziehen können. Neben vielleicht 4 oder 5 kleineren Immobilien war hier sonst nichts in dieser kleinen malerischen Bucht mit Sandstrand und kleinen Felsbrocken im Wasser. Man hatte Blick auf die weißen Kreidefelsen der Steilküste und ich war mir sicher, dass man hier mit der Immobilie etwas hätte machen können. In solchen Situationen juckt es mich dann ja richtig.

Es ging weiter und nach einigen Kilometern passierte es. Ich fuhr in Mannis Windschatten über einen Stein oder etwas Ähnlichem und hatte einen Platten auf dem Hinterrad. Die Reparatur war schnell erledigt und es blieb bei diesem einzigen Zwischenfall auf unserer diesjährigen Tour.

Wir erreichten am Mittag Eraclea Minoa. Dieser kleine Ort an einer ebenfalls traumhaft schönen Badebucht mit Sandstrand und dahinterliegendem Pinienwald hatte was. Zwar mussten wir ziemlich weit herunterfahren um dort hinzugelangen, aber das war es wert. In einem kleinen Strandrestaurant verputzte ich zwei Stücke Pizza und danach war ich fit für ein Bad in den Fluten. Hier war eine traumhafte Atmosphäre und es war fast nichts los.

Wir warfen uns in die Brandung, die nicht ohne war und genossen einfach den Augenblick. Vor der Abfahrt durchfuhren wir den Pinienwald, in dem die Grillen so laut waren, dass es wirklich etwas ganz Authentisches hatte und fanden ein Strandrestaurant, in dem wir uns noch ein Eis gönnten, bevor wir wieder den ganzen Weg bis zur Hauptstraße bei teilweise 15% Steigung hochkeulen mussten.
Ich schien wieder fit zu sein, denn gestern Nachmittag hätte ich hier keine Chance gehabt.

Wir machten gute Fahrt und hatten schon bald Sciacca erreicht. Oben, von der Steilküste aus, hatte man einen tollen Blick auf die Stadt und wir machten
„Starfotos". Ich nahm Pose ein mit Blick auf Sciacca und hielt dabei mein Handy ans Ohr, als wenn ich telefonieren würde. Im Trikot mit Helm und Sonnenbrille sah das richtig scharf aus. Auch Manni gab sein Bestes, was für gewöhnlich aber nicht ausreicht…………

Nun machten wir uns mal wieder auf die Suche nach einem B+B. Wenn man erst einmal mit B+B angefangen hat, zieht man es jedem Hotel vor. Man hat Kontakt zu den Einheimischen, es ist günstiger und das Frühstück ist in aller Regel auch deutlich besser als im Hotel. Für uns genau das Richtige auf unseren Auslandstouren.

Heute sind Michele und seine Frau unsere Vermieter, ein älteres Ehepaar, die mit ähnlicher Freundlichkeit uns begegnen wie die beiden alten Männer heute Morgen. Als ich mit Michele aus dem Haus zurückkomme und wir die Räder in die Garage bringen wollen, macht Manni erst mal einen halben Diener und begrüßt Michele mit einem: „Angenehm, ... Kleimeyer mein Name". Ich hätte mich in die Ecke werfen können, als ich das hörte und auch der Männe muss nun dabei grinsen, weil er auch nicht richtig weiß, warum ihm das so herausgerutscht war.

Das Zimmer ist zwar klein, aber es hat getrennte Betten, worauf mein Busenkumpel immer viel Wert legt. Ich glaube, er hat nachts Angst vor mir.

Heute ist bei mir „große Wäsche" und man staunt ja, was für eine Brühe da aus den Trikots herauskommt. Das Abwischen von Weintrauben an diesen Dreckssachen kann allerdings bekannter Weise durchaus von Vorteil sein.

Michele hatte uns auf Nachfrage ein Fisch-restaurant, das ein paar Häuser weiter lag, empfohlen und wollte uns dort auch gleich ankündigen. Sicher der Schwager oder Bruder war uns klar. Da Michele ein Netter war, nahmen wir seine Empfehlung an und es war wirklich ein richtig schöner Abend draußen an der Straße mit einem leckeren Fischessen. Außer den verschiedensten Fischdelikatessen gab es praktisch kaum etwas. Mit Beilagen nahm man es hier nicht so wichtig. Auf den Fisch kommt es an. Der sizilianische Landwein und auch der Grappa flossen reichlich und Manni erklärte mir die „win, win, win- Situation" in der wir uns gerade befanden.

Michele hat nun bei seinem Schwager einen gut. Der Schwager hat seinen Gewinn gesteigert und wir haben schlicht und einfach gut gegessen.

Gut, dass Manni mir das noch mal, unter Einwirkung des bekömmlichen Landweines, erklärt hat. Wo er Recht hat, hat er Recht!

19.09. Sciacca nach Monreale 106 km.

Dieser Morgen beginnt mit Sprüchen, wie so oft. Während ich vor dem Spiegel stehe und laut rufe: „Mein Gott was sehe ich wieder gut aus", gibt Manni seine niedersten Kommentare zu dieser Aussage natürlich ab um mich wieder runterzuholen. Darauf frage ich ihn, ob er denn schon brav seine Bandscheibenübungen absolviert hat, da ich ihn ansonsten bei unserer gemeinsamen Osteopathin anschwärzen würde. Daraufhin wird mir erst einmal meine Schwäche des Vortages vorgehalten und so geht das weiter und weiter. Gehört nun mal dazu, wenn wir unterwegs sind.

Frühstück mit Blick auf das Meer und die Welt ist in Ordnung. Michele und seine Frau verabschieden uns mit aller Herzlichkeit und unsere Tour setzt sich nun fort nach Norden durch das Landesinnere in Richtung Palermo. Die Bauern benutzen hier Kettenfahrzeuge zur Bewirtschaftung der Felder und ich halte an um einen zu fotografieren. Prompt winkt er uns zu und fragt uns, wo wir herkommen und wo es hingehen soll. Hier ist teilweise „der Hund begraben", aber dafür erleben wir auch einen sehr schönen, von Landschaft geprägten Abschnitt unserer diesjährigen Tour.

Eine Steigung jagt die nächste und uns wird wirklich nichts geschenkt. Das heißt doch! An einem Feld, an auf dem 3 Bauern Rotweintrauben von Hand ernteten hielten wir an und ich fragte höflich, ob ich ein paar Fotos machen dürfte.
Ich wurde herbeigewinkt und der älteste von ihnen, dessen Zahnarzt nicht mehr viel an ihm verdienen kann, drückte mir gleich zwei dicke Reben in die Hand, für mich und meinen Kumpel, wie er mir klarmachte.
Einfach alles nette Menschen hier, die alle etwas Entspanntes und Zufriedenes an sich haben.

Genauso entspannt suchten wir uns irgendwann einen Platz um die Weintrauben zu verzehren. Mitten in der Pampa gab es einen kleinen Brunnen und dort hielten wir an. Nun ging das Gefrotzel wegen der Traubenreinigung wieder los. Ich ließ reichlich Wasser vom Brunnen über die Rebe fließen und Manni mutmaßte jede Menge Keime darin um mir Angst vor einem weiteren Infekt einzujagen. Ich hingegen bedauerte sein trauriges Hygienekonzept, in dem er mal wieder jede Traube an seiner „Dreckshose" abrieb. Diese kleinen Scharmützel gehören einfach dazu. Sonst wird es langweilig.

Wieder mal ein Bauer mit Kettenfahrzeug, der im Schneckentempo den Acker umpflügt und ich stelle einen Vergleich an, wie schnell Kotti (Bauer Kottmann in Sutthausen) mit seinem Hightech Trecker diese Fläche fertig hätte. Plötzlich schaut der Bauer zu mir herüber und ich winke ihm zu. Darauf winkt er zurück und haut sofort seinen Turbogang rein, so als hätte er meinen Vergleich mit Kotti mitbekommen.

 Mit einem Grinsen und mindestens der doppelten Geschwindigkeit fliegt er nun über den Acker und ich überlege mir, wie lange es wohl dauern wird, bis er den Traktor zerschossen hat.

Ist doch nicht zu glauben so etwas.

Teilweise fahren wir auf richtig abgelegenen Straßen und genießen die Einsamkeit mit ihrer Stille. Jeder von uns fährt sein Tempo, macht mal Fotos oder hält einfach mal an. Aus diesem Grund fahren wir kaum zusammen und jeder hat mal Zeit für sich, all diese Eindrücke in Ruhe auf sich wirken zu lassen. Von den vielen Anhöhen aus hat man teilweise unglaubliche Aussichten ins Inland. Palermo ist aber auch noch ein gutes Stück weit entfernt und der Tag könnte noch lang werden aufgrund des doch schwierigen Streckenprofils.

San Sipirello lag irgendwann vor uns und man konnte sehen, dass die Straße oben durch den Ort verlief, so wie man das ja kennt und dann wohl wieder an einem Berg vorbei durch ein Tal verlaufen würde. Hinauf in den Ort zu fahren war schon nicht ohne, nach all den Höhenmetern, die wir heute schon weghatten. Als wir aber den vermeintlichen Berg umfahren hatten, sahen wir, dass vor uns eine ziemlich hohe Passstraße lag, die wir heute auf jeden Fall noch nehmen mussten. Wir legten an einer ruhigen Stelle noch ein kleines Päuschen ein und ich stopfte mich mit Vitaminen zweier Kakteenfrüchte voll, die ich zuvor gepflückt hatte. Den Männe kann ich von so etwas nicht überzeugen, weil er gleich wieder Angst um seinen sensiblen Darm hat. Fakt ist aber auch, dass ich derjenige war, der geschwächelt hatte.

Eine Kehre nach der anderen kam nun auf uns zu, und das zu dieser Tageszeit, denn damit hatte keiner von uns mehr gerechnet. Ganz ehrlich... ehe wir uns versahen hatten wir die Höhe mit 850 Metern erreicht und konnten einen atemberaubenden Blick auf Monreale und die Bucht von Palermo genießen.

Das entschädigt für die Anstrengungen zuvor voll und ganz!

Erwähnen muss man allerdings, dass selbst auf dieser Passstraße immer wieder große Müllhalden zu durchfahren waren, da auf beiden Seiten so viel abgeladen worden war und die Straße kaum noch richtig zu befahren war.

Ist halt nur ein lokales Problem? So wie in Adrano??

Aus 850 Metern Höhe eine Abfahrt mit Blick auf das Meer zu machen ist schon etwas Außergewöhnliches. Bei unserer Alpenüberquerung ging es vom Cole de la Bonette (2.802 Höhenmeter) aus zwar auch nur noch bergab bis an das Meer nach Nizza, aber Blickkontakt zum Meer hatte wir dabei nicht.

Hier lag uns die Stadt Palermo zu Füßen und es ergaben sich immer wieder neue Blickwinkel auf die Stadt. Unsere Übernachtung wollten wir allerdings in einem Vorort namens Monreale machen, der immer noch weit über Palermo lag. Nachdem wir uns zunächst verfranzt hatten, fuhren wir schließlich durch die finstersten Gassen und es wurde uns schon ein wenig mulmig, da die Straßen so eng waren und kaum jemand zu sehen war.

Ein Überfall wäre hier kein Problem gewesen und vor Palermo und seiner näheren Umgebung waren wir immer wieder gewarnt worden.

Das Tolle war, dass uns alle 10 Meter die angenehmsten Küchendüfte zermarterten, was letztendlich ja wohl die verlassenen Straßen erklärte. Während alle Leute sich hier den Kochkünsten der italienischen Mamas hingaben, rollten wir mit knurrendem Magen durch die Gassen und suchten den entscheidenden Weg zum Ortskern. Endlich wurden wir fündig!
In der Stadt war gerade Rushhour und wir mitten drin. Ein B+B, das wir ausgemacht hatten war ausgebucht, aber der nette Patron hatte natürlich einen Tipp! Alle anderen B+B hätten entweder geschlossen oder es gab andere Gründe, weshalb wir es gar nicht erst versuchen brauchten. So zumindest seine Auskunft. Aber sein Bruder könnte mit ganz viel Glück noch etwas anbieten. Er telefonierte und was soll ich sagen? Der Bruder hatte noch gerade ein einziges Zimmer im Angebot.

Was für ein Glück. So läuft das hier nun mal. Dieser Bruder holte uns zu Fuß persönlich ab und führte uns zu seinem Etablissement.

Er machte einen Topeindruck auf uns...Nein ganz im Ernst. Auch unsere Unterkunft war super. Unser Zimmer mit einer ehrwürdigen Deckenhöhe von ca. 5 Meter war ebenfalls etwas Besonderes und der Preis stimmte auch. Eine typische win, win, win- Situation!!
Wir wurden immer besser!
Schon nach 100 Metern fanden wir eine Pizzeria an einer malerischen Straßenecke, die italienischer nicht sein konnte. Für jeden Maler ein Leckerbissen, der auf der Suche nach einem solchen Motiv ist.

Es gab vier kleine Tische und einen langen, an dem sich eine ganze Horde Kinder niedergelassen hatte um wohl so etwas wie einen Kindergeburtstag zu feiern. Das bunte Treiben und Geschnatter der Kinder fanden wir ganz originell und wir setzten uns an den Tisch daneben.

Nach rund 10 Minuten war das gar nicht mehr so originell, weil irgendwann der Punkt erreicht war, an dem unser Trommelfell an seine Belastungsgrenze stieß. Des Weiteren entwickelten sich die Aktivitäten der Blagen mit einer Dynamik, die selbst die Eltern, die das ganze Treiben versuchten unter Kontrolle zu halten, vor weitreichende Probleme stellte.

Sie gaben ihr Bestes und wir wurden reichhaltig, wenn auch anstrengend, unterhalten, während wir unser Essen verspeisten. Langweilig war es auf jeden Fall nicht und es ging drunter und drüber und auch hier wieder das Phänomen, dass alle gleichzeitig am schnattern waren und offensichtlich trotzdem voll im Bilde waren, selbst über das, was am anderen Tischende sich abspielte. Eine unglaubliche Leistung und eine hohe Kunst, die offensichtlich von Generation zu Generation weitergegeben wird und schon in jungen Jahren erlernt wird. Woher nehmen die ihr Nervenkostüm um das auf Dauer auszuhalten, frage ich mich. Als die Verabschiedung, die auch rund 20 Minuten gedauert hatte, endlich beendet war, kehrte eine Ruhe ein und ich empfand sie wie die Ruhe nach dem besagten Sturm.

Da musste erst einmal ein Grappa her um das alles etwas sacken zu lassen.

Wir machten noch einen kleinen Bummel durch den Ort, warfen von hier oben einen Blick auf Palermo bei Nacht und gönnten uns ein Eis zum Ende dieses Tages. Puuhhhh!

20.09. Monreale nach Palermo 20 km. Wir erhielten das bislang beste Frühstück bei dem besagten Bruder und hatten alles in allem auch den endgültigen Beweis für die win, win, win-Situation. Wir hatten echtes Glück gehabt!

Zwei Neuseeländer kamen während des Frühstücks mit uns ins Gespräch und es ging zunächst um das Müllproblem auf der Insel, dann um neuseeländischen Wein und später um die Mentalität der Sizilianer. Sie hatten bislang ähnliche Beobachtungen gemacht wie wir, bis wir festgestellt hatten, dass sie beide am Abend zuvor, an einem der anderen Tische gesessen hatten und ebenfalls die Tyrannei der Kinder geduldig über sich hatten ergehen lassen. So sah man sich hier wieder und konnte doch Einiges berichten.

Wir spulten ein kleines Kulturprogramm ab, indem wir uns die Kathedrale von Monreale vornahmen, einem Normannenbau aus dem 12. Jahrhundert, der wegen seiner aufwändigen Mosaikarbeiten und einem weltberühmten Kreuzgang im Innenhof einfach ein Muss war.

Danach hieß es nur noch, „Palermo wir kommen"!

Wir machen eine tolle Abfahrt hinunter in die Stadt, in der es genauso drunter und drüber geht wie gestern am besagten Kindertisch. Was für eine Hektik, was für ein Verkehr, was für ein Geräuschpegel?! Den besten Auftritt haben wir an einer belebten Kreuzung. Die Vespa-Roller schieben sich ganz nach vorne und bilden die erste Reihe auf der ganzen Straßenbreite, da es sich fast immer nur um sehr breite Einbahnstraßen handelt.

Wie Perlen auf der Schnur stehen sie aufgereiht und blitzend nebeneinander, lassen ihre Motoren knattern und irgendwann kommt der große Moment der

„Grünphase", bei dem alle losstürmen, als gäbe es kein Morgen mehr.

Nach vielen Versuchen der Stadt irgendwie zu entkommen und den rettenden Strand zu erreichen, werden wir schließlich auch belohnt und atmen erst einmal tief durch und das nicht nur wegen der vielen Abgase. Die Hupe ist auf ganz Sizilien, hier aber insbesondere, das wichtigste Bedienelement eines

jeden Fahrzeugs. Das ist auch der Grund, warum man als Radfahrer hier nicht wahrnehmbar ist und droht völlig unterzugehen. Dass man von jedem Auto, das an einem vorbeifährt, an gehupt wird, steckt man irgendwann weg und nimmt es schließlich als freundlichen Hinweis wahr.…. „Vorsicht, ich komme!"

Nachdem wir die vergangene halbe Stunde „verdaut" hatten, besorgten wir unsere Tickets für die Fähre am nächsten Tag, die Manni ja bereits von Deutschland aus vorgebucht hatte um pünktlich nach Tunis übersetzen zu können. Danach suchten wir ein B+B in der Nähe der Altstadt und folgten ein paar Schildern mit dem Hinweis B+B. Kurz darauf wurden wir fündig, aber das Etablissement, das auch sicher sehr hochwertig war, entsprach nicht unserer preislichen Vorstellung. „Eigentlich vermiete ich das Zimmer für 150 Euro am Tag, aber ich lasse es Ihnen für 120 Euro", bekam ich vom Vermieter zu hören und ich winkte ab. „Also für 100 Euro ausnahmsweise", schickte er gleich hinterher. Der „Kuhhandel" lag mir gar nicht und wir wollten uns wieder auf den Weg machen, als uns ein junger Mann mit gebrochenem Deutsch ansprach.

Er deutete an, dass er zwar kein B+B anzubieten hätte, aber uns ein kleines Studio ganz in der Nähe gerne zeigen würde, das er privat vermietet. Wir sahen schon die sizilianischen Banden des Nachts unser Zimmer durchstöbern, die kurz darauf mit unseren Rennrädern davonziehen und ihren Kollegen auf den Vespa-Rollern ein Rennen vorschlagen würden. Er ließ aber nicht locker und ich fragte, wo denn diese Unterkunft sei. Er zeigte auf eine Tür 20 Meter entfernt und ich dachte, ...guckst du mal rein. Dort war seine Mutter dabei sauber zu machen, denn die letzten Handwerkerarbeiten waren gerade abgeschlossen worden. Ein relativ großer Raum mit Küchenzeile und Tisch mit Stühlen bot eine kleine Treppe zusätzlich nach oben an, wo sich der Schlafraum und ein kleines Bad befanden. Total gemütlich und alles nagelneu.

Eigentlich sollte alles erst ab Oktober vermietet werden, aber wir sollten nun die Ersten sein. Gemäß dem Motto nur Bares ist Wahres drückte ich ihm 50 Euro in die Hand, Frühstück exklusive und erhielt den Schlüssel.
Glück muss man eben haben!
Zu Fuß machten wir uns nun auf den Patt und schauten uns eine Kirche nach der anderen an. Davon gab es in Palermo Dutzende. Lohnt sich aber teilweise wirklich einmal hineinzugehen, denn irgendwie haben die ihren ganz eigenen Stil und Charme, nicht zuletzt durch die vielen verschiedenen Einflüsse unterschiedlicher Epochen, da Sizilien ja eine bewegte Geschichte hinter sich hat.

Außerdem standen die Katakomben von Palermo auf unserer „To-do-Liste". Dort sind Kapuzinermönche, aber später auch Ordensleute mumifiziert beigesetzt worden und an den Wänden stehend regelrecht ausgestellt. Dieses schaurige Spektakel wurde seit 1599 praktiziert und bis ca. 1920, als die kleine Rosalia, die an der Spanischen Grippe im Alter von 2 Jahren beigesetzt worden war, fortgesetzt. Das Mumifizierungsverfahren werde ich hier lieber nicht beschreiben. Bei Wikipedia gibt es das genau aufbereitet, für die hartgesottenen unter meinen Lesern.

Wenn man das hinter sich hat, muss man draußen erst einmal tief durchatmen und wieder in der Gegenwart ankommen. Das passierte auch prompt, denn neben den Katakomben war gleich die Kirche, in der ordentlich Hochzeit gefeiert wurde und alle Gäste waren in Hochform. Die ganzen Don Corleones in ihren schwarzen Anzügen nebst ihren Damen gaben sich hier ein Stelldichein und machten ordentlich auf Großfamilie.

Was für ein Kontrastprogramm!

An diesem Tag wurde wirklich überall geheiratet, wie sich auf unserem Rückweg zeigte. Vor jeder zweiten Kirche stand ein Brautwagen bereit.

Wir kauften Bier, Melone, und Mangos ein und machten es uns draußen auf der Straße vor unserem B+B-Studio auf zwei Stühlen bequem. Hier unser Bierchen zu schlürfen und das Obst wegzufuttern hatte was und wir genossen diesen Augenblick, weil es wieder einer ist, der an Einfachheit nicht zu überbieten ist. Muss man einfach in vollen Zügen aufsaugen.

Wir hätten aber mehr Bier kaufen sollen…………

Wenn man nachts die richtigen Stellen in der Altstadt findet, geht dort wirklich die Post ab. Dort schlägt der Puls der Stadt und mich erinnerte das alles teilweise an die Hafenszene von Istanbul vor einigen Jahren, wo das Leben tobte.

Hier wurde nun draußen gegrillt, gegessen, getrunken, gefeiert und musiziert und die Menschen liefen in Scharen wild durcheinander. Ständig war irgendwo etwas los und es regierte das Chaos bei dem üblichen Lärmpegel. Trotzdem, wie auch in Istanbul, hatte hier irgendwie alles seine Ordnung, obwohl wir das nicht wirklich erkennen konnten. Musik kam aus allen Ecken, es dampfte und zischte an den Essenständen und die unterschiedlichen Gerüche hatten uns regelrecht erschlagen.

In all diesem Trubel liegt ein Hund mitten auf der Straße um zu schlafen, während sich immer mal wieder ein Motorroller an ihm vorbeischiebt. Ich könnte nun noch zig Details beschreiben um den Versuch zu unternehmen die Situation zu veranschaulichen. Am besten einfach mal hinfahren und nicht in noblen Hotels und anderen Einrichtungen absteigen, sondern mal den Finger genau an den Puls der Stadt anlegen. Das taten wir und genossen es in vollen Zügen.

Als wir schon fast wieder Zuhause waren bemerkte ich, dass ich meine Brille nicht mehr hatte. Trotz Suche an dem Ort, wo wir zuletzt gewesen waren, blieb sie unauffindbar und ich mutmaßte, dass irgendein „Schluffen" sie eingesteckt hatte und seiner Mama zu Weihnachten schenken wird.

Dann soll es so sein!

21.09. Mit der Fähre von Palermo nach Tunis 11 Stunden. Da wir nicht weit vom Hafen gewohnt hatten, sind wir ruck zuck am Reedereibüro um alles für die Überfahrt zu regeln. Obwohl wir eigentlich schon alles am Vortag veranlasst hatten, dauert Mannis Kampf im Büro fast 45 Minuten, weil dort wohl das Chaos die Oberhand hatte. Mit einem Grinsen im Gesicht und schüttelndem Kopf kommt er auf mich zu und versucht mir das Durcheinander im Büro zu beschreiben. Wir warten nun geduldig vor unserer Fähre, die um 9 Uhr abfahren sollte und irgendwann gegen 9 Uhr geht es endlich los. Verspätung also vorprogrammiert. Als wir unsere Tickets vorzeigen, wird uns allerdings erklärt, dass diese Fähre nicht nach Tunis fährt und wir hier falsch seien.

Eine andere Fähre war aber weit und breit nicht auszumachen. Mit anderen Worten, die kommt irgendwann noch.

Gegen 9:30 Uhr fuhr unser Luxusdampfer endlich ein und mit rund 2 Stunden Verspätung fuhren wir ab. Die Besteigung der Fähre durch die Fußgänger und damit auch uns wurde noch einmal zur

Geduldsprobe, weil offensichtlich die ersten Passagiere mit dem Aufzug fahren wollten und keiner mehr an ihnen vorbeikam in dem engen Gang. So etwas zu erkennen und sich deshalb etwas anders im Gang aufzustellen, fällt den Leuten offensichtlich schwer. Ich dachte nur … willkommen im Land der Muselmänner, wo Zeit nie eine Rolle zu spielen scheint.

 Die Bezeichnung Muselmann, die wir seit unserer Marokkotour verwendeten, wollten wir auf jeden Fall Zuhause mal googeln und das habe ich an dieser Stelle meines Berichtes auch einmal getan.

Muselmann (eigentl. Muselman, auch: Muselmane von persisch musilmān über türkisch müslüman; ursprünglich persisch muslimān - von arabisch muslim + persische Pluralendung -ān, „die Muslime") ist laut Duden eine veraltete Bezeichnung für Muslime, heutzutage meist abwertend gebraucht

Da wir so viel Sympathie für die Marokkaner damals auf unserer Marokkotour entwickelt hatten und diesen Begriff immer eher liebevoll benutzt hatten, erlaube ich mir, dies auch weiterhin zu tun, denn die letzte Ausführung der Beschreibung oben trifft für uns definitiv nicht zu. Sie stößt, im Gegenteil, auf Ablehnung und kann nur auf Denjenigen zutreffen, die diese Menschen offensichtlich gar nicht kennen. Ich will hier gar keine Attribute aufzählen um das zu untermauern, denn davon gäbe es sehr viele. Wir haben uns immer in Mitten der Muslime sehr wohl gefühlt und wurden auch stets respektiert.

Wie schrieb ich in meinem damaligen Bericht?
...Und irgendwie waren uns die Muselmänner inzwischen richtig ans Herz gewachsen.
Zurück zum Aufzug. Die Menschen hatten Geduld, so wie wir das nicht anders kennengelernt hatten und deshalb beschwerte sich keiner. Das ist aber auch der Grund dafür, dass man erst gar nicht auf die Idee kommt sich seitlich
hinzustellen, damit Andere vorbeikönnen. Also, nochmals „willkommen im Land der Muselmänner".

Die Überfahrt war eher unspektakulär und etwas zermürbend, als der Abend einbrach.

Fast überall im Fahrgastsaal lagen die Leute auf mitgebrachten Unterlagen auf dem Boden oder auf den Sitzen und versuchten zu schlafen, denn die Meisten von ihnen hatten auch ab Tunis noch einen weiten Weg vor sich. Lediglich zu den Gebeten versammelten sich ab und zu ein paar Muselmänner in den Gängen oder an Deck, um, nach Mekka ausgerichtet, eines ihrer täglichen 5 Gebete abzuhalten. Draußen hingegen hielten sich nur sehr wenige Leute auf.

Irgendwann nach 22 Uhr trafen wir im Hafen von Tunis ein und es war natürlich Zappen duster. Nun erst kamen die Highlights des Tages mit all ihren Facetten auf uns zu.

Bei der Passkontrolle gab ich artig unsere ausgefüllten Einreisekarten nebst Pass an den Beamten in seiner kleinen Glaskabine ab. Keinen Guten Tag als Erwiderung meiner Begrüßung, keinen Blick.

Plötzlich, und ab hier nun alles in Französisch, „Sie haben kein Hotel eingetragen wo sie unterkommen. Damit haben Sie kein Einreiserecht nach Tunis." Sprach es und legte die Unterlagen samt Pässen auf einen Stapel rechts auf seinem Schreibtisch und sah mich dabei überhaupt zum ersten Mal ab.

Genauso knapp und bestimmend fragte ich ihn daraufhin: „Wir haben kein Hotel vorgebucht, weil wir mit dem Fahrrad unterwegs sind. Wie soll das Problem nun gelöst werden?" „Sie können hier nicht einreisen und ihr Pass bleibt erst einmal hier." „Ich will wissen, wie wir das Problem nun lösen. Was ist zu tun, damit wir hier weiterkommen"? Keine Reaktion! Nun brachte mein Kumpel sich mit ein und verwies auf die Tickets für den Rückflug, die wir ihm auch gerne zeigen könnten. Diesen Vorschlag unterstützte ich ebenfalls und beide redeten wir auf ihn ein.

Als hätte er irgendwann plötzlich, nachdem er zuvor fast regungslos dasaß, einen Schalter umgelegt, schnappte er sich, wie aus heiterem Himmel, plötzlich die Pässe, haute mit Wucht den Stempel hinein und schmierte seinen „Potthaken" darunter. Mit genervter Mimik übergab er uns kommentarlos unsere Pässe. Und ich konnte in großen Lettern auf seiner Stirn lesen: „Hier zahlt man üblicher Weise Schmiergeld in solchen Situationen, klar"?

Hürde 1 war genommen und wir suchten nur noch das Weite. Ab in die Richtung, in die die Autos fuhren und bloß weg. Da kam der Pfiff einer Trillerpfeife und wir waren gemeint, als wir uns vergewissernd umgedreht hatten. Nun kam ein doch etwas freundlicherer Mann auf uns zu und fragte, wer uns denn kontrolliert hätte. Wir sahen uns etwas unsicher an und deuteten auf den Spaken im Glaskasten. Kurze Rücksprache zwischen den Beiden und wir ahnten Schlimmes. Manni und ich ärgerten uns, dass wir zu langsam waren und viel schneller hätten abhauen sollen, als wir die Pässe erhalten hatten. Wir waren aber nun mal nicht schnell genug gewesen.

Mit freundlicher Stimme kam der Mann wieder auf uns zu und erklärte uns, dass wir uns den Fußgängern anschließen müssten, die wie Perlen auf der Schnur eine endlose Schräge mit etlichen Kehren bewältigen mussten, um eine hoch gelegene Überführung in ein Gebäude hinein, zu erreichen. Lächelnd räumten wir ein, wie logisch das doch alles sei und wir uns auf die anstehenden Höhenmeter gut verstehen und das das doch gar kein Problem für uns sei.

Bloß weg hier!

Oben angekommen Passkontrolle. 10 Meter weiter wieder Passkontrolle. 15 Meter weiter Zoll. ...und bloß weg hier!

40 Meter weiter Passkontrolle. Die hatten hier einen echten Fetisch, was unsere Pässe anging. Endlich aber kamen wir in einer großen Halle mit Geschäften etc. an und der Spuk war beendet.

Schnell noch ein paar Dinare eintauschen und...

Nun stand die Entscheidung an, ob wir uns hier ein Hotel suchen oder lieber des Nachts nach Tunis hineinfahren wollen. Ab nach Tunis. Das war schnell entschieden. Manni vorweg mit einer Taschenlampe in der Hand und ich hinten mit meiner roten „Lichtorgel". Anhand der Lichter in der Ferne glaubten wir, dass wir es wohl mit maximal 3 Kilometern zu tun hätten. Es waren schließlich sicher 15 Kilometer. Irgendwann wurde die Straße immer breiter und große Schilder verwiesen darauf, wer hier alle nicht fahren darf. Wir waren auch gemeint und standen ratlos auf dieser hier beginnenden Schnellstraße. Da diese Straße praktisch auf einer ganz dünnen Landzunge verlief hätten wir nun alles zurückfahren müssen.

Der Ordnungshüter Kleimeyer entschied schließlich hinter einem Mopedfahrer hinterherzufahren, der hier aber ebenfalls nichts zu suchen hatte. Was diese Vorgehensweise nun legalisieren sollte erschloss sich mir nicht, aber ich folge meinem Busenkumpel immer, wenn es abenteuerlich wird. Das tut er umgekehrt übrigens auch.

Halt Busenkumpeltradition!

Nach langer Fahrt mündete die Straße endlich in Tunis Stadt, wo jede Menge Polizei am Straßenrand stand und alles genau im Blick hatte. Dass wir mit dem Rad hier unterwegs gewesen waren und die vielen Roller und Mofas auch, interessierte die Herrschaften nicht. Verkehrsregeln werden zwar in Form von Schildern angezeigt, aber ansonsten „Freie Fahrt für Alle". Das sollten wir in den kommenden Tagen noch zu genüge feststellen dürfen. Beim erstbesten Hotel auf der Flaniermeile, der Rue de… ich weiß es nicht mehr, wurde zugeschlagen und wir klatschten auf dem Zimmer wie gewohnt mit viel Erleichterung verbunden wie immer ab. Das Zeremoniell beendet immer eine gelungene Tagesetappe und das war sie ab diesem Zeitpunkt auch.

Bleibt noch zu erwähnen, dass wir auf der Suche nach etwas Essbarem von einem Mann angesprochen wurden, der sich uns als abendlicher Stadtführer anbot. Er war ganz nett und versuchte uns auch Einiges zu erklären, aber wir konnten ihn irgendwie auch nicht loswerden. Schließlich lud er sich selber ein mit uns ein Bier zu trinken und wir gingen mit ihm in eine Seitenstraße, wo sein Stammlokal war. Da ging regelrecht die Post ab und ich drückte ihm etwas Geld in die Hand, damit wir hier schnell wieder wegkonnten. Von dem Geld hätte er gerne noch etwas mehr gehabt, ließ er verlauten. Wir reagierten nicht und sahen zu, dass wir aus dieser Seitenstraße, das Pfefferspray natürlich immer im Anschlag, herauskamen.
Der Tag war lang, wir waren müde und auf das wilde Treiben von betrunkenen Muselmännern hatten wir so gar keinen „Bock" mehr.
Wir freuten uns auf den kommenden Tag!

22.09. Tunis nach Cup Bon 80 km.

Wir hatten ziemlich gut geschlafen und waren zu neuen Taten bereit. Auf nach Cup Bon der Landzunge. Die sich von Tunis aus nach Nordosten erstreckt. Endlich mal wieder etwas Rad fahren. Das wurde auch langsam wieder Zeit.

Zunächst einmal wurden wir mitten auf einem Marktplatz angesprochen um für ein paar Fotos zu posieren, die ein junger Mann für Werbezwecke verwenden wollte. Er wies sich entsprechend aus und wir machten nur noch gute Miene, denn unsere Astralkörper waren ohnehin unschlagbar und brauchten nicht mehr besonders hervorgehoben zu werden. Halt 59er Jahrgänge! Das sind unsere Frotzeleien. Die muss man als Leser ertragen, sonst braucht man sich diesen Bericht erst gar nicht vorzuknöpfen.

Aus dem Gewirr der Stadt herauszufinden war nicht ganz einfach und wir spürten schnell, was für ein Chaos auch auf den Straßen regierte. Von den Abgasen und dem Lärm einmal abgesehen war es überall relativ verdreckt und über Allem lag eine graue Staub- bzw. Schmutzschicht. Die grobe Himmelsrichtung passte und wir gaben unser Bestes. Das Schlimmste war eine junge, noch nicht einmal ausgewachsene Katze, die wohl gerade erst vor wenigen Augenblicken überfahren worden war. Sie blutete zwar äußerlich nicht, zog sich aber nur mit den Vorderläufen vorwärts, während der komplette Hinterleib hinter ihr her schleifte, um sich irgendwie im Gras des Fahrbahnrandes in Sicherheit zu bringen. Die Ampel sprang auf grün und der Verkehr zog uns mit. Normalerweise hätte man dem Elend ein Ende setzen müssen, da waren wir uns beide hinterher einig.

Das war zugegebener Weise schwach.

Nach rund 40 km entschlossen wir uns einmal links abzubiegen um an den Strand zu gelangen. Auch der Strand war nicht wirklich sehenswert und die Qualität des Wassers reichte auf keinen Fall zum Baden.

Wir hockten auf einer Mauer und machten bedächtig Pause um letztendlich den Entschluss zu fassen, nicht mehr weiterzufahren, sondern die nächsten 2 Tage eher auf Kultur zu machen und uns auf Tunis und Karthago zu konzentrieren. Radfahren machte hier schlicht und einfach keinen Spaß.

Leute sprachen uns an und erkundigten sich nach unserer Reise und einer kam irgendwann sogar mit seinem kleinen Sohn zurück, der Manni erst einmal links und rechts küsste um ihm dann noch eine Flasche Mineralwasser für uns in die Hand zu drücken. Sein Vater war begeisterter Rennradfahrer und freute sich, dass er uns kennengelernt hatte. Eben alles nette Leute hier, wie ich immer sage.

Wir kehren um, kaufen an der Straße Weintrauben und ein paar Granatäpfel und machen an der tunesischen Olympiaanlage Pause, die wir schon auf der Hinfahrt entdeckt hatten. Weit und breit keine Menschenseele und wir sitzen hier und lutschen Granatäpfel aus vor diesem von Gott Verlassenen Stadion. Auf jeden Fall eine coole und nicht alltägliche Location, die wir auch für ein paar gut inszenierten Fotos mit uns selber darauf zu nutzen wussten.

In Tunis angekommen fuhren wir dasselbe Hotel an, das wir am Morgen verlassen hatten und der Portier war schon ein wenig verwundert uns schon wieder begrüßen zu dürfen. Ich fragte, ob unser Zimmer noch frei ist, was der Fall war und schon war alles geklärt.

Den Rest des Tages nahmen wir ein wenig die Medina unter die Lupe, besuchten das Mausoleum Tourbet El Bey, die letzte Ruhestätte der Beys von Tunis und vieler anderer hochrangiger Persönlichkeiten und wunderten uns mal wieder über den ganzen Müll in den Straßen.

Nun knurrte noch der Magen und wie es der Zufall so wollte, kamen wir an einer Art Schnellimbiss für Einheimische vorbei. Goldbraune, knusprige Hähnchen drehten sich dort auf einem Grill und wir dachten nur, da gehen wir mal rein. Als wir am Tresen standen und bestellten, hätten wir gleich die Biege machen sollen. Dort standen drei Männer mit verdreckten Schürzen und packten mit ihren Händen fettige und labberige Pommes auf den Teller.

Danach folgte der Gockel, der in tausend Stücke zerfleddert wurde, natürlich auch mit den bloßen Händen, und nun gar nicht mehr so goldbraun und knusprig aussah. Bevor er in den Salat greifen konnte, kam von mir der Hinweis, dass wir auf die Vitamine heute ausnahmsweise wohl verzichten wollten.

Wenigstens die Mayonnaise oder was immer das sein sollte, wurde nicht mit der Hand darauf geklatscht, sondern mit einem, aus der Antike stammenden Löffel wohl portioniert.

Soweit, so gut. Nun sitzen wir an einem langen Tisch inmitten des Raumes zwischen anderen, meist jüngeren Leuten, die ausnahmslos alle mit den Fingern essen. Man sieht wohl, dass wir schon ein wenig neben der Spur sind und bringt uns ausnahmsweise Besteck. Wir also mit Besteck und alle anderen mit den Fingern? Wir nehmen nun auch die Finger, denn das Besteck kann unmöglich die hygienischere Alternative sein und schon geht die Frotzelei wieder los….

„Könnte unsere letzte Mahlzeit in diesem Leben sein".

„Ob wir den Gockel wirklich überleben bleibt abzuwarten".

„Warum tun wir uns das hier tatsächlich freiwillig an?"

„Der Gockel fängt in meinem Magen irgendwie wieder an zu leben"!

„Spürst du auch schon etwas?"

„Ja, meiner macht schon erste Flugübungen."

Dieses ist also der lokale McDonald's von Tunis? Fast nur junge Leute, passt. Mieses Essen, passt auch! Der Vergleich kommt schon irgendwie hin oder?

Der Tisch wird abgeräumt und mit einem Lappen abgewischt, den ich als Fußabtreter nicht einmal benutzen würde und der gute Mann wischt sich danach die Hände an seiner völlig verdreckten Schürze ab, die wahrscheinlich einmal im Monat gewechselt wird.

Den ganzen Abend kamen immer wieder zwischendurch die „Gockelsprüche" und so manches Mal schossen uns dabei vor Lachen die Tränen in die Augen. Was für ein Erlebnis! Aber es sind komischer Weise immer diese Erlebnisse, die man später noch lange im Gedächtnis hat und immer wieder zum Besten gibt um dann herzlich darüber zu lachen. In dem Moment wo sie passieren, hat man jedoch meistens nicht allzu viel zu lachen.

Die meisten Geschäfte hatten am Sonntag geschlossen und wir ließen uns, als der Abend hereinbrach in einem Café am Place de la

Victoire nieder und tranken Thé à la Menthe. (Pfefferminztee)

Hier zu sitzen, zu beobachten was sich um uns herum so tut, wurde nicht langweilig. Unterdessen wurde die ganze Atmosphäre garniert mit dem durch Lautsprecher übertragenen Abendgebet in der Moschee. Über-all sitzen die Muselmänner in den Cafés, während die Frauen, wenn überhaupt, die Straßen auf und abgingen. Das Phänomen hatten wir schon in Marokko kennengelernt.

Als sich die Szene zu lichten begann trollten wir uns davon und kamen kurz vor unserem Hotel an einem Kino vorbei. Ein großer Eingang weckte unsere Neugier und wir sahen uns um. Bevor man das Kino jedoch erreichte, gab es einen großen, nach außen hin mit Vorhängen abgeschatteten Innenhof im Gebäude selbst. Was hatte es mit diesem sonderbaren Innenhof auf sich?

Wir wollten es nun genauer wissen und fanden einen kleinen Eingang.

Auf einer Fläche von geschätzt 200 qm waren Tische verteilt, an denen Männer saßen, die so gar nicht nach Muselmännern aussahen. Ihre Kleidung und der Haarschnitt, außerdem keine Bärte und vor allem das Getränk auf ihrem Tisch hatte eher etwas tief Westliches an sich. Hier gab es keinen Tee, Kaffee oder Säfte, sondern alle bekannten Biersorten, die man sich denken kann. Auf so manchem Tisch standen sicher 5-7 Flaschen, die zuvor wohl genussvoll gelehrt wurden.

Dass derartige Etablissements eigentlich nicht den Vorstellungen des Islam entsprechen, brauche ich sicher nicht zu erklären. Daher auch das klägliche Bestreben, die Location abzuschotten, obwohl jeder hineinsehen kann und auch genau weiß, was dort verkauft wird. Mit anderen Worten, es wird geduldet, wenn man nicht zu viel Aufsehen dabei erregt. Eine zaghafte Lockerung der Auslegung des Islam?
Die klägliche Vertuschung mit den Vorhängen, die nicht wirklich blickdicht waren, hatte uns bereits ein Schmunzeln entlockt. Als wir aber selber nun am Tisch saßen um ein gepflegtes Pils zu zischen, konnten wir ein Lachen nicht mehr verbergen.
Alle Männer sitzen hier klar ausgerichtet, genau in eine Richtung blickend, nämlich in die der Theke. Soweit so gut, ist aber auch schon nicht ganz normal. Der große Schriftzug über der Theke ist aber der absolute Knaller!!
Dort steht in großen Lettern...

„BAR DE THÉ"

Soviel erst einmal zum Thema Alkohol im Land der Muselmänner.

PS: Die CDU hatte knapp die absolute Mehrheit bei der Bundestagswahl 2013 an diesem Tag verfehlt.

23.09. Tunis nach Sidi Bou Said 25 km.

Bevor wir unsere Fahrt nach Sidi Bou Said fortsetzten, wollten wir noch einmal einen Rundgang durch die Medina von Tunis machen und besuchten die Christliche Kathedrale von Tunis. Als wir wieder nach draußen gingen, fing uns ein Mann ab, der sich als offizieller Stadtführer zu erkennen gab. Mit einem Ausweis, den er an einem Band vor der Brust trug, machte er einen seriösen Eindruck. Außerdem sprach er einigermaßen Deutsch und trommelte sofort mit seinen Geschichtskenntnissen auf uns ein. Wir lehnten erst einmal ab und beratschlagten etwas abseits, was wir heute tun wollten. Als wir wieder auf ihn zugingen und zustimmten, freute er sich wie ein Schneider und schon trommelte es wieder. Mit großer Begeisterung sprudelte es nur so aus ihm heraus und er war die 20 Euro auf jeden Fall wert.
Die Medina war heute wieder wie geleckt und man konnte sich nur wundern, wie sich das Bild

zum Vortag verändert hatte, denn an diesem Tag waren wieder die Touris da.

Unser Stadtführer zeigte uns, wohl kalkuliert, ein typisch tunesisches Restaurant, das hier ein echter Geheimtipp sei und er schon für uns einen guten Preis aushandeln würde. Mit allen in diesem Etablissement schien er aber auch sehr gut bekannt zu sein und es war schnell klar, dass er hier sicher ein paar Vorteile für sich organisieren würde.

Der Koch ließ sich mit seinem Blech in der Hand, auf dem glühende Holzkohle zum Abdecken eines Pfannengerichtes lag, freudig ablichten und strahlte dabei eine gewisse Routine aus. Das ganze Spiel machte der Knabe nicht zum ersten Mal, soviel stand fest.

Wir setzten unsere Führung durch die Medina fort um dann nach einer Stunde eben in jenes Lokal zurückzukehren, dass unser Führer für uns auserkoren hatte. Schnell war ein Tisch für uns bereit. Wir bestellten Couscous und unser Führer begnügte sich mit edlem Fisch. Sei ihm auch gegönnt gewesen. Fakt war aber letztendlich, dass wir auch hier, wie auch zuvor schon überall woanders unsere „Touripreise" zahlen.

Egal wo man etwas bestellt oder kauft, man zahlt als Tourist immer mindestens das Doppelte oder auch schon mal das Dreifache vom Normalpreis. Tee, Bananen, Wasser oder irgendeine kleine Leckerei auf der Straße, es ist ganz egal. Auf jeden Fall hat man hier immer eine „Sonderbehandlung", derer man sich sicher sein kann. Wir frotzeln dann immer, dass die selben Muselmänner nur ein paar Minuten später schon wieder in die Moschee zum Gebet laufen um sich dort wieder auf die Einhaltung der Gebote zu berufen und um zu beteuern, dass sie ihren Nächsten nicht betrügen werden. Die Gebote decken sich ja nun auch in vielen Punkten mit denen der Christen. Bei Touris wird da aber stets eine Ausnahme gemacht, selbst dann, wenn sogar irgendwo der Preis angeschlagen steht, muss man nicht automatisch davon ausgehen, dass man den auch wirklich bezahlt, es sei denn man reklamiert das sofort klar und verständlich. Egal wie gut dein Französisch ist, man weiß dann nicht wirklich, was du von dem Verkäufer jetzt eigentlich willst und alles sei doch in bester Ordnung. Du hast deinen Einkauf und er hat sein Geld.

Passt doch alles wunderbar!
So die Logik der geschäftstüchtigen Muselmänner in Tunis aber auch anderswo. Unser Stadtführer jedenfalls hatte dem Restaurantbesitzer ein paar Touris vermittelt die das Doppelte bezahlten. Er wird dafür einmal mit

seiner Familie gratis essen in den nächsten Tagen und wir waren in einem Restaurant, in dem wir sonst nie gewesen wären und haben Couscous gegessen und es war gut.

Um es mit Mannis Worten zu sagen, „eine ganz klare win, win, win-Situation"!

Auf nach Sidi Bou Said in normalen Klamotten, denn nach Umziehen war uns irgendwie nicht, für diese kurze Strecke. An einem Kreisverkehr erkundigten wir uns nach dem Weg bei einem Kioskbesitzer, der mit lauter Musik auf sich aufmerksam machte und sich freute, dass wir ausgerechnet an seinem Laden anhielten. Ich nehme es schon mal vorweg. Wir hatten später noch einmal das Vergnügen ihn wiederzusehen.

Sidi Bou Said ist sozusagen der Westerberg von Tunis, liegt oben auf einer Steilküste mit Panoramablick auf den Golf von Tunis und hier leben nur gut betuchte Leute mit möglichst monströsen Autos. Wer das größte hat, ist hier eindeutig Sieger. Der ganze Ort ist hier in Weiß und Blau gehalten und schon berühmte Maler wie August Macke haben hier gemalt. Bekannt ist unter anderem das Bild des Cafés des Nattes, das er 1912 hier gemalt hatte. Nun, genau 101 Jahre später pflanzten wir uns ins Selbige und genossen bei einem Thé à la Menthe die Aussicht über die Dächer des Ortes bis auf den Golf von Tunis. Natürlich sind Touripreise in dieser

Location Standard, aber das war es uns wert. Hier waren wir auch nicht zum letzten Mal.

Durch einen Tipp erhielten wir den entscheidenden Hinweis für unser Hotel, das ziemlich unauffällig in einer kleinen, versteckten Seitenstraße lag. Auch hier wieder total nette Muselmänner bei der Arbeit, die sich stets die erdenklichste Mühe gaben uns einen angenehmen Aufenthalt zu ermöglichen. Hotel ist eigentlich schon zu viel gesagt, obwohl es so deklariert war. Man ging durch einen kleinen Eingang an der Rezeption vorbei und tauchte in einen rund angelegten Innenhof ein, in dessen Mitte ein riesiger Feigenbaum stand, dessen Äste fast den ganzen Hof abdeckten und für eine tolle Atmosphäre sorgten. Ein paar junge Katzen liefen umher und hier war es angenehm still.

Um den Innenhof herum lagen die Zimmer, die mit ihren runden Decken wie ehemalige Speicher oder Weinkeller wirkten und mit handbemalten Kacheln ausgestattet waren. Außer zweier Betten und einem Stuhl stand dort nichts und ein kleines Bad war seitlich eingebaut worden.

Wir fanden es super und schlugen trotz der eher westlichen Preise sofort zu, da es obendrein sehr zentral lag. Das Café des Nattes war gerade einmal 2 Minuten entfernt.

Am Abend gönnen wir uns das wohl beste Restaurant der Stadt mit einem unglaublichen Blick über den ganzen Golf und es schillern hier überall die Lichter in der Ferne, die wie eine Lichterkette den Golf von Tunis in die Nacht hinein zeichnen. Die Plätze für Tisch und Stühle sind in Terrassen angeordnet wie in einem Amphitheater, sodass hier Jeder die gleiche perfekte Aussicht hat und das Restaurant selber mit seinen vielen Lichtern auf den Tischen eine unbeschreibliche Szene bietet.

So etwas sehe ich hier wirklich zum ersten Mal und es hinterlässt einen bleibenden Eindruck. Soviel steht fest.

24.09. Sidi Bou Said nach Tunis Airport 20 km.

Unser letzter Tag war gekommen und wir wollten heute noch einmal richtig auf Kultur machen. Karthago stand auf der Tagesordnung und wir wollten uns auf die Spuren des kleinen Hannibals machen, der hier ja bereits seine Kindheit verbracht hatte. Mit seinen beiden jüngeren Brüdern, die später genau wie er, sich als Feldherren einen Namen gemacht hatten, mischten sie gemeinsam immer wieder die Römer und die iberischen Volksstämme auf, die so manche Klatsche von den Jungs hinnehmen mussten. Das klappte also alles recht gut bis 202 vor Chr., denn da war die Glückssträhne von

Klein Hannibal zu Ende und die Römer heizten ihm so richtig ein. Schließlich waren seine eigenen Leute auch nicht mehr so von ihm angetan und insgeheim war man eigentlich sauer, dass er nie einen richtigen Angriff auf Rom hingelegt hatte, als die Zeit dafür günstig war.

In der Innenpolitik konnte er aber noch ganz gut punkten, verschaffte sich aber nicht nur Freunde damit und irgendwann ekelte man ihn aus dem Land. So schnell kann das gehen!

Im Exil wurde er immer wieder vertrieben und der in Griechenland überaus populäre Titus Quinctius Flaminius forderte schließlich seine Auslieferung, worauf Hannibal irgendetwas äußerst Ungesundes schluckte und sich die Auslieferung damit erledigt hatte. Das war 183 v.Chr.

Die Karthager waren damals eine echte Hochkultur und anhand der Ausgrabungen kann man erahnen, wie gut man es sich damals schon hatte gehen lassen. Allein das Thermalbad maß ca. 200 x 100 Meter und war wohl mit allen Raffinessen gespickt. Dort auf der Liege zu relaxen mit erlesenen Früchten und gutem Masseur und das alles mit erstklassigem Blick auf den Golf, war sicher nicht das Schlechteste.

Der Tag war anstrengend aber auch interessant, wobei, wenn ich mal ganz ehrlich bin, nicht wirklich viel zu sehen ist. In erster Linie ist es das

Bewusstsein hier gewesen zu sein und sich vorzustellen, dass hier unser kleiner Stratege schon seine Kinderstube hatte.

Wenn man in den Geschichtsbüchern mal herumstöbert, hat Hannibal auf jeden Fall eine ganz ordentliche Bilanz gezogen und sich auch getraut, den Römern mal richtig einen vor den Latz zu geben. Hatte zur damaligen Zeit nicht unbedingt jeder die Courage dazu gehabt.

Als der Abend kam absolvierten wir erneut unser Standardprogramm. Zuerst ein paar Thé à la Menthe im legendären Café des Nattes und danach wieder in unser Superrestaurant mit dem unvergleichlichen Ausblick. Wir genossen beide noch einmal diesen letzten Abend im Land der Muselmänner, bis es endlich Zeit war zum Flughafen aufzubrechen.

Der Weg zum Flughafen war nur in etwa zu erahnen, weil wir häufiger die Flugzeuge beobachtet hatten, wenn sie im Landeanflug waren. Schilder gab es auf jeden Fall keine. Um sicher zu sein fragten wir an dem Kreisel noch einmal unseren alten Freund, den Kioskbesitzer, dessen schlechte Boxen immer noch mit miesem Sound die Nacht erfüllte.

Der Gute kriegte sich gar nicht mehr ein, als wir nun erneut vor unserer Abreise bei ihm aufschlugen. Er überschüttet Manni mit Ansichtskarten zum Nulltarif und freute sich den Ast ab, uns den Weg zum Flughafen zu zeigen.

So sind sie eben unsere Muselmänner. Alles total nette Leute!

Der Flughafen war viel weiter weg, als wir es geahnt hatten und war erst ca. 3 km vorher ausgeschildert. Dort angekommen wurden wir sogleich von drei jüngeren Männern auf ein Bier eingeladen, die eigens hierhergekommen waren, weil es sonst keine anderen, zumindest für sie bezahlbaren, Möglichkeiten gab Bier zu trinken. Allah sieht alles, aber beim Flughafen drückt er wohl ein Auge zu, ähnlich wie beim Kino in Tunis. Irgendwann wurde es Zeit unsere Räder zu verpacken. Dafür hatten wir zuvor schon Luftpolsterfolie gekauft, in die wir unsere Schätzchen nun behutsam einwickelten und mit Klebeband das ganze festmachten. Den Tipp hatten wir in Köln bekommen und die Lösung ist perfekt, weil die Folie leicht zu transportieren ist und auch weniger Masse hat als ein Karton.

Am Sperrgepäckschalter gab es keine Probleme und der Flug nach Köln war relativ ruhig. Als wir durch den Flughafen gingen, mit gläsernen Fahrstühlen unsere Räder auf- und abfuhren und weit und breit nicht einen Papierschnipsel sehen konnten, grinsten Manni und ich uns nur an. Diese Perfektion in allem ist unser Markenzeichen.

In der futuristisch wirkenden, hochmodernen S-Bahn waren die Frühaufsteher unterwegs zur Arbeit und niemand sprach irgendetwas. Fast alle spielten mit ihren Handys herum, die Stöpsel in den Ohren oder sie waren am Lesen. Eine gespenstische und eigenartige Stille, die es in Sizilien oder Tunesien so nicht gab. Hier wird nicht mehr gesprochen und jeder ist mit sich selber beschäftigt.

Ein totales Kontrastprogramm!

Mit dem guten, alten Haller Wilhelm ging es fast bis vor die Haustür. Ein letztes Mal wurde gegenseitig wie immer abgeschlagen und unsere diesjährige Tour war zu Ende.

Wenn ich an dieser Stelle Bilanz ziehe, muss ich festhalten, dass Sizilien ein zweitklassiges Sardinien abgibt und Tunesien, von dem wir aber auch nicht wirklich viel gesehen hatten, ein schlechter Abklatsch von Marokko ist. Beides habe ich nämlich als besser in Erinnerung. Trotzdem gab es viele tolle Eindrücke und Spaß hatten wir sowieso. Endlich waren mein Busenkumpel und ich mal wieder unterwegs. Allein das ist ja schon ein Erfolg! Wie man sieht....

Im Alter wird man genügsamer.

Was für 2014 auf der Tagesordnung steht, ist noch nicht gewiss. Es verdichten sich aber inzwischen die Hinweise, dass es nach ....gehen könnte.

Na, dann schauen wir mal, was unsere alten Knochen dann noch so hergeben
Einen lieben Gruß an meinen Busenkumpel an dieser Stelle, der die Tour mal wieder gut vorbereitet hatte und ich mich deshalb immer darauf verlassen kann, dass es keine wirklich bösen Überraschungen gibt! Er kann dafür immer mit meiner schriftlichen Aufbereitung, dem Bericht rechnen.

„Männe, schon mal wieder ´nen Gockel gegessen"?